先秦学术概论

吕思勉 著

译林出版社

目　录

上　编　总论

下　编　分论

附录:《经子解题》

序

小时读诸子，遇墨辩暨庄列诸书所载辩者之说，苦不能明。又道家之学，清虚以自守，卑弱以自持，盖欲以镇俗而克敌，与神仙家言“贪生纵欲者”了不相干。而汉魏以降，乃为三张之徒所附会，心窃惑焉，思之不能通也。近十余年来，治诸子学者稍多，又得远西名学以相印证，墨辩向称绝学者，乃稍稍可读，然惠施、邓析、桓团、公孙龙之说终莫能通。间有释者，非支离穿凿，则以今人之意见妄测古人而已。至于神仙家之自托于道，其事为众所共见，其理则人莫能言者，尤未闻有一说焉，能惬心贵当，以释此千古之疑团也。今岁夏读同邑吕君诚之所著《先秦学术概论》，于此二者乃觉怡然涣然，斯诚内忧外患、跼天蹐地之时一快事矣。君天资极高，而其刻苦劬学，则困知勉行者所不逮。其读书恒能以精心炯眼创通大义，而订正事实、研索训诂，或过于专门考据之家，盖兼弘通精核二者而有之，可谓难矣！此书为民国十四年君在上海沪江大学讲学时所著，二十二年主讲光华大学又加修正，其审谛贯串，实有非近今著述所可同年而语者。盖论事必穷其原，近今治诸子书者，多就诸子论诸子而已，君独推求西周以前，极诸隆古清庙辟雍合一之世，谓有与神教相溷之哲学，实为先秦诸子哲学之原。又精研近世社会学家之说，返求之古书，而知所谓大同小康者，确有其时，并审其如何递降而为乱世。先秦诸子，若者欲径复大同之治，若者则欲先致小康，而道家归真返朴之谈，农家并耕而食、饔飧而治之说，向以为放言高论者，今乃知其确有至理，初非徒托空言。苟能循序渐进，并非高远难行。此则于群治之理大有发明，实足为言改进者示之鹄，岂徒于古说之湮晦者，加以疏通证明而已。此外平诸家论性之说，言道德形名一贯之理，辨析老庄之同异，推考墨学之渊源，谓杨朱“为我”之说，实即道家“养生”之论；《汉志·数术略》形法家之说同符西哲唯物之谈；儒墨为封建废坏时所生阶级，孔墨特因以设教；管子《轻重》诸篇亦为农家之一派；邹衍“五德终始”之说无异于儒家之通三统，无不奇而且确，乍闻之而惊，细思之则确不可易者。附录读书札记，则下竟两汉，以究先秦学术之委，枝分派别，纲举目张，诚近世一奇作矣。予交君余三十年，知君学颇深，于其书之将刊行也，乐道其善，以谂当世之士，好学深思者，必不以为阿私所好也。

民国二十二年六月武进陈协恭序

上　编　总论

第一章　先秦学术之重要

吾国学术，大略可分七期：先秦之世，诸子百家之学，一也。两汉之儒学，二也。魏、晋以后之玄学，三也。南北朝、隋、唐之佛学，四也。宋、明之理学，五也。清代之汉学，六也。今所谓新学，七也。七者之中，两汉、魏、晋，不过承袭古人；佛学受诸印度；理学家虽辟佛，实于佛学入之甚深；清代汉学，考证之法甚精，而于主义无所创辟；梁任公谓清代学术，为方法运动，非主义运动，其说是也。见所撰《清代学术概论》。最近新说，则又受诸欧美者也。历代学术，纯为我所自创者，实止先秦之学耳。

然则我国民自汉以降，能力不逮古人邪？曰：不然。学术本天下公器。各国之民，因其处境之异，而所发明者各有不同，势也。交通梗塞之世，彼此不能相资，此乃无可如何之事。既已互相灌输，自可借资于人以为用。此非不能自创，乃不必自创也。譬之罗盘针、印刷术、火药，欧人皆受之于我。今日一切机械，则我皆取之于彼。设使中、欧交通，迄今闭塞，岂必彼于罗盘针、印刷术、火药，不能发明；我于蒸汽、电力等，亦终不能创造邪？学术之或取于人，或由自造，亦若是则已矣。

众生所造业力，皆转相熏习，永不唐捐。故凡一种学术，既已深入人心，则阅时虽久，而其影响仍在。先秦诸子之学，非至晚周之世，乃突焉兴起者也。其在前此，旁薄郁积，蓄之者既已久矣。至此又遭遇时势，乃如水焉，众派争流；如卉焉，奇花怒放耳。积之久，泄之烈者，其力必伟，而影响于人必深。我国民今日之思想，试默察之，盖无不有先秦学术之成分在其中者，其人或不自知，其事不可诬也。不知本原者，必不能知支流。欲知后世之学术思想者，先秦诸子之学，固不容不究心矣。

第二章　先秦学术之渊源

凡事必合因、缘二者而成。因如种子，缘如雨露；无种子，固无嘉谷；无雨露，虽有种子，嘉谷亦不能生也。先秦诸子之学，当以前此之宗教及哲学思想为其因，东周以后之社会情势为其缘。今先论古代之宗教及哲学思想。

邃初之民，必笃于教。而宗教之程度，亦自有其高下之殊。初民睹人之生死寤寐，以为躯壳之外，必别有其精神存焉；又不知人与物之别，且不知生物与无生物之别也。以为一切物皆有其精神如人，乃从而祈之，报之，厌之，逐之，是为拜物之教。八蜡之祭，迎猫迎虎，且及于坊与水庸，《礼记·郊特牲》。盖其遗迹。此时代之思想，程度甚低，影响于学术者盖少。惟其遗迹，迄今未能尽去；而其思想，亦或存于愚夫、愚妇之心耳。

稍进，则为崇拜祖先。盖古代社会，抟结之范围甚隘。生活所资，惟是一族之人，互相依赖。立身之道，以及智识技艺，亦惟恃族中长老，为之牖启。故与并世之人，关系多疏，而报本追远之情转切。一切丰功伟绩，皆以传诸本族先世之酋豪。而其人遂若介乎神与人之间。以情谊论，先世之酋豪，固应保佑我；以能力论，先世之酋豪，亦必能保佑我矣。凡氏族社会，必有其所崇拜之祖先以此。我国民尊祖之念，及其崇古之情，其根荄，实皆植于此时者也。

人类之初，仅能取天然之物以自养而已。所谓搜集及渔猎之世也，见上编第三章。稍进，乃能从事于农牧。农牧之世，资生之物，咸出于地，而其丰歉，则悬系于天。故天文之智识，此时大形进步；而天象之崇拜，亦随之而盛焉。自物魅进至于人鬼，更进而至于天神地祇，盖宗教演进自然之序。而封建之世，自天子、诸侯、卿大夫、士，至于庶民、奴婢，各有等级，各有职司。于是本诸社会之等差，悬拟神灵之组织，而神亦判其尊卑，分其职守焉。我国宗教之演进，大略如此。

徒有崇拜之对象，而无理论以统驭之、解释之，不足以言学问也。人者，理智之动物，初虽蒙昧，积久则渐进于开明。故宗教进步，而哲学乃随之而起。

哲学家之所论，在今日，可分为两大端：曰宇宙论，曰认识论。认识论必研求稍久，乃能发生。古人之所殚心，则皆今所谓宇宙论也。

宇果有际乎？宙果有初乎？此非人之所能知也。今之哲学家，于此，已置诸不论不议之列。然此非古人所知也。万物生于宇宙之中，我亦万物之一；明乎宇宙及万物，则我之所以为我者，自无不明；而我之所以处我者，亦自无不当矣。古人之殚心于宇宙论，盖以此也。

大事不可知也，则本诸小事以为推。此思想自然之途径，亦古人所莫能外也。古之人，见人之生，必由男女之合；而鸟亦有雌雄，兽亦有牝牡也，则以为天地之生万物，亦若是则已矣。故曰："天神引出万物，地祇提出万物。"《说文解字》。又曰"万物本乎天，人本乎祖"也。《礼记·郊特牲》。

哲学之职，在能解释一切现象，若或可通，或不可通，则其说无以自立矣。日月之代明，水火之相克，此皆足以坚古人阴阳二元之信念者也。顾时则有四，何以释之？于是有"太极生两仪，两仪生四象"之说。《易·系辞传》。日生于东而没于西，气燠于南而寒于北，于是以四时配四方。四方合中央而为五；益之以上方则为六；又益四隅于四正，则为八方；合中央于八方，则成九宫。伏羲所画八卦，初盖以为分主八方之神；其在中央者，则下行九宫之太乙也。《后汉书·张衡传》注引《乾凿度》郑注："太乙者，北辰神名也。下行八卦之宫。每四乃还于中央。中央者，地神之所居，故谓之九宫。天数大分，以阳出，以阴入。阳起于子，阴起于午。是以太乙下行九宫，从坎宫始。自此而坤，而震，而巽，所行者半矣，还息于中央之宫。既又自此而乾，而兑，而艮，而离，行则周矣，上游息于太一之星，而反紫宫也。"至于虞、夏之间，乃又有所谓五行之说。五行见《书·洪范》，乃箕子述夏法。五行者：一曰水，二曰火，三曰木，四曰金，五曰土。此盖民用最切之物，《礼记·礼运》："用水，火，金，木，饮食，必时。"饮食即指土，《洪范》所谓"土爰稼穑"也。宗教家乃按其性质，而分布之于五方。思想幼稚之世，以为凡事必皆有神焉以司之；而神亦皆有人格，于是有五帝六天之说。见《礼记·郊特牲》正义。五帝者：东方青帝灵威仰，主春生。南方赤帝赤熛怒，主夏长。西方白帝白招拒，主秋成。北方黑帝汁光纪，主冬藏。而中央黄帝含枢纽，寄王四季，不名时。以四时化育，皆须土也。昊天上帝耀魄宝，居于北辰，无所事事。盖"卑者亲事"，《白虎通义·五行》篇。封建时代之思想则然；而以四时生育之功，悉归诸天神，则又农牧时代之思想也。四序代谢，则五帝亦各司其功，功成者退。故有五德终始之说。见下编第九章。地上之事，悉由天神统治；为天神之代表者，实惟人君；而古代家族思想甚重，以人拟天，乃有感生之说。见《诗·生民》疏引《五经异义》。凡此，皆古代根于宗教之哲学也。

根据于宗教之哲学，虽亦自有其理，而其理究不甚圆也。思想益进，则合理之说益盛。虽非宗教所能封，而亦未敢显与宗教立异；且宗教之说，笼统而不确实，本无不可附合也；于是新说与旧说，遂并合为一。思想幼稚之世，其见一物，则以为一物而已。稍进，乃知析物而求其质。于是有五行之说。此其思想，较以一物视一物者为有进矣。然物质何以分此五类，无确实之根据也。又进，乃以一切物悉为一种原质所成，而名此原质曰气。为调和旧说起见，乃谓气之凝集之疏密，为五种物质之成因。说五行之次者，所谓“水最微为一，火渐著为二，木形实为三，金体固为四，土质大为五”也。《洪范正义》。既以原质之疏密，解释物之可见不可见，即可以是解释人之形体与精神。故曰：“体魄则降，知气在上。”《礼记·礼运》。知与哲通，哲晰实亦一字，故知有光明之义。又曰“众生必死，死必归土。骨肉毙于下，阴为野土；其气发扬于上为昭明”也。《礼记·祭义》。夫如是，则恒人所谓有无，只是物之隐显；而物之隐显，只是其原质之聚散而已。故曰“精气为物，游魂为变”也。《易·系辞传》。既以是解释万物，亦可以是解释宇宙。故曰：“有大易，有大初，有大始，有大素。大易者，未见气也。大初者，气之始也。大始者，形之始也。大素者，质之始也。气形质具而未相离，谓之浑沌。”及“轻清者上为天，重浊者下为地。冲和气者为人”，而天地于是开辟焉。《周易正义》八论引《乾凿度》。《列子·天瑞》篇略同。《列子》，魏、晋人所为，盖取诸《易纬》者也。

然则此所谓气者，何以忽而凝集，忽而离散邪？此则非人所能知。人之所知者，止于其聚而散，散而聚，常动而不息而已。故说宇宙者穷于易；而《易》与《春秋》，皆托始于元。参看下编第二章第二节。易即变动不居之谓，元则人所假定为动力之始者也。《易》曰：“易不可见，则乾坤或几乎息矣。”《系辞传》。又曰“大哉乾元，万物资始，乃统天”，《乾彖辞》。盖谓此也。老子曰：“有物混成，先天地生。寂兮寥兮，独立而不改，周行而不殆，可以为天下母。吾不知其名，字之曰道，强为之名曰大。”亦指此动力言也。

人之思想，不能无所凭藉；有新事物至，必本诸旧有之思想，以求解释之道，而谋处置之方，势也。古代之宗教及哲学，为晚周之世，人人所同具之思想。对于一切事物之解释及处置，必以是为之基，审矣。此诸子之学，所以虽各引一端，而异中有同，仍有不离其宗者在也。昔在苏州讲学，尝撰《论读子之法》一篇，以示诸生。今节录一段于下，以备参考。原文曰：古代哲学，最尊崇自然力。既尊崇自然力，则只有随顺，不能抵抗。故道家最贵无为。无为非无所事事之谓，谓因任自然，不参私意云耳。然则道家所谓无为，即儒家"为高必因丘陵，为下必因川泽"之意；亦即法家绝圣弃知，专任度数之意也。自然之力，无时或息。其在儒家，则因此而得自强不息之义。道家之庄、列一派，则谓万物相刃相靡，其行如驰，"一受其成形，不亡以待尽"，因此而得委心任运之义焉。自然力之运行，古人以为如环无端，周而复始。其在道家，则因此而得祸福倚伏之义；故贵知白守黑，知雄守雌。其在儒家，则因此而得穷变通久之义，故致谨于治制之因革损益。其在法家，则因此而得"古今异俗，新故异备"之义，而商君等以之主张变法焉。万物虽殊，然既为同一原质所成，则其本自一。若干原质，凝集而成物，必有其所以然，是之谓命；自物言之则曰性。性命者物所受诸自然者也。自然力之运行，古人以为本有秩序，不相冲突。人能常守此定律，则天下可以大治。故言治贵反诸性命之情。故有反本正本之义。儒家言尽性可以尽物，道家言善养生者可以托天下，理实由此。抑《春秋》之义，正次王，王次春，言王者欲有所为，宜求其端于天；而法家言形名度数，皆原于道，亦由此也。万物既出于一，则形色虽殊，原理不异。故老贵抱一，孔贵中庸。抑宇宙现象，既变动不居，则所谓真理，只有变之一字耳。执一端以为中，将不转瞬而已失其中矣。故贵抱一而戒执一，贵得中而戒执中，抱一守中，又即贵虚贵无之旨也。然则一切现象，正惟相反，然后相成，故无是非善恶之可言，而物伦可齐也。夫道家主因任自然，而法家主整齐画一，似相反矣；然其整齐画一，乃正欲使天下皆遵守自然之律，而绝去私意，则法家之旨，与道家不相背也。儒家贵仁，而法家贱之。然其言曰："法之为道，前苦而长利；仁之为道，偷乐而后穷。"则其所攻者，乃姑息之爱，非儒家所谓仁也。儒家重文学，而法家列之五蠹。然其言曰："糟糠不饱者，不务粱肉；短褐不完者，不待文绣。"则亦取救一时之急耳。秦有天下，遂行商君之政而不改，非法家本意也。则法家之与儒家，又不相背也。举此数端，余可类推。要之古代哲学之根本大义，仍贯通乎诸子之中。有时其言似相反者，则以其所论之事不同，史谈所谓"所从言之者异"耳。故《汉志》譬诸水火，相灭亦相生也。

第三章 先秦学术兴起时之时势

今之谈哲学者，多好以先秦学术，与欧洲、印度古代之思想相比附。或又谓先秦诸子之学，皆切实际，重应用，与欧洲、印度空谈玄理者不同。二说孰是？曰：皆是也。人类思想发达之序，大致相同。欧洲、印度古代之思想，诚有与先秦诸子极相似者。处事必根诸理，不明先秦诸子之哲学，其处事之法，亦终无由而明；而事以参证而益明。以欧洲、印度古说，与先秦诸子相较，诚不易之法也，然诸子缘起，旧有二说：一谓皆王官之一守，一谓起于救时之弊。见下章。二说无论孰是，抑可并存，要之皆于实际应用之方，大有关系。今读诸子书，论实际问题之语，诚较空谈玄理者为多，又众所共见也。故不明先秦时代政治及社会之情形，亦断不能明先秦诸子之学也。

先秦诸子之思想，有与后世异者。后世政治问题与社会问题分，先秦之世，则政治问题与社会问题合。盖在后世，疆域广大，人民众多，一切问题，皆极复杂。国家设治之机关，既已疏阔；人民愚智之程度，又甚不齐。所谓治天下者，则与天下安而已。欲悬一至善之鹄，而悉力以赴之，必求造乎其极，而后可为无憾，虽极弘毅之政治家，不敢作是想也。先秦诸子则不然。去小国寡民之世未远，即大国地兼数圻，亦不过今一两省；而其菁华之地，犹不及此。秦之取巴蜀，虽有益于富厚，其政治恐尚仅羁縻。读《后汉书·板楯蛮传》可见。楚之有湖南、江西，则如中国今日之有蒙、新、海、藏耳。而其民风之淳朴，又远非后世之比。夫国小民寡，则情形易于周知，而定改革之方较易。风气淳朴，则民皆听从其上，国是既定，举而措之不难。但患无临朝愿治之主，相助为理之臣。苟其有之，而目的终不得达；且因此转滋他弊，如后世王安石之所遭者，古人不患此也。职是故，先秦诸子之言治者，大抵欲举社会而彻底改造之，使如吾意之所期。“治天下不如安天下，安天下不如与天下安”等思想，乃古人所无有也。

然则先秦诸子之所欲至者，果何等境界邪？孔慕大同，老称郅治，似近子虚之论，乌托之邦。然诸子百家，抗怀皇古，多同以为黄金世界，岂不谋而同辞诞谩耶？孔子之告子游曰："大道之行也，与三代之英，丘未之逮也，而有志焉。"郑注曰："志，谓识，古文。""谓识"一读。此以识字诂志字；次乃更明其物，谓孔子所谓志者，乃指古文言之也。古文，犹言古书，东汉人语如此。此即《庄子》"春秋经世，先王之志"之志。孔子论小康，举禹、汤、文、武、成王、周公为六君子，皆实有其人；其治迹，亦皆布在方策；其论大同之世，安得悉为理想之谈。然则孔慕大同，老称郅治，以及许行论治，欲并仓廪府库而去之，殆皆有所根据，而后悬以为鹄；不徒非诞谩之辞，并非理想之谈也。

孔、老大同，郅治之说，以及许行并耕而食之言，自今日观之，似皆万无可致之理。然在当日，则固不然。此非略知社会之变迁者不能明，请得而略陈之。盖人类之初，制驭天然之力极弱。生活所需，则成群结队，到处寻觅，见可供食用之物，则拾取之而已矣。此为社会学家所称搜集之世。稍进，乃能渔于水，猎于山。制驭天然之力稍强，而其生活犹极贫窘。必也进于农牧，乃无饥饿之忧。农牧之兴，大抵视乎其地，草原之民，多事畜牧；林麓川泽之地，则多事农耕。吾国开化之迹，稍有可征者，盖在巢、燧、羲、农。巢、燧事迹，略见《韩非》。《五蠹》。其为渔猎时代之酋长，不待言而可明。伏羲，昔多以游牧之主，盖因伏又作庖，羲又作牺，乃有此望文生义之误解。其实伏羲乃"下伏而化之"之意，明见《尚书大传》。其事迹，则《易・系辞传》明言其为网罟而事畋渔，其为渔猎时代之大酋，尤显而易见。《传》又言："包牺氏没，神农氏作。"吾族盖于此时进于农耕。而黄帝，《史记》言其"迁徙往来无常处，以师兵为营卫"，《五帝本纪》。似为游牧之族。凡农耕之族，多好和平；游牧之群，则乐战伐。以此，阪泉、涿鹿之师，炎族遂为黄族所弱。《史记・五帝本纪》，既言神农氏世衰，诸侯相侵伐，弗能征，又言炎帝欲侵陵诸侯，未免自相矛盾。颇疑《史记》此节，系采自两书，兼存异说。蚩尤、炎帝，即系一人；涿鹿、阪泉，亦系一事。即谓不然，而蚩尤、炎帝，同系姜姓，其为同族，则无疑矣。农耕之民，性多重滞。老子言"郅治之极，邻国相望，鸡犬之声相闻，民各甘其食，美其服，安其俗，乐其业，至老死不相往来"。《史记・货殖列传》。盖在此时。此等社会，大抵自给自足。只有协力以对物，更无因物以相争。故其内部极为安和，对外亦能讲信修睦。孔子所谓大同之世，亦指此时代言之也。黄帝之族，虽以武力击而臣之。于其社会之组织，盖未尝加以改变，且能修而明之。所异者，多一征服之族，踞于其上，役人以自养；而其对外，亦不复能如前此之平和；又前此荡荡平平之伦理，一变而为君臣上下，等级分明之伦理耳。所谓“大人世及以为礼；城郭沟池以为固；礼义以为纪；以正君臣，以笃父子，以睦兄弟，以和夫妇……以贤勇知，以功为己；故谋用是作，而兵由此起”者也。然社会之组织，尚未大变；列国之竞争，亦未至甚烈；在上者亦不十分淫虐，则其民固尚可小安。是则所谓小康之世也。其后治人者荒淫日甚；社会之组织，亦因交通之便利，贸易之兴盛，而大起变化。于是前此良善之规制，荡焉无存。变为一无秩序、无公理、无制裁、人人竞图自利之世界，遂自小康降为乱世矣。当此之时，老子、许行等，欲径挽后世之颓波，而还诸皇古。孔子则欲先修小康之治，以期驯致于大同。如墨子者，则又殚心当务之急，欲且去目前之弊，而徐议其他。宗旨虽各不同，而于社会及政治，皆欲大加改革，则无不同也。固非后世弥缝补苴，苟求一时之安者所可同年而语矣。古今社会组织之异，体段既大，头绪甚繁。略言之则不能明；太详，则本书为篇幅所限，未免喧宾夺主。予别有《大同释义》一书，论古代社会组织之变迁，可供参考。

第四章　先秦学术之源流及其派别

先秦诸子之学，《太史公自序》载其父谈之说，分为阴阳、儒、墨、名、法、道德六家。《汉书·艺文志》益以纵横、杂、农、小说，是为诸子十家。其中去小说家，谓之九流。《汉志》曰："诸子十家，其可观者，九家而已。"《后汉书·张衡传》：上疏曰："刘向父子，领校秘书，阅定九流。"《注》"九流，谓儒家、道家、阴阳家、法家、名家、墨家、纵横家、农家、杂家"。刘子《九流》篇所举亦同。《艺文志》本于《七略》。《七略》始六艺，实即儒家。所以别为一略者，以是时儒学专行；汉代古文学家，又谓儒家之学，为羲、农、尧、舜、禹、汤、文、武、周公相传之道，而非孔子所独有故耳，不足凭也。参看下编第二章第二节。《诸子略》外，又有《兵书》《数术》《方技》三略。《辑略》为诸书总要。兵书与诸子，实堪并列。数术亦与阴阳家相出入。所以别为一略，盖以校书者异其人。至方技，则一医家之学耳。故论先秦学术，实可分为阴阳、儒、墨、名、法、道德、纵横、杂、农、小说、兵、医十二家也。先秦学术派别，散见古书中者尚多。其言之较详者，则《庄子》之《天下》篇，《荀子》之《非十二子》篇是也。近人或据此等，以疑史汉之说，似非。案《天下》篇所列举者，凡得六派：(一)墨翟、禽滑釐，(二)宋钘、尹文，(三)彭蒙、田骈、慎到，(四)关尹、老聃，(五)庄周，(六)惠施、桓团、公孙龙是也。《非十二子》篇，亦分六派：(一)它嚣、魏牟，(二)陈仲、史䲡，(三)墨翟、宋钘，(四)慎到、田骈，(五)惠施、邓析，(六)子思、孟轲是也。同一墨翟、宋钘也，荀子合为一派，庄子析为两派，果何所折衷邪？儒、墨并为当时显学，荀子仅举思、孟，已非其朔；《韩诗外传》载此文，则止十子，并无思、孟；《天下》篇亦不及儒，能无遗漏之讥邪？盖此等或就一时议论所及，或则但举当时著名人物言之，初非通观前后，综论学派之说也。

诸家之学，《汉志》谓皆出王官；《淮南·要略》则以为起于救时之弊，盖一言其因，一言其缘也。近人胡适之，著《诸子不出王官论》，力诋《汉志》之诬。殊不知先秦诸子之学，极为精深；果其起自东周，数百年间，何能发达至此？

且诸子书之思想文义，皆显分古近，决非一时间物，夫固开卷可见也。章太炎谓“九流皆出王官，及其发舒，王官所弗能与；官人守要，而九流究宣其义”。其说实最持平。《荀子》云：“父子相传，以持王公，是故三代虽亡，治法犹存，是官人百吏之所以取禄秩也。”《荣辱》篇。儒家通三统之说，所以欲封二王之后以大国，以此。参看下编第二章第二节。观此，可知胡君谓古代王官，定无学术可言之误。胡君又谓诸子之学，果与王官并世，亦必不为所容，而为所焚坑。引欧洲中世教会，焚杀哲人，禁毁科学、哲学之书为证。不知中西史事，异者多矣。欧洲中世教会之昏暴，安见我国古代，必与相符。况欧洲摧残异学者为教会，班志所称为王官，其事渺不相涉邪？古代明堂辟雍，合居一处。所谓大学，实为宗教之府。读下篇“附录一”可见。故以古代学校，拟欧洲中世之教会，犹有相似之处，若他官则渺不相涉矣。然古代学校，固亦无焚杀哲人，禁毁异学之事。史事非刻板者，虽大致可相印证，固不能事事相符也。此即所谓守要。究宣其义者？遭直世变。本其所学，以求其病原，拟立方剂。见闻既较前人为恢廓，心思自较前人为发皇。故其所据之原理虽同，而其旁通发挥，则非前人所能望见也。此犹今日言社会主义者，盛极一时。谓其原于欧洲之圣西门、马克思，固可；谓由中国今日，机械之用益弘，劳资之分稍显，国人因而注意及此，亦无不可也。由前则《汉志》之说，由后则《淮南》之说也。不惟本不相背，亦且相得益彰矣。

抑诸子之学，所以必出于王官者，尚有其一因焉。古代社会，等级森严。平民胼手胝足，以给公上，谋口实之不暇，安有余闲，从事学问？即有天才特出者，不假传授，自有发明。然既乏师友之切磋，复鲜旧闻为凭借；穴隙之明，所得亦仅，安足语于学术？即谓足厕学术之林而无愧，然伏处陇亩之中，莫或为之传播；一再传后，流风余韵，亦渐即销沉矣。古小说家言，出于平民，平民之所成就者，盖止于是。参看下编第十一章。贵族则四体不勤，行有余力。身居当路，经验饶多。父祖相传，守之以世。子产有言：“其用物也弘矣！其取精也多矣！”其所发明，非仅恃一时一人之思虑者所能逮，固无足怪。春秋以降，弑君三十六，亡国五十二，诸侯奔走，不得保其社稷者，不可胜数。乡之父子相传，以持王公取禄秩者，至此盖多降为平民，而在官之学，遂一变而为私家之学矣。世变既亟，贤君良相，竞求才智以自辅；仁人君子，思行道术以救世；下焉者，亦思说人主，出其金玉锦绣，取卿相之尊。社会之组织既变，平民之能从事于学问者亦日多；而诸子百家，遂如云蒸霞蔚矣。孔子弟子三千，身通六艺者七十有二。孟子后车数十乘，从者数百人。杨朱、墨翟之言，亦盈天下。教育学术，皆自官守移于私家。世运之迁流，虽有大力，莫之能逆。秦皇乃燔《诗》《书》，禁私学；令民欲学法令，以吏为师；欲尽复西周以前，政教合一之旧，无怪其卒不能行也。

《汉志》谓九流之学，“各引一端，崇其所善，譬犹水火，相灭亦相生也”。此说最通。学术思想，恒由浑而之画。古代哲学，笼统而不分家，盖由研究尚未精密之故。东周以降，社会情形，日益复杂；人类之思想，遂随之而日益发皇。各方面皆有研究之人，其所发明，自非前人所能逮矣。然崇其所善，遂忘他方面之重要，则亦有弊。而苟非高瞻远瞩之士，往往不免囿于一偏，诸子之学，后来所以互相攻击者以此。此殆不甚弘通之士为之；始创一说之大师，或不如是。何者？智足创立一学，自能知其学之所安立。既自知其学之所安立，则亦知他家之学所安立。各有其安立之处所，自各有其所适用之范围。正犹夏葛冬裘，渴饮饥食，事虽殊而理则一，当相为用，不当互相排也。《庄子·天下》篇曰：“古之人其备乎？……明于本数，系于末度；六通四辟，大小精粗，其运无乎不在。……天下大乱，贤圣不明，道德不一，天下多得一察，句绝。焉以自好。譬如耳目鼻口，皆有所明，不能相通。……不该不遍，一曲之士也。是故内圣外王之道，暗而不明，郁而不发。天下之人，各为其所欲，句绝。焉以自为方。悲夫！百家往而不反，必不合矣。”即慨叹于诸子百家之各有所明，而亦各有所蔽也。学问之事，其当分工合力，一与他事同。惟分之而致其精，乃能合之而见其大。古代学术，正在分道扬镳之时，其不能不有所蔽，势也。后世则诸说并陈，正可交相为用。乃或犹不免自安于一曲，甚至于入主而出奴，则殊非学问之士所宜出矣。参看下编第十二章。

第五章　研究先秦诸子之法

先秦诸子之学，近数十年来，研究者大盛。盖以民气发舒，统于一尊之见渐破，而瀛海大通，远西学术输入，诸子之书，又多足互相印证也。诸子之书，皆去今久远，非经校勘注释不能明。昔时留意于此者少。清代考证学盛，始焉借子以证经，继乃离经而治子。校勘训释，日益明备。自得西学相印证，义理之焕然复明者尤多。如《墨子》之《经》《经说》《大取》《小取》诸篇，昔几无人能读，今则可解者十七八，即由得欧西论理之学，以相参证也。治此学于今日，盖远非昔时之比矣。然今治诸子之学者，亦有所蔽，不可不知。予昔有《论读子之法》一篇，今特节录其文如下。

原文曰：读古书固宜严别真伪，诸子尤甚。然近人辨诸子真伪之术，吾实有不甚敢信者。近人所持之术，大要有二：（一）据书中事实立论，事有非本人所能言者，即断为伪。如胡适之摘《管子·小称》篇记管仲之死，又言及毛嫱、西施；《立政》篇辟寝兵兼爱之言，为难墨家之论是也。（二）则就文字立论。如梁任公以《老子》中有偏将军、上将军之名，谓为战国人语；又或以文字体制之古近，而辨其书之真伪是也。予谓二法皆有可采，而亦皆不可专恃。何则？子为一家之学，与集为一人之书者不同。故读子者，不能以其忽作春秋时人语，忽为战国人之言，而疑其书之出于伪造；犹之读集者，不能以其忽祖儒家之言，忽述墨家之论，而疑其文非出于一人。先秦诸子，大抵不自著书。今其书之存者，大抵治其学者所为，而其纂辑，则更出于后之人。亡佚既多，辑其书者，又未必通其学。不过见讲此类学术之书，共有若干，即合而编之，而取此种学派中最有名之人，题之曰某子云耳。然则某子之标题，本不过表明学派之词，不谓书即其人所著。与集部书之标题为某某集者，大不相同。书中记及其人身后之事，及其文词之古近错出，固不足怪。至于诸子书所记事实，多有讹误，此似诚有可疑。然古人学术，多由口耳相传，无有书籍，本易讹误；而其传之也，又重其义而轻其事。如胡适之所摘庄子见鲁哀公，自为必无之事。然古人传此，则但取其足以明义；往见者果为庄子与否，所见者果为鲁哀公与否，皆在所不问。岂惟不问，盖有因往见及所见之人，不如庄子及鲁哀公之著名，而易为庄子与鲁哀公者矣。然此尚实有其事。至如孔子见盗跖等，则可断定并其事而无之，不过作者胸中有此一段议论，乃托之孔子、盗跖耳。此则所谓寓言也。此等处，若据之以谈史实，自易谬误。然在当时，固人人知为寓言。故诸子书中所记事实，乖谬者十有七八，而后人于其书，仍皆信而传之。胡适之概断为当时之人，为求利而伪造，又讥购求者之不能别白，亦未必然也。说事如此，行文亦然。今所传五千言，设使果出老子，则其书中偏将军、上将军，或本作春秋以前官名，而传者乃以战国时之名易之，此如今译书者，于书中外国名物，易之以中国名物耳，虽不免失真，固与伪造有别也。又古人之传一书，有但传其意者，有兼传其词者。兼传其词者，则其学本有口诀可诵；师以是传之徒，徒又以是传之其徒，如今瞽人业算命者，以命理之书，口授其徒然。此等可传之千百年，词句仍无大变。但传其意者，则如今教师之讲授，听者但求明其意即止，迨其传之其徒，则出以自己之言。如是三四传后，其说虽古，其词则新矣。故文字气体之古近，亦不能以别其书之古近也，而况于判其真伪乎？明于此，则知诸子之年代事迹，虽可知其大略，而亦不容凿求。若更据诸子中之记事，以谈古史，则尤易致误矣。诸子中之记事，十之七八为寓言；即或实有其事，人名、地名及年代等，亦多不可据；彼其意，固亦当作寓言用也。据此以考事实，苟非十分谨慎，必将治丝益棼。今人考诸子年代事迹者，多即以诸子所记之事为据。既据此假定诸子年代事迹，乃更持以判别诸子书之信否焉，其可信乎？一言蔽之，总由不知子与集之异，太重视用作标题之人而已。

以上皆《论读子之法》原义。此外尚有一事宜知者，曰："先秦之学纯，而后世之学驳。凡先秦之学，皆后世所谓专门；此谓专守一家之说，与今所谓专治一科之学者异义。而后世所谓通学，则先秦无之也。"此何以故？曰：凡学皆各有所明，故亦各有其用。因人之性质而有所偏主，固势不能无。即入主出奴，亦事所恒有。然此必深奥难明之理，介于两可之间者为然。若他家之学，明明适用于某时某地，证据确凿者，则即门户之见极深之士，亦不能作一笔抹杀之谈。此群言淆乱，所以虽事不能免，而是非卒亦未尝无准也。惟此亦必各种学问，并行于世者已久，治学之士，于各种学问，皆能有所见闻而后可。若学问尚未广布，欲从事于学者，非事一师，即无由得之；而所谓师者，大抵专主一家之说，则为之弟子者，自亦趋于暖姝矣。先秦之世，学术盖尚未广布？故治学者，大抵专主一家。墨守之风既成，则即有兼治数家者，亦必取其一而弃其余。墨子学于孔子而不说，遂明目张胆而非儒；陈相见许行而大说，则尽弃其所受诸陈良之学，皆是物也。此杂家所以仅兼采众说，而遂足自成为一家也。以当时诸家皆不能兼采也。若在后世，则杂家遍天下矣。

职是故，治先秦之学者，可分家而不可分人。何则？先秦诸子，大抵不自著书；凡所纂辑，率皆出于后之人。张孟劬尝以佛家之结集譬之。欲从其书中，搜寻某一人所独有之说，几于无从措手；而一家之学，则其言大抵从同。故欲分别其说属于某人甚难，而欲分别其说属于某家则甚易。此在汉世，经师之谨守家法者尚然。清代诸儒，搜辑已轶之经说，大抵恃此也。试读陈氏父子之《三家诗遗说考》《今文尚书经说考》，即可见之。故治先秦之学者，无从分人，而亦不必分人。兹编分论，均以家为主。一书所述，有兼及两家者，即分隶两家之下，如《墨子》中论名学者，即归入名家之中。诸子事迹，但述其可信者；转于其书之源流真伪，详加考证焉，亦事所宜然也。

下　编　分论

扫码分享电子版

第一章　道家

第一节　总论

道家之学，《汉志》云：“出于史官。历记成败存亡祸福古今之道，然后知秉要执本，清虚以自守，卑弱以自持，此君人南面之术也。”“清虚以自守，卑弱以自持”，实为道家最要之义。《礼记·学记》曰：“君子如欲化民成俗，其必由学乎？”又曰：“古之王者，建国君民，教学为先。”其所言者，为君人南面之学可知。而其下文云：“学无当于五官，五官弗得不治。”又曰：“君子以大德不官，大道不器。”此即“清虚以自守”之注脚。世惟不名一长者，乃能兼采众长；亦惟不胶一事者，乃能处理众事。故欲求用人，必先无我。司马谈称道家之善曰：“因阴阳之大顺，采儒墨之善，撮名法之要，与时迁移，应物变化。”又曰：“其术以虚无为体，以因循为用。无成势，无常形，故能究万物之情。不为物先，不为物后，故能为万物主。有法无法，因时为业。有度无度，因物与合。故曰：圣人不朽，时变是守。”盖谓此也。至于卑弱以自持，则因古人认宇宙之动力为循环之故。《老子》曰：“有物混成，先天地生。寂兮寥兮，独立而不改，周行而不殆，可以为天下母。吾不知其名，字之曰道。强为之名曰大。大曰逝，逝曰远，远曰反。”此言宇宙之本，惟是动力，而其动之方向为循环也。惟自然力之方向为循环，故凡事无不走回头路者，而盛强绝不足恃。故曰“反者道之动”，又曰“夫物芸芸，各复归其根”，又曰“万物并作，吾以观其复”也。夫如是，故有祸福倚伏之义。故贵知白守黑，知雄守雌。此盖观众事而得其会通，而知柔弱者可以久存，刚强者终必挫折，遂乃立为公例。所谓“历记成败存亡祸福”者也。内“清虚以自守”，外“卑弱以自持”，“君人南面之术”，尽于此矣。此《汉志》所谓“秉要执本”者也。

《史记·老子韩非列传》云：“老子，周守藏室之史也。”《索隐》云：“藏室史，乃周藏书室之史也。”又《张苍传》：“老子为柱下史，盖即藏室之柱下，因以为官名。”又《张丞相列传》:“秦时为御史,主柱下方书。”《集解》:“如淳曰:方,版也。谓书事在版上者也。秦以上置柱下史,苍为御史,主其事。”《索隐》:“周、秦皆有柱下史,谓御史也。所掌及侍立,恒在殿柱之下。故老子为周柱下史。今在秦代,亦居斯职。”案《汉书·百官公卿表》:“御史大夫,秦官。掌副丞相。有两丞。一曰中丞,在殿中兰台,掌图籍秘书。”如《索隐》言,藏室柱下为一官,实即御史,则老子所居,似即中丞之职。然此语殊难定。《史记·萧相国世家》云:“沛公至咸阳,诸将皆争走金帛财物之府分之,何独先入收秦丞相御史律令图书藏之。”“汉王所以具知天下厄塞,户口多少,强弱之处,民所疾苦者,以何具得秦图书也。”此图书,即《汉表》所谓图籍,指地图户籍言。盖何之所收止是,其所谓秘书者,则委而去之矣。然《汉志》所谓“历记成败存亡祸福古今之道”者,实当在秘书之中也。窃疑藏室所藏,正是此物。所谓道德五千言者,实藏室中之故书,而老子著之竹帛者耳。参看下节。今姑弗论此,而道家出于史官之说,则信而有征矣。丞相掌丞天子,助理万机,而御史大夫,掌副丞相,皆总揽全局,与他官之专司一事者不同。其能明于君人南面之术,固其所也。

职是故,道家之学,实为诸家之纲领。诸家皆专明一节之用,道家则总揽其全。诸家皆其用,而道家则其体。《汉志》抑之儒家之下,非也。今分论诸家,以道家为首。

第二节　老子

道家之书,传于今者,以《老子》为最古。《汉志》所著录者,有《黄帝四经》《黄帝铭》《黄帝君臣》《杂黄帝》《力牧》黄帝相。《伊尹》《辛甲》纣臣。《周训》《太公》《鬻子》,皆在《老子》前。然多出于依托。今《列子·天瑞》篇引《黄帝书》二条,黄帝之言一条,《力命》篇亦引《黄帝书》一条。《天瑞》篇所引,有一条与《老子》书同;余亦极相类。今《老子》书辞义甚古;全书皆三四言韵语;间有散句,盖后人所加;与东周时代之散文,截然不同。一也。书中无男女字,但称牝牡,足见其时之言语,尚多与后世殊科。二也。又全书之义,女权皆优于男权,俱足征其时代之早。吾谓此书实相传古籍,而老子特著之竹帛,或不诬邪?其书出于谁某不可知,亦不必成于一人。然必托诸黄帝,故汉时言学术者,恒以黄、老并称也。黄老之学，后来为神仙家所附会，乃有疑黄非黄帝，老非老子者，非也。参看附录三自明。《论衡·自然》篇："黄者黄帝也，老者老子也。"此《汉书》所谓黄、老者，即黄帝、老子之确证。《史记》云："老子，楚苦县厉乡曲仁里人也。"汉苦县，今河南鹿邑县。地本属陈，陈亡乃入楚，或以《史记》楚人之言，遂断老子为南方之学，与孔子北方之学相对，则大非。此说始于日本人，梁任公《论中国学术思想变迁之大势》引之。袭其说者颇多。柳翼谋已辨之矣。姑无论苦县本非楚地；即谓老子为楚人，而其所学，为托诸黄帝之学，其必为北方之学可知。《史记》云："老子居周久之，见周之衰，乃遂去。至关，关令尹喜曰：子将隐矣，强为我著书。于是老子乃著书上下篇，言道德之意五千余言而去，莫知其所终。"此关或以为函关，或以为散关，难定；要未必南行之关。即谓为南行之关，或以令尹为楚官名，有此推测。然古人著书，多以后世语道古事；亦多以作者所操之语易本名。此等处，皆难作诚证也。而老子学成而后南行，亦与其所著之书无涉也。孔子曰："宽柔以教，不报无道，南方之强也。""衽金革，死而不厌，北方之强也。"此南方指中国，北方指北狄言，非以江河流域对举也。春秋时河域之国，曷尝有"衽金革，死而不厌"之俗？吴楚皆称慓悍，又曷尝能"宽柔以教，不报无道"邪？

老子行事，不甚可考，惟孔子问礼于老子，古书多载之。《礼记·曾子问》，载老聃之言数条，皆涉礼事，足为孔子问礼之一证。或以《老子》书上道德而贱仁义，尤薄礼，因疑此老聃与作五千言者非一人，亦非。知礼乃其学识，薄礼是其宗旨，二者各不相干。犹明于法律者，不必主任法为治；且可尊礼治而薄法治也。不然，古书载此事，何不曰问道，而皆曰问礼邪？《史记》云"莫知其所终"，而《庄子·养生主》篇，明载老聃之死。或老子事迹，史公有不备知；或《庄子》书为寓言，难定。要《史记》之意，必非如后世神仙家之所附会，则可断也。下文又云："或曰：老莱子亦楚人也，著书十五篇，言道家之用，与孔子同时云。盖老子百有六十余岁，或言二百余岁。以其修道而养寿也。自孔子死之后，百二十九年，而史记周太史儋见秦献公，曰：始秦与周合，合五百岁复而离，离七十岁而霸王者出焉。或曰儋即老子，或曰非也，世莫知其然否。"此百余言，乃后人记识之语，混入本文者。他不必论，"世莫知其然否"六字，即一望而知其非西汉人文义矣。古书为魏、晋后信道教者窜乱亦颇多。《史记·自序》，载其父谈《论六家要指》，末曰："凡人所生者神也，所托者形也。神大用则竭，形大劳则敝，形神离则死。死者不可复生，离者不可复反，故圣人重之。由是观之：神者，生之本也；形者，生之具也；不先定其神，而曰：我有以治天下，何由哉？”与上文全不相涉，亦信神仙者记识之语，混入本文者也。

《史记》云：老子著书五千余言，与今书字数大略相合。此书古代即多引用阐发之者，其辞句皆略与今本同，近人杨树达，辑《老子古义》一书，极可看。可知今书必多存旧面目。故老子之行事，可征者甚鲜，而其书则甚可信也。

老子之宇宙观，与自古相传之说同。以宇宙之根原，为一种动力。故曰：“谷神不死，是谓玄牝。玄牝之门，是谓天地根。绵绵若存，用之不勤。”谷者，空虚之义。神即指动力言之。不死，犹言不息。玄者，深远之义。牝者，物之所由生。言幽深玄远之境，实为天地之所自出也。其力不息，而人不能觉，故曰：“绵绵若存，用之不勤。”又曰：“道可道，非常道。名可名，非常名。无名天地之始，有名万物之母。故常无欲以观其妙，常有欲以观其徼。此两者同出而异名，同谓之玄。玄之又玄，众妙之门。”常同尚，古假为上字。名之为物，因形而立。《管子·心术》：“以其形，因为之名。”又曰：“凡物载名而来，圣人因而裁之。”宇宙开辟，物各有其特异之形，乃可锡以特异之名。若其初，则惟是一气而已。气无异形，则亦无异名。故曰“名可名，非上名”，“无名天地之始，有名万物之母”也。物之生皆依于道。如天地之生万物，人之生子是。然此已非其朔。语其朔，则必未有天地之时，生天地之道，乃足以当之，故曰“道可道，非上道”也。欲为谷之借字，为空隙之义。下文云：“常无欲可名于小。”言最初惟有构成万物之原质，而无万物；此构成万物之原质，即最小之分子，更不可分，故无空隙。无空隙，则可名之曰小矣。于曰同字。“常无欲以观其妙”同意。妙当作眇，即今渺字。言最初惟有分子，而无万物之时，可以见宇宙之微眇也。徼为皦之假字。本书曰：“其上不昧，其下不皦。”皦对昧言，乃明白之义。言分子既集合而成万物，则其形明白可见也。有形天地万物。无形，构成天地万物之原质。同出一境，此境则谓之玄。言极幽深玄远。此幽深玄远之境，实为构造天地万物之微细之原质所自出，故曰“众妙之门”也。说皆古代哲学通常之义，本亦无甚难解。特其辞义甚古；后世神仙之家，皆自托于老子，又利其然而肆行附会，遂至如涂涂附耳。今故不避其繁而详释之。

老子推原宇宙，极于一种不可知之动力；又认此动力之方向为循环，因之得祸福倚伏，知雄守雌之义，已见前节。此为道家通常之义，无俟缕陈。至其社会及政治思想，则湮晦数千年，有不得不亟为阐发者。

老子之所慨想者，亦为农业共产之小社会。与孔子所谓大同者，正系同物。所谓“小国寡民。使有什百之器而不用。使民重死而不远徙。虽有舟舆，尤所乘之；虽有甲兵，无所陈之。使民复结绳而用之”也。夫日食大牢者，不可使之复茹其粟。今乃欲使已经进化之社会，逆行而复返于榛狉之境，此论者所以疑道家之说为不可行也。而不知此殊非道家之意。盖物质文明之进步，与社会组织之复杂，纯系两事，其间并无因果关系。不幸此世界上，现存而昌盛之社会，此两者之进行，偶尔相偕。其有不然者，则其社会或已覆亡，或尚滞于野蛮之境。世遂谓两者必相平行。其实物质文明之进步，乃人类知识之进步，有以致之。与其社会组织之堕落，了无干涉。向使人类社会，永无阶级之分，一守其大同之世，“不独亲其亲，不独子其子；货恶其弃于地，不必藏于己；力恶其不出于身，不必为己”之旧，其知识亦未必不进步；知识进步，其制驭天然之力，亦未有不随之而进步者。且社会组织安和，则无阻碍进步，及毁坏已成之功之事；其进步必更一日千里，远胜于今。虽事无可征，而理实可信。彼谓学问技术之进步，皆以人类自利之心为之基，实为最谬之语。近世进步之速，乃由有已发明之科学为之基。科学肇兴之始，果爱好真理为之乎？抑亦有如今日，悬赏以奖励发明者致之也？且人类之有发明，数十万年矣；私产制度之行，则数千年耳。古人之所发明，虽视今日为拙；其进步，虽较近世为迟；然其性质则无以异。私产未兴之世，又有何私利以鼓动之邪？故知此等，全系习于社会之病态，而忘其健康时之情形之说也。知此，乃可以读道家之书。

道家之所攻击者，全在社会组织之不合理，而不在物质之进步。然其言一若攻击物质文明者，则以物质之进步，与社会之堕落平行。物质实在不合理之社会中进化，凡所创造，皆以供少数人之淫侈，读《淮南子·本经训》可见。社会虽因物质之进步而蒙福，亦因淫侈之增加而受祸，故大声疾呼而攻击之。设使物质之进步，皆以供大多数人之用，道家必不攻击之矣。此犹今日极守旧之人，仍有以机器为奇技淫巧，而欲闭关绝市者。其见解固甚顽陋，然亦因此等物，实随外力之侵略而俱来，故有此愤激不平之念。设使西人之来，与我和亲康乐，日以利民之物，供我之用，吾敢决全国无一人排斥之也。今者欲闭关绝市，尽去守旧之徒之所谓奇技淫巧者，诚不可得。然谓现代之文明，必与帝国主义相附；现代之文明不毁灭，即帝国主义终不可去，有是理乎？细读道家之书，自见其所攻击者，皆为社会之病态，无一语及于物质文明；欲毁坏之，而使社会复返于榛狉之境者。孟子曰："说《诗》者，不以文害词，不以词害意；以意逆志，是为得之。"岂惟说《诗》，读一切古书，皆当如是矣。

古代民权不发达，一国之事，恒操于少数贵族之手。此少数贵族，则惟务剥民以自利，以遂其淫侈之欲。甚至争城争地；或眩惑于珠玉重器，糜烂其民而战之。民固深被其殃，彼亦未尝不还受其祸。古代之亡国败家，由此者盖不少也。详见拙撰《大同释义》第五篇。故老子深戒之，曰："五色令人目盲；五音令人耳聋；五味令人口爽；驰骋田猎，令人心发狂；难得之货，令人行妨。"又曰："甚爱者必大费，多藏者必厚亡。"又曰："以道佐人主者，不以兵强天下。世事好还。师之所处，荆棘生焉。大兵之后，必有凶年。"又曰："夫隹同惟。兵者，不祥之器，物或恶之，故有道者不处。"

古所谓大同郅治之世，其民初无阶级之分。故其利害不相冲突。利害不相冲突，则无相贼害之事。人既不相贼害，自不必有治之之法律，并不必有教之之训条矣。道德此非《老子》书所谓道德，乃今日通常所用之道德字也。法律，其为物虽殊，其为既有恶之后，乃教人去之，而使之从事于所谓善，则一也。然则既有道德法律，其社会，即非纯善之社会矣。故曰："天下皆知美之为美，斯恶矣。皆知善之为善，斯不善矣。"又曰："失道而后德，失德而后仁，失仁而后义，失义而后礼。夫礼者，忠信之薄而乱之首。"又曰"大道废，有仁义；慧知出，有大伪；六亲不和，有孝慈；国家昏乱，有忠臣"也。随社会之变乱，而日出其法以治之，此犹治病者日事对证疗法，而不为根本之图。治法愈繁，其去健康愈远。则何如尽弃现在之法，而别为治本之计乎？故曰："绝圣弃知，民利百倍。绝仁弃义，民复孝慈。绝巧弃利，盗贼无有。"此所谓圣知者，非明于事理之圣知，乃随社会病态之变幻，而日出其对证疗法以治之之圣知。然则所谓孝慈者，亦非真父子相爱之孝慈，乃父子相夷，而禁之使不得然之孝慈；所谓巧者，非供民用之械器；所谓利者，非厚民生之物品；乃专供少数人淫侈之物，使民艳之而不能得，而因以引起其争夺之心者耳。老子又曰："民之饥，以其上食税之多；言有奢侈者，则使人相形之下，自觉其贫乏。民之难治，以其上之有为；言以权力伏人，即不啻教人知有权力，而其人亦将用权力以相抗。民之轻死，以其奉生之厚。"言轻死者，皆因迫于贫乏，而其自觉贫乏，正因其生活程度之高。谓此也。所谓绝圣弃知，自非争讼未息，而先去法庭；盗贼遍野，而先去军警。然徒恃军警及法庭，终不可谓治之至，而必别有其根本之图，则其义皎然矣。《老子》曰："化而欲作，吾将镇之以无名之朴。无名之朴，此上疑夺"镇之以"三字。夫彼也。亦将无欲。不欲以静，天下将自定。"此语看似迂阔，然设使今日之豪富，能尽革其淫侈之习；有权力者，能尽弃其权力，而一与凡民同。民果尚有欲乎？民皆无欲，天下尚有不定者乎？此义诚非旦夕可行，然语夫治之至，则舍此固莫属也。

人心之险恶，既因社会组织之堕落而然，非因物质文明之进步而至，则知《老子》所谓"古之善为道者，非以明民，将以愚之"，绝不足怪。何则？人对于天然之知识，及其克服天然之能力，虽日有增加，断不至因此而相欺相贼。至于诈愚之智，侵怯之勇，则本乃社会之病态；此犹病者之神经过敏，本须使之镇静，乃能复于康健也。故谓道家欲毁弃物质文明，或谓道家欲闭塞人民之知识，皆全失道家之意者也。

第三节　庄子

庄子之学，与老子相似而实不同。《天下》篇曰："笏漠无形，变化无常。死与生与？天地并与？神明往与？芒乎何之？忽乎何适？万物毕罗，莫足以归。古之道术，有在于是者，庄周闻其风而悦之。"此数语，最能道出庄子学术真相。庄子之意：以为天地万物，皆一气变化所成，其变化人无从预知之；故同在宇宙之中者，彼此亦不能相知。世之执其所见，自谓能知者，均属妄说。执此妄说，而欲施诸天下，则纷扰起矣。故治天下之法，莫如泯是非。泯是非则不执成见。凡事皆当尽力考察，随时变换办法，以求适合，即今重客观而戒恃主观之说也。至于人之所以自处，则将来之祸福，既不可知，自莫如委心任运，听其所之。心无适莫，则所谓祸者，即已根本无存矣。老子之主清虚，主卑弱，仍系为应事起见；所谈者多处事之术；庄周则意在破执，专谈玄理，故曰其学相似而不同。然其宗旨，则究于老子为近。故《史记》谓其"于学无所不窥，然其要本，归于老子之言"；而《庄子》书中，称颂老子之辞，亦最多也。

庄周，《汉志》云宋人。《史记》云"蒙人，尝为蒙漆园吏"。汉蒙县故城，在今河南商邱县东北，故宋境也。《汉志》云其书五十二篇，而今传本只三十三篇。陆德明曰："《汉志》：《庄子》五十二篇，即司马彪、孟氏所注是也。言多诡诞，或类占梦书，故注者以意去取。其《内》篇众家并同。自余或有《外》而无《杂》。惟郭子玄所注，特会庄生之旨，故为世所贵。”郭注即今本也。其注实本于向秀，可看《四库书目提要》。凡《内篇》七，《外篇》十五，《杂篇》十一。除《杂篇》中之《说剑》《渔父》《列御寇》三篇外，大抵精绝。盖其杂者，已为前人所删矣。论者多独重《内篇》，实未免以耳为目也。

《庄子·天地》篇曰：“泰初有无，无有无名。一之所起，有一而未形。物得以生谓之德。此言凡物之生，皆系分得大自然之一部分。未形者有分，且然无间谓之命。有分，言有彼此之分界。盖物体同出于大自然。设无彼此之分界，则只浑然之一体，不能成其为物也。且同祖，始也。然，成也。无间，即小之义。物之始成，其体极小，所谓万物始于至微也。留《释文》云“或作流”，当从之。动而生物，物生成理谓之形。形体保神，各有仪则谓之性。”此推原物之所自始也。《知北游》曰：“人之生，气之聚也。聚则为生，散则为死。”“朽腐复化为神奇，神奇复化为朽腐，通天下一气耳。”《寓言》曰：“万物皆种也，以不同形相禅。”此言物既成之后，仍变化不已也。故曰：“彼出于是，是亦因彼。”又曰：“方生方死，方死方生。”此等变化，庄子以为即万物所自为，而非别有一人焉以司之。故《齐物论》篇，譬诸风之万窍怒号，而曰“吹万不同，而使其自已，咸其自取，怒者其谁”也。

设使世界而如宗教家之说，有一天神焉以主之，则其原因至简，能知此天神，即能知世界之真相矣。若万物之变化，其原因即在乎万物，则以世界之广大，现象之纷繁，遍观尽识，势有不能，又何从知变化之所自，而据以逆测其将来？故庄子之论世界，迳以为不可知也。其说尽于《秋水》篇“量无穷，时无止，分无常，终始无故”四语。量无穷，从空间言；时无止，从时间言；分无常，言物之变化不定；此可为彼，彼亦可以为此，故其界限不立。终始无故，则言其因果之不可知也。

人不惟不能知世界也，亦彼此不能相知。以凡物所恃以为知之官能不同，而其所处之境又不同也。《齐物论》：“啮缺问于王倪曰：子知物之所同是乎？曰：吾恶乎知之？曰：子知子之所不知邪？曰：吾恶乎知之？然则物无知邪？曰：吾恶乎知之？”即此理。

不惟彼此不能相知也，即己亦不能自知。以人之情缘境而异，而其所处之境，无从预知也。《齐物论》曰：“丽之姬，晋国之始得之也，涕泣沾襟。及其至于王所，与王同筐床，食刍豢，而后悔其始之泣也。”此与“梦饮酒者旦而哭泣，梦哭泣者旦而田猎”何异？“方其梦也，不知其梦也，梦之中又占其梦焉，觉而后知其梦也。且有大觉，而后知此其大梦也。”故曰：“予恶乎知说生之非惑邪？予恶乎知恶死之非弱同溺。丧而不知归者邪？”

人之有知，惟恃感觉，而感觉实不足恃，此世界之所以终不可知也。《天道》篇曰：“视而可见者，形与色也，听而可闻者，名同声也。悲夫！世人以形色名声为足以得彼之情。夫形色名声，果不足以得彼之情，则知者不言，言者不知，而世岂识之？”谓此也。

即谓形色名声，为可以得物之情，亦惟能得其形迹，而合诸物而成之共相，不可知也。《则阳》篇曰：“少知问于大公调曰：何谓丘里之言？大公调曰：丘里者，合十姓百名而以为风俗也。今指马之百体而不得马，而马系于前者，立其百体而谓之马也。是故丘山积卑而为高，江河合小而为大，大人合并而为公。万物殊理，道不私，故无名。”理者分形，道者共相，合马之百体，人能知为马，合殊理之万物，人不能知为道，以其一有形，一无形；一体小而系于前，一则不能遍察也。

然则人之所谓知者，皆强执一见而自以为是耳，所谓“随其成心而师之”也。若去此成心，则已空洞无物。故曰“未成乎心而有是非，犹今日适越而昔至”，言其无是理也。名家之“今日适越而昔来”，别是一理，见后。此则随俗为解，以为必无之义，盖此本成语；名家反其意以显名理，庄生则随俗用之也。

是非既不可知，故辩论之胜负，全与是非无涉。《齐物论》曰：“使我与若辩，若胜我，我不若胜，若果是也？我果非也邪？我胜若，若不我胜，我果是也？而果非也邪？”“使同乎若者正之，既与若同矣，恶能正之？使同乎我者正之，既同乎我矣，恶能正之？使异乎我与若者正之，既异乎我与若矣，恶能正之？使同乎我与若者正之，既同乎我与若矣，恶能正之？”盖世既无一人能真知他人，自无一人能判定他人之是非者，顾执一己之是非，而欲强天下以从我，无怪其徒滋纷扰也。然执一己之是非，以为天下之公是非不可，而在一定标准之下，而曰：我之是非如是，则固无不可。所谓“彼亦一是非，此亦一是非”也。故曰：“以道观之，物无贵贱；以物观之，自贵而相贱；以俗观之，贵贱不在己。”《秋水》。

天下既无是非矣，复事学问何为？曰：不然，摧邪所以显正。庄生之齐是非，正以执一己之是非，以为天下之公是非者，贻害甚烈，故欲辞而辟之耳。知一己之是非，不可以为天下之公是非，则能随顺万物，使万物各得其所；而己之所以自处者，亦得其道矣。《秋水》篇：北海若语河伯以齐是非之旨。河伯诘之曰："然则何贵于道？"北海若曰："知道者必达于理，达于理者必明于权，明于权者不以物害己。""知道者必达于理"，谓明于原理，则能知事物之真相。"达于理者必明于权"，言能知事物之真相，则能知其处置之方也。解牛者"依乎天理，因其固然"；《养生主》。养虎者"时其饥饱，达其怒心"，《人间世》。正是此旨。《则阳》篇："长梧封人谓子牢曰：君为政焉勿卤莽；治民焉勿灭裂。昔予为禾，耕而卤莽之，则其实亦卤莽而报予；芸而灭裂之，则其实亦灭裂而报予。"强执一己之是非，而施诸天下，终必召卤莽灭裂之报，正由其不知道，不明理，故不达权，以至于是也。

此皆庄周之治术也。至其自处之方，则在于顺时而安命。盖自然之力甚大，吾固无从与之抗；不能与抗，而强欲抗之，则徒自寻烦恼而已。《大宗师》曰："夫藏舟于壑，藏山于泽，谓之固矣，然而夜半，有力者负之而走。"又曰："父母于子，东西南北，惟命之从。阴阳于人，不翅于父母。彼近吾死，而我不听，我则悍矣，彼何罪焉。"皆极言自然力之不可抗也。自然力既不可抗，则惟有委心任运，听其所之。故曰："达生之情者，不务生之所无以为；达命之情者，不务知之所无奈何。"夫一切听其自然，似不足避祸而得福者。然所谓祸福者，本非身外实有此境，乃吾心自以为福，以为祸耳。《庚桑楚》篇所谓："寇莫大于阴阳无所逃于天地之间，非阴阳贼之，心使之也。"心苟泯乎祸福之见，则祸已不待去而去，祸去即得福矣。故"安时而处顺，哀乐不能入"，为庄周所谓养生之主。

执伪是非以为真是非，而遂至于祸天下者，可举实事为证。此原未必实事。然造作寓言者，必察社会之情形可有此事，而后从而造之。故寓言之作，虽谓与实事无别，亦无不可也。《则阳》篇曰：柏矩"之齐，见辜人焉，推而强之，解朝服而幕之，号天而哭之，曰：子乎！子乎！天下有大菑，子独先离之。曰：莫为盗，莫为杀人。荣辱立，然后睹所病；货财聚，然后睹所争。今立人之所病，聚人之所争，穷困人之身，使无休时，欲无至此，得乎？""匿为物而愚不识，大为难而罪不敢，重为任而罚不胜，远其途而诛不至。民知力竭，则以伪继之。日出多伪，士民安取不伪？夫力不足则伪，知不足则欺，财不足则盗。盗窃之行，于谁责而可乎？"此节所言，见得世俗所谓功罪者，皆不足以为功罪，而强执之以赏罚人，其冤酷遂至于此，此则齐是非之理，不可以不明审矣。《胠箧》篇曰："为之斗斛以量之，则并与斗斛而窃之。为之权衡以称之，则并与权衡而窃之。为之符玺以信之，则并与符玺而窃之。为之仁义以矫之，则并与仁义而窃之。"尤为说得痛快。盖窃仁义之名，以行不仁不义之实，正惟不仁不义者而后能之。是则仁义之立，徒为能行仁义者加一束缚，更为不仁不义之人，资之利器耳。是以仁义为药，对治不仁不义之病，丝毫未能有效，且因药而加病也。夫必世有不仁不义之事，而后仁义之说兴；非仁义之说既兴，而世乃有不仁不义之事。故谓立仁义之说者，导人以为不仁不义，立仁义之说者，不任受怨也。然以仁义之名，对治不仁不义之病，只限于其说初立之一刹那顷。即尚未为不仁不义者所窃之时。此一刹那顷既过，即仁义之弊已形，执之即转足为病。故曰："仁义者，先王之蘧庐，可以一宿，而不可以久处也。"然世之知以仁义为蘧庐者鲜矣。已陈旧之道德，古今中外之社会，殆无不执之以致祸者。此则庄生之所以瘏口哓音，欲齐是非以明真是非也。

第四节　列子

《汉志》有《列子》八篇。《注》曰："名圄寇，先庄子，庄子称之。"今本出于晋张湛。湛《序》谓其祖得之外家王氏，则王弼之徒也。此书词旨，多平近不似先秦古书处。篇中屡及周穆王西游事，皆与《山海经》《穆天子传》等相符。又有西极幻人之说，明系魏、晋后人语。《山海经》为古方士之书，见第九章。其中又有汉以后人，以所知域外地理羼入者。《穆天子传》亦此类。世多以其言地理与实际相合而信之，殊不知此正其伪造之据也。西极幻人，即汉世之黎靬眩人，见《汉书·西域传》。此书为湛所伪造，似无可疑。然必谓其绝无根据，则亦不然。今此书内容，与他古书重复者正多。汪继培谓"原书散佚，后人依采诸子，而稍附益之"；最为得实。湛《序》云："所明往往与佛经相参，大同归于老、庄。属辞引类，特与《庄子》相似。庄子、慎到、韩非、尸子、淮南子多称其言。"即湛自道其依采附益之供状也。

此书盖佛教初输入时之作。然作者于佛家宗旨，并未大明，故所言仍以同符老、庄者为多，与《庄子》尤相类。《庄子》书颇难读，此书辞意俱较明显，以之作《庄子》参考书最好。径认为先秦古书固非，谓其彻底作伪，全不足观，亦未是也。

魏、晋人注释之哲学书，具存于今者有三:(一)王弼之《易注》,(二)郭象之《庄子注》,(三)即此书也。而此书尤易看，看此三种注，以考魏、晋人之哲学，亦良得也。

今此书凡八篇。第一篇《天瑞》，第五篇《汤问》，乃书中之宇宙论。言宇宙为人所不能知，极端之怀疑论也。第二篇《黄帝》，言气无彼我，彼我之分由形。不牵于情而任气，则与物为一，而物莫能害。第三篇《周穆王》，言真幻无异。第四篇《仲尼》，言人当忘情任理。此等人生观，亦与《庄子》相同。其发挥机械论定命论最透彻者，为《力命》《说符》二篇，其理亦皆庄生书中所已有，特庄生言之，尚不如此之极端耳。古代哲学，方面甚多，而魏、晋独于此一方面,发挥十分透彻,亦可知其颓废思想之所由来也。《杨朱》一篇，下节论之。

第五节　杨朱

杨朱之事，散见先秦诸子者，大抵与其学说无涉，或则竟系寓言。惟《孟子》谓"杨子取为我，拔一毛而利天下，不为也"，当系杨朱学术真相。孟子常以之与墨子并辟，谓"杨朱、墨翟之言盈天下"；又谓"逃墨必归于杨，逃杨必归于儒"，则其学在当时极盛。今《列子》中有《杨朱》一篇，述杨子之说甚详。此篇也，或信之，或疑之。信之者如胡适之，谓当时时势，自可产生此种学说。疑之者如梁任公，谓周、秦之际，决无此等颓废思想。予谓二说皆非也。杨朱之学，盖仍原出道家。道家有养生之论，其本旨，实与儒家修齐治平，一以贯之之理相通。然推其极，遂至流于狭义之为我与颓废，所谓作始也简，将毕也巨，此学问所以当谨末流之失也。

道家养生之论,《老子》已言之。如曰"贵以身为天下，若可寄天下；爱以身为天下，若可托天下"是也。若同乃。此语诸子之言养生者多引之。《庄子》之《缮性》《让王》,《吕览》之《贵生》《不二》,《淮南》之《精神》《道应》《诠言》诸篇，发挥此义，最为透彻。《让王》篇曰:"尧以天下让许由，许由不受。又让于子州支父。子州支父曰:以我为天子,犹之可也。虽然,我适有幽忧之病，方且治之，未暇治天下也。夫天下至重也，而不以害其生，又况他物乎？唯无以天下为者，可以托天下也。”天下至重，而不以害其生，则与杨子之拔一毛利天下不为近矣，而顾曰可以托天下，何也？道家之意，以为人生于世，各有其所当由之道，即各有其所当处之位。人人能止乎其位，则无利于人，亦无害于人，而天下可以大治。若其不然，一出乎其所当处之位，则必侵及他人之位；人人互相侵，则天下必乱，固不问其侵之之意如何也。此亦道家所以齐是非之一理。惟如此，故谓仁义非人性，伯夷、盗跖，失性则均也。可参看《庄子》中《骈拇》《马蹄》两篇。道家之言治，所以贵反性命之情者以此。人人反其性命之情，则能各安其位矣。故道家之言养生，其意原欲以治天下。《执一》篇曰：“楚王问为国于詹子。詹子对曰：何闻为身，不闻为国。詹子岂以国可无为哉？以为为国之本，在于为身，身为而家为，家为而国为，国为而天下为。故曰：以身为家，以家为国，以国为天下。此四者异位同本。故圣人之事，广之则极宇宙，穷日月，约之则无出乎身者也。”可谓言之深切著明矣。天下国家，与身异位同本，理颇难明。《淮南·精神训》论之最好。其说曰：“知其无所用，贪者能辞之；不知其无所用，廉者不能让也。夫人主之所以残亡其国家，捐弃其社稷，身死于人手，为天下笑，未尝非为欲也。夫仇由贪大钟之赂而亡其国；虞君利垂、棘之璧而禽其身；献公艳骊姬之美而乱四世；桓公甘易牙之和而不以时葬；胡王淫女乐之娱而亡土地。使此五君者，适情辞余，以己为度，不随物而动，岂有此大患哉？”此从消极方面言之也，若从积极方面言之，则其说见于《诠言训》。《诠言训》曰：“原天命，治心术，理好憎，识情性，则治道通矣。原天命则不惑祸福。治心术则不妄喜怒。理好憎则不贪无用。适情性则欲不过节。不惑祸福，则动静循理。不妄喜怒，则赏罚不阿。不贪无用，则不以欲用害性。欲不过节，则养性知足。凡此四者，弗求于外，弗假于人，反己而得矣。”“适情辞余，以性为度”，乃养生论之真谛。“原天命，治心术，理好憎，识情性”，即所谓反其性命之情也，惟反其性命之情者，乃可以养生；亦惟反其性命之情者，乃能为天下。故曰“惟无以天下为者，可以托天下”也。世之不明此理者，每谓天下之治，有待人为。殊不知如是，则吾已出乎其位，出位即致乱之原。虽一时或见其利，而将来终受其弊。故桀、纣之乱在目前，而尧、舜之乱，在千世之后。何则？古之人好争，好争则乱，于是以礼让为教。夫以礼让治当时之乱则可矣；然讲礼让太过，其民必流于弱；中国今日，所以隐忍受侮，不能与外族竞者，则礼让之教，入人太深为之也。然如德意志，承霸国之余业，席累胜之遗烈，志欲并吞天下，囊括欧洲。终以过刚而折。夫其今日之摧折，则其前此之军国主义之训练为之也；而其前此之盛强，则亦此故。凡出乎其位之事，虽得利于一时，未有不蒙祸于将来者。佛说世人所为，“如以少水，而沃冰山，暂得融解，还增其厚”。理正由此。今中国自伤其弱，而务求强，其将来，难保不为从前之德意志；欧洲之人，经大战之创痛，而思休养生息，其将来，又安保不为今日之中国？然则谓中国今日之弱，乃前此之教礼让者致之；德意志今日之摧折，乃前此之唱军国民主义者致之，固无不可。即谓中国将来之失之过刚。仍系昔之教礼让者贻之祸；欧洲将来之过弱，仍系前此唱竞争者种之因，亦无不可也。一事之失，辗转受祸，至于如此；然则孰若人人各安其位，不思利人，亦不思利己之为当哉？故《列子》载杨朱之言曰：“善治外者，物未必治；善治内者，物未必乱。以若之治外，其法可以暂行于一国，而未合于人心；以我之治内，可推之于天下。”又曰：“古之人，损一毫利天下，不与也；悉天下奉一身，不取也。人人不损一毫，人人不利天下，天下治矣。”夫人人不损一毫，则无尧、舜；人人不利天下，则无桀、纣；无桀、纣，则无当时之乱；无尧、舜，则无将来之弊矣。故曰天下治也。杨子为我之说如此；以哲学论，亦可谓甚深微妙；或以自私自利目之，则浅之乎测杨子矣。《淮南·氾论》篇曰：“全性保真，不以物累形，杨子之所立也。”可见杨子为我之义，出于道家之养生论。

然则杨朱之说，即万物各当其位之说，原与儒家相通。然所谓位者，至难言也。以人人论，则甲所处之位，非乙所处之位；以一人论，则今所处之位，非昔所处之位。以位之万有不同，所谓当其位者，亦初无一定形迹。“禹、稷、颜子，易地则皆然”，“穷则独善其身，达则兼善天下”，皆是理也。然则处乎君师之位者，即以一夫不获为予辜，亦不为出其位；遭值大乱之时，又怀救世之志者，即如孔子之周游列国，亦不为出其位。若但执七尺之躯为我，以利此七尺之躯为为我，而执此为当处之位，则谬矣。然智过其师，乃能传法。此一种学说，推行既广，必不能无误解其宗旨之人；此杨氏之末流，所以流于无君，而孟子所以辟之也。然则如《杨朱》篇所载之颓废思想，乃杨学之末流，固非杨子之咎，而亦不得谓杨氏之徒无此失也。《列子》固系伪书，其所谓《杨朱》篇者，亦或不可信。然《庄子·盗跖》篇，设为盗跖告孔子之辞曰：“今吾告子以人之情，目欲视色，耳欲听声，口欲察味，志气欲盈。人上寿百岁，中寿八十，下寿六十；除病瘦“瘐”之误。瘐即愈，愈，病也。死丧忧患，其中开口而笑者，一月之中，不过四五日而已矣。天与地无穷，人死者有时，操有时之具，而托于无穷之间，忽然无异骐骥之驰过隙也。不能说其志意，养其寿命者，皆非通道者也。丘之所言，皆吾之所弃也。亟去走归，毋复言之。子之道，狂狂汲汲，诈巧虚伪事也，非所以全真也，奚足论哉！”与《列子·杨朱》篇所谓“徒失当年之至乐，不能自肆于一时，重囚累梏，何以异哉”“生则尧舜，死则腐骨；生则桀纣，死则腐骨。腐骨一矣，孰知其异？且趣当生，奚皇死后”者，又何以异？跖之言曰：“不能说其志意，养其寿命者，皆非通道。”又曰：“子之道，非所以全真。”皆可见其所持，为道家养生论之流失也。《列子》此篇，盖真伪参半。盖剽取先秦古籍，而又以己意润饰之者耳。

第六节　管子　鹖冠子

《管子》，《汉志》隶之道家，《隋志》隶之法家，然实成于无意中之杂家也。书中道法家言诚精绝，然关涉他家处尤多。如《幼官》《幼官图》《四时》《五行》《轻重》已为阴阳家言；《七法》《兵法》《地图》《参患》《制分》《九变》为兵家言；《霸言》为纵横家言；《地员》为农家言是也。诸家之书，所传皆少，存于此书中者，或转较其当家之书为精；即以道法家言论，亦理精文古，与《老》《庄》《商》《韩》，各不相掩；真先秦诸子中之瑰宝也。

孟子斥公孙丑曰：“子诚齐人也，知管仲晏子而已矣。”管、晏之功烈，齐人盖称道弗衰。凡有传说，一以傅之；而学者亦自托于此以为重，势也。晏子之书，传于今者，有《晏子春秋》，大抵记晏子行事。《管子》记行事者有大、中、小《匡》《霸形》《小称》《四称》诸篇。中、小《匡》及《立政》《乘马》《问》《入国》《度地》诸篇，又多记治制。盖较晏子书尤恢廓矣。制度果出管子与否，诚难质言；然必不容凭空虚构，霸国之遗烈，固因之而可考矣。《轻重》诸篇，予疑为农家言，别于论农家时述之。此说确否，予亦未敢自信。然轻重之说，诸家皆不道，惟《管子》书为特详，则亦其书之所以可贵也。

《汉志》有《鹖冠子》一篇，《注》曰：“楚人，居深山，以鹖为冠。”今本凡三卷，十九篇。有宋陆佃注。《四库提要》曰：“佃《序》谓韩愈读此称十六篇，未睹其全。佃，北宋人，其时古本《韩文》初出，当得其真，今本《韩文》乃亦作十九篇，殆后来反据此书，以改韩集。”王闿运曰：“道家《鹖冠子》一篇，纵横家《庞煖》二篇。《隋志》道家有《鹖冠》三卷，无《庞煖》书，而篇卷适相合，隋以前误合之。”今案此书，第七、第八、第九、第十四、第十五诸篇，皆庞子问而鹖冠子答。第十六篇，赵悼襄王问于庞煖。十九篇，赵武灵王问于庞煖。盖庞子赵将，而鹖冠子则庞子之师，此其所以误合也。此书义精文古，决非后世所能伪为，全书多道、法二家言，又涉明堂阴阳之论，第六、第八、第十、第十七诸篇。与《管子》最相似。第九篇言治法，尤与《管子》大同。盖九流之学，流异源同，故荆楚学者之言，与齐托诸仲父之书相类也。

第七节 其余诸家

道家之学，其书具存于今者，略如上述。外此诸家，则书已不存，仅能于他家书中，见其大略矣。

《庄子·天下》篇，以彭蒙、田骈、慎到三人为一派，谓其“齐万物以为首”，“知万物皆有所可，有所不可。故曰：选则不遍，教则不至，道则无遗者矣”。“是故慎到弃知去己，而缘不得已。泠汰于物，以为道理”。郭注：“泠汰，犹听放也。”“不师知虑，不知前后。推而后行，曳而后往。夫无知之物，无建己之患，无用知之累，动静不离于理，是以终身无誉。故曰：至于若无知之物而已，无用贤圣”。“豪杰相与笑之曰：慎到之道，非生人之行，而至死人之理，适得怪焉。田骈亦然，学于彭蒙，得不教焉”。盖即“教则不至”之教。高诱《吕览》注，亦谓“田骈齐生死，等古今”，则此三人学说，实与今庄生书所载者相近。《史记·孟荀列传》曰：“慎到，赵人。田骈、接子，齐人。环渊，楚人。皆学黄、老道德之术，因发明序其指意。故慎到著十二篇，环渊著上、下篇，而田骈、接子，皆有所论焉。”《汉志》亦有《田子》二十五篇，《捷子》即接子。二篇，《蜎子》即环渊。十三篇。皆亡。而《慎子》 四十二篇，在法家。今存者五篇，多法家言。

《史记》谓老子著书，出于关尹之怂恿。《汉志》有《关尹子》九篇。《注》曰：“名喜，为关吏。老子过关，喜去吏而从之。”《庄子·天下》篇，亦以二人列为一派，则其学之相近可知。今之《关尹子》，多阐佛理，又杂以阴阳之说。并有龙虎、婴儿、蕊女、金楼、绛宫、宝鼎、红炉等名。盖融合后世之道家言及佛说而成者。其文亦似佛经，全不类先秦古书。凡作伪书，无如此不求似者。盖其意非欲伪古，真是借题古书之名，使人易于寓目耳。

道家伪书，又有《鬻子》。案《汉志》，道家有《鬻子》二十二篇，《注》曰："名熊，为周师。自文王以下问焉。周封，为楚祖。"小说家又有《鬻子》说十九篇，《注》曰："后世所加。"《隋志》，道家，《鬻子》一卷，小说家无。《旧唐志》，小说家有，道家无。《新唐志》同《隋志》。今本凡十四篇，卷首载唐永徽四年华州县尉逢行珪进表。各篇标题，皆冗赘不可解。又每篇皆寥寥数语，绝无精义。《列子》之《天瑞》《黄帝》《力命》三篇，各载《鬻子》之言一条。《贾子·修政下》，亦载文王等问于鬻子事七章。此书皆未采及，伪书之极劣者也。

《汉志》：《文子》九篇。《注》："老子弟子，与孔子并时，而称周平王问，似依托者也。"今本《文子》，多袭《淮南》，亦取《庄子》《吕览》，多浅鄙之言。引《老子》处，尤多误解，决为后世伪书，又非《汉志》所谓依托者矣。

此外诸家，或名氏仅见他书，学术宗旨。更无可考，今皆略之。

第二章 儒家

第一节 总论

《汉志》云："儒家者流，盖出于司徒之官，助人君顺阴阳，明教化者也。"《淮南·要略》云："周公继文王之业，持天子之政，以股肱周室，辅翼成王。惧争道之不塞，臣下之危上也。故纵马华山，放牛桃林；败鼓折枹，搢笏而朝，以宁静王室，镇抚诸侯。成王既壮，能从政事，周公受封于鲁，以此移风易俗。孔子修成、康之道，述周公之训，以教七十子，使服其衣冠，修其篇籍，故儒者之学生焉。"今观儒家之书，大抵推崇教化，称引周典，《淮南子》及班《志》之语，诚为不诬，然《中庸》言："仲尼祖述尧、舜，宪章文、武；上律天时，下袭水土。"自此迄于篇末，旧注皆以为称颂孔子之辞。孟子曰："自有生民以来，未有孔子也。"又引宰予之言曰："以予观于夫子，贤于尧、舜远矣。"《公孙丑上》。皆以为德参天地，道冠古今。《论语》载孔子之言曰："周监于二代，郁郁乎文哉！吾从周。"《八佾》。然又载其答颜渊为邦之问曰："行夏之时，乘殷之辂，服周之冕，乐则韶舞。"《卫灵公》。其治法实兼采四代。"服周之冕"，为凡尚文之事示之例，即《论语》从周之义。乘殷之辂，为凡尚质之事引其端，则《春秋》变周之文从殷之质之义。知从周仅孔门治法之一端；孔子之道，断非周公所能该矣。案儒之为言柔也。汉人多以儒墨并称，亦以儒侠对举。窃意封建之坏，其上流社会，自分为二，性宽柔若世为文吏者则为儒，性强毅若世为战士者则为侠，孔因儒以设教，墨借侠以行道。儒者之徒，必夙有其所诵习之义，服行之道，孔子亦因而仍之。此凡孔子之徒所共闻，然初非其至者。孔子之道之高者，则非凡儒者所与知。故弟子三千，达者不过七十；而性与天道，虽高弟如子贡，犹叹其不得闻也。《论语·公冶长》。然孔子当日，既未尝自别于儒，而儒家亦皆尊师孔子，则论学术流别，固不得不谓为儒家。《汉志》别六艺于诸子之外，实非也。今述孔子，仍列诸儒家之首。

第二节　孔子

孔子之道，具于六经。六经者，《诗》《书》《礼》《乐》《易》《春秋》也。以设教言，则谓之六艺。以其书言，则谓之六经。《诗》《书》《礼》《乐》者，大学设教之旧科。儒家偏重教化，故亦以是为教，《易》与《春秋》，则言性与天道，非凡及门所得闻，尤孔门精义所在也。参看附录一《六艺》。

六经皆先王旧典，而孔子因以设教，则又别有其义。汉儒之重六经，皆以其为孔子所传，微言大义所在，非以其为古代之典籍也。西京末造，古文之学兴。轻微言大义而重考古。乃谓六经为伏羲、尧、舜、禹、汤、文、武、周公之传，别六艺于儒家之外，而经学一变，而儒家之学，亦一变矣。参看附录二《经传说记》。今古文之是非，今亦不欲多论。然欲知孔子之道，则非取今文学家言不可。不然，六经皆破碎之古书，读之将了无所得，正不独《春秋》有断烂朝报之讥矣。今试就六经略敷陈其大义如下：

今文《诗》有鲁、齐、韩三家。今惟韩诗尚存《外传》，余皆亡。《外传》及《诗》之本义者甚少。然今所传《诗序》，虽为古文家言，而《大序》总说诗义处，实取诸三家。魏源说，见《诗古微》。节取其辞，实可见《诗》之大义也。案《诗》分风、雅、颂三体。《诗大序》曰："风，风也，教也。风以动之，教以化之。""上以风化下，下以风刺上。主文而谲谏，言之者无罪，闻之者足以戒。故曰风。至于王道衰，礼义废，政教失，国异政，家殊俗，而变风、变雅作矣。国史明乎得失之迹。伤人伦之废，哀刑政之苛，吟咏情性，以风其上，达于事变，而怀其旧俗者也。故变风，发乎情，止乎礼义。发乎情，民之性也。止乎礼义，先王之泽也。是以一国之事，系一人之本，谓之《风》。言天下之事，形四方之风，谓之《雅》。雅者，政也。政有小大，故有小雅焉，有大雅焉。《颂》者，美盛德之形容，以其成功，告于神明者也。"其释风、雅、颂之义如此。《王制》：天子巡狩，"命大师陈诗，以观民风"。《公羊》何注曰："五谷毕入，民皆居宅。""男女有所怨恨，相从而歌。饥者歌其食，劳者歌其事。男年六十，女年五十无子者，官衣食之，使之民间求诗。乡移于邑，邑移于国，国以闻于天子。故王者不出牖户，尽知天下所苦；不下堂而知四方。"《宣公十五年》。盖古之诗，非如后世文人学士所为，皆思妇劳人，郁结于中，脱口而出。故闻其辞可以知其意，因以知风俗之善恶，政教之得失焉。诗与政治之关系如此。

至其关系身心，亦有可得而言者。陈氏澧《东塾读书记》曰：《汉书·艺文志》云：齐、韩诗或取《春秋》，采杂说，咸非其本义。今本《韩诗外传》，有元至正十五年钱惟善序，云：断章取义，有合于孔门商赐言诗之旨。案此指《论语》"贫而无谄""巧笑倩兮"两章。见《学而》《八佾》篇。澧案《孟子》云：忧心悄悄，愠于群小，孔子也，案见《尽心下》篇。亦外传之体。《礼记》中《坊记》《中庸》《表记》《缁衣》《大学》引《诗》者，尤多似《外传》。盖孔门学《诗》者皆如此。其于《诗》义，洽熟于心，凡读古书，论古人古事，皆与《诗》义相触发，非后儒所能及。案读古书论古人古事如此，则其触发于身所涉历之际者可知。盖《诗》为文学，故其感人之力最伟，而有以移易其情性于不自知之间也。子曰："《诗》三百，一言以蔽之，曰思无邪。"《论语·为政》。又曰："诗可以兴，可以观，可以群，可以怨。迩之事父，远之事君。"同上《阳货》。又曰："不学《诗》，无以言。"同上《季氏》。又曰："诵《诗》三百，授之以政，不达；使于四方，不能专对。虽多，亦奚以为？"同上《子路》。《诗》与身心之关系如此。

《书》之大义，读《孟子·万章上》篇，可以见其一端。此篇载万章之问曰："尧以天下与舜，有诸？"孟子曰："否，天子不能以天下与人。""然则舜有天下也，孰与之？"曰："天与之。"又问曰："人有言：至于禹而德衰，不传于贤，而传于子，有诸？"孟子曰："否，不然也。天与贤，则与贤；天与子，则与子。"而所谓天者，仍以朝觐讼狱讴歌之所归为征验，而引《泰誓》"天视自我民视，天听自我民听"之言以明之。盖立君所以为民，一人不容肆于民上之义，实赖孟子而大昌。数千年来，专制淫威，受其限制不少，岂徒功不在禹下而已。然此非孟子之言，乃孔门《书》说也。何以知其然？以孟子之言，皆与《尚书大传》及《史记·五帝本纪》同。伏生固《尚书》大师，司马迁亦从孔安国问故者也。《汉书·儒林传》："儿宽初见武帝，语经学。帝曰：吾初以《尚书》为朴学，弗好。及闻宽说，可观。乃从宽问一篇。"可知《书》之大义，存于口说者多矣。

《礼经》十七篇，今称《仪礼》。以古文学家以《周官经》为大纲，以此书为细目故也。其实《周官经》乃政典，与此书之性质，绝不相同。《唐六典》《明清会典》，乃《周官经》之类。《开元礼》《政和五礼》《清通礼》，则《仪礼》之类。特多详王礼，非复如《礼经》为天下之达礼耳。礼者，因人之情而为之节文，乃生活之法式。惟有礼，然后"富不足以骄，贫不至于约"。《礼记·坊记》。非如后世，但有权力，有财产，便可无所不为也。今人多以礼为邻于压制，殊不知

“礼之所尊，尊其义也”。《礼记·郊特牲》。条文节目，本当随时变更，故曰：“礼，时为大。”《礼记·礼运》。后人执古礼之形式，以为天经地义，而礼乃为斯民之桎梏；逆人情而强行，非复因人情而为之节文矣。此诚为无谓，抑且有弊。然要不得因此并礼之原理而亦排摈之也。《礼经》十七篇，用诸丧，祭，射，乡，冠，昏，朝，聘，说见邵氏懿辰《礼经通论》。实为天下之达礼。盖孔子因旧礼所修。其义则皆见于其传，如《礼记》之《冠》《昏》《乡》《射》《燕》《聘》诸义是，其言皆极粹美也。

《乐》无经。其义具见于《礼记》之《乐记》。此篇合十一篇而成，见《疏》。《吕览·仲夏纪》与之略同。盖儒家相传旧籍也。读之，可见乐以化民，及以礼乐陶淑身心之旨。

《易》与《春秋》，为孔门最高之学。《易纬·乾凿度》曰：“易一名而含三义，所谓易也，变易也，不易也。”又云：“易者其德也。光明四通，简易立节。天以烂明。此下疑夺一句。日月星辰，布设张列。通精无门，藏神无穴。不烦不扰，澹泊不失。”“变易者其气也。天地不变，不能通气。”“不易者其位也。天在上，地在下。”郑玄依此义，作《易赞》及《易论》云：“《易》一名而含三义：易简一也，变易二也，不易三也。”见《周易正义·八论》论《易》之三名。案变易，谓宇宙现象，无一非变动不居。所以戒执一而有穷变通久之义。不易则从至变之中，籀得其不变之则。故致治之道，虽贵因时制宜，而仍有其不得与民变革者，所谓有改制之名，无改道之实；而亦彰往所以能知来，所由百世以俟圣人而不惑也。简易者，谓极复杂之现象，统驭于极简单之原理。莫或为之，曾不差忒。此则治法所以贵因任自然，而贱有为之法也。此为孔门哲学之根本。其他悉自此推演而出，亦皆可归纳于此。

《易》与《春秋》相表里。《易》籀绎人事，求其原于天道。《春秋》则根据天道，以定人事设施之准。所谓“《易》本隐以之显，《春秋》推见至隐”也。《春秋》之大义，在张三世，通三统。通三统者，言治法有忠质文之递嬗。故王者当封先代二王之后以大国，使服其服，行其礼乐，以保存其治法。待本朝治法之弊，而取用焉。其说见于《春秋繁露·三代改制质文》篇。《史记·高祖本纪赞》曰：“夏之政忠。忠之敝，小人以野，故殷人承之以敬。敬之敝，小人以鬼，故周人承之以文。文之敝，小人以僿，故救僿莫若以忠。三王之道若循环，终而复始。”即此义也。张三世者，《春秋》二百四十年，分为三世：始曰据乱，继曰升平，终曰太平。据乱之世，内其国而外诸夏。升平之世，内诸夏而外夷狄。太平之世，远近大小若一。《春秋》所言治法，分此三等，盖欲依次将合理之治，推之至于全世界也。《易》与《春秋》皆首元。何君《公羊解诂》曰："《春秋》变一为元。元者，气也。无形以起，有形以分。造起天地，天地之始也。""《春秋》以元之气，正天之端；以天之端，正王之政；以王之政，正诸侯之即位；以诸侯之即位，正竟内之治。"此谓治天下当根据最高之原理，而率循之，以推行之，至乎其极也。

然则何者为孔子之所谓郅治乎？读《礼运》一篇，则知孔子之所慨想者，在于大同。而其行之之序，则欲先恢复小康，故其于政治，主尊君而抑臣。尊君抑臣，非主张君主专制。以是时贵族权大，陵虐小民者皆此辈，尊君抑臣，政出一孔，正所以使小民获苏息也。其于人民，主先富而后教。《论语·子路》"子适卫"章。孔子未尝言井田。然观其先富后教之说，则知孟子言先制民之产，而后设为庠序学校以教之，其说亦出孔子。教民之具，以礼乐为最重。以其能感化人心，范其行为，而纳诸轨物；非徒恃刑驱势迫，使之有所畏而不敢不然也。此盖其出于司徒之官之本色。

孔子之言治，大略如此，至其立身之道，则最高者为中庸。盖无论何时何地，恒有一点，为人之所当率循；而亦惟此一点，为人之所当率循；稍过不及焉，即非是。所谓"差之毫厘，谬以千里"也。修己治人，事虽殊而理则一。修己者，不外随时随地，求得其当守之一点而谨守之。所谓"择乎中庸，拳拳服膺而勿失之"也。治天下之道，亦不外乎使万物各当其位。能使万物各当其位，而后我之所以为我者，乃可谓毫发无遗憾。以人之生，本有将世界之事，措置至无一不善之责任，所谓"宇宙间事，皆吾性分内事"也。陆象山之言。故曰"能尽其性，则能尽人之性；能尽人之性，则能尽物之性；能尽物之性，则可以赞天地之化育；可以赞天地之化育，则可以与天地参"也。此以行为言。若以知识言，则重在发见真理。真理谓之诚。所谓"诚者天之道，思诚者人之道"也。以上皆引《中庸》。孟子曰："万物皆备于我矣，反身而诚，乐莫大焉。"即此理。《尽心上》。

中庸之道，皤天际地，而其行之则至简易，所谓"君子素其位而行，不愿乎其外"也。"素富贵，行乎富贵；素贫贱，行乎贫贱；素夷狄，行乎夷狄；素患难，行乎患难；君子无入而不自得焉。在上位不陵下，在下位不援上，正己而不求于人，则无怨。上不怨天，下不尤人。故君子居易以俟命，小人行险以侥幸”。此以处己言也。以待人言，其道亦至简易，絜矩而已矣。《大学》曰：“所恶于上，毋以使下；所恶于下，毋以事上；所恶于前，毋以先后；所恶于后，毋以从前；所恶于右，毋以交于左；所恶于左，毋以交于右；此之谓絜矩之道。”待人之道，反求诸己而即得，此何等简易乎？然而行之，则终身有不能尽者矣。《中庸》曰：“子曰：君子之道四，丘未能一焉。所求乎子以事父，未能也。所求乎臣以事君，未能也。所求乎弟以事兄，未能也。所求乎朋友先施之，未能也。庸德之行，庸言之谨；有所不足，不敢不勉；有余，不敢尽。言顾行，行顾言。君子胡不慥慥尔。”终身行之而不能尽之道，只在日用寻常之间，为圣为贤，至于毫发无遗憾，举不外此，所谓“极高明而道中庸”也。孔子所以能以极平易之说，而范围中国之人心者数千年，以此。

孔子为大教育家，亦为大学问家。弟子三千，身通六艺者七十有二，私人教育之盛，前此未有也。孔子每自称“学不厌，教不倦”，可见其诲人之勤。又曰：“不愤不启，不悱不发；举一隅，不以三隅反，则不复也。”亦可见其教学之善。《礼记·学记》一篇，所述虽多古代遗法，亦必有孔门口说矣。孔子曰：“吾尝终日不食，终夜不寝，以思，无益，不如学也。”《论语·卫灵公》。又曰：“学而不思则罔，思而不学则殆。”《论语·为政》。可见其于理想及经验，无所畸重。古书中屡称孔子之博学。《论语》载达巷党人之言，亦曰：“大哉孔子，博学而无所成名。”《论语·子罕》。然孔子对曾参及子贡，两称“吾道一以贯之”，《论证·里仁》《卫灵公》。即其明征也。

孔子非今世所谓宗教家，然宗教家信仰及慰安之精神，孔子实饶有之，其信天及安命是也。孔子之所谓天，即真理之谓。《论语·八佾》：子曰：“获罪于天，无所祷也。”《集注》曰：“天即理也。”笃信真理而确守之，尽吾之力而行之；其成与否，则听诸天命焉。《论语·宪问》：子曰：“道之将行也与？命也。道之将废也与？命也。”虽极热烈之宗教家，何以过此？

此外孔子行事，足资矜式者尚多，皆略见《论语》中，兹不赘述。

附录一　六艺

《六艺》传自儒家，而《七略》别之九流之外。吾昔笃信南海康氏之说，以为此乃刘歆为之。歆欲尊周公以夺孔子之席，乃为此，以见儒家所得，亦不过先王之道之一端，则其所崇奉之《周官经》，其可信据，自在孔门所传六艺之上矣。由今思之，殊不其然。《七略》之别六艺于九流，盖亦有所本。所本惟何？曰：《诗》《书》《礼》《乐》，本大学设教之旧科。邃古大学与明堂同物。《易》与《春秋》，虽非大学之所以教，其原亦出于明堂。儒家出于司徒。司徒者，主教之官，大学亦属矣。故其设教，仍沿其为官守时之旧也。

古有国学，有乡学。国学初与明堂同物，详见学制条。《王制》曰："乐正崇四术，立四教，顺先王诗书礼乐以造士。春秋教以礼乐，冬夏教以诗书。"诗书礼乐，追原其朔，盖与神教关系甚深。礼者，祀神之仪；乐所以娱神，诗即其歌辞；书则教中典册也。古所以尊师重道，"执酱而馈，执爵而酳"，"袒而割牲"，北面请益而弗臣，盖亦以其为教中尊宿之故。其后人事日重，信神之念日澹，所谓诗书礼乐，已不尽与神权有关。然四科之设，相沿如故，此则乐正之所以造士也。惟儒家亦然。《论语》："子所雅言，诗书执礼。"《论语·述而》。言礼以该乐。又曰："兴于诗，立于礼，成于乐。"《论语·泰伯》。专就品性言，不主知识，故不及《书》。子谓伯鱼曰："学诗乎？""学礼乎？"《论语·季氏》。则不举《书》，而又以《礼》该《乐》。虽皆偏举之辞，要可互相钩考，而知其设科一循大学之旧也。

《易》与《春秋》，大学盖不以是设教。然其为明堂中物，则亦信而有征。《礼记·礼运》所言，盖多王居明堂之礼。而曰："王前巫而后史，卜筮瞽侑，皆在左右。"《春秋》者，史职；《易》者，巫术之一也。孔子取是二书，盖所以明天道与人事，非凡及门者所得闻。子贡曰："夫子之文章，可得而闻也。夫子之言性与天道，不可得而闻也。"《论语·公冶长》。文章者，《诗》《书》《礼》《乐》之事；性与天道，则《易》道也。孔子之作《春秋》也，"笔则笔，削则削，子夏之徒，不能赞一辞"。《史记·孔子世家》。子夏之徒且不能赞，况其下焉者乎？《孔子世家》曰："孔子以诗书礼乐教，弟子盖三千焉。身通六艺者，七十有二人。"此七十有二人者，盖于《诗》《书》《礼》《乐》之外，又兼通《易》与《春秋》者也。《孔子世家》曰："孔子晚而喜《易》。……读《易》，韦编三绝。曰：假我数年，若是，我于易则彬彬矣。"与《论语·述而》"加我数年，五十以学《易》，可以无大过矣"合。疑五十而知天命，正在此时。孔子好《易》，尚在晚年，弟子之不能人人皆通，更无论矣。

"六艺"之名，昉见《礼记·经解》。《经解》曰："孔子曰，入其国，其教可知也。其为人也，温柔敦厚，《诗》教也；疏通知远，《书》教也；广博易良，《乐》教也；絜静精微，《易》教也；恭俭庄敬，《礼》教也；属辞比事，《春秋》教也。故《诗》之失愚，《书》之失诬，《乐》之失奢，《易》之失贼，《礼》之失烦，《春秋》之失乱。"《淮南子·泰族》："《易》之失也卦。《书》之失也敷。《乐》之失也淫。《诗》之失也辟。《礼》之失也责。《春秋》之失也刺。"曰"其教"，则其原出于学可知也。《繁露·玉杯》曰："君子知在位者之不能以恶服人也，是故简六艺以赡养之。《诗》《书》序其志，《礼》《乐》纯其义，《易》《春秋》明其知。"云"以赡养""在位"者，则其出于《大学》，又可知也。《繁露》又曰："六艺皆大，而各有所长。《诗》道志，故长于质。《礼》制节，故长于文。《乐》咏德，故长于风。《书》著功，故长于事。《易》本天地，故长于数。《春秋》正是非，故长于治人。"《史记·滑稽列传》及《自序》，辞意略同。《滑稽列传》曰："孔子曰：六艺于治一也。《礼》以节人，《乐》以发和，《书》以道事，《诗》以达意，《易》以神化，《春秋》以道义。"自序曰："易著天地阴阳，四时五行，故长于变。《礼》经纪人伦，故长于行。《书》记先王之事，故长于政。《诗》记山川溪谷禽兽草木牝牡雌雄，故长于风。《乐》乐所以变，故长于和。《春秋》辨是非，故长于治人。是故《礼》以节人，《乐》以发和，《书》以道事，《诗》以达意，《易》以道化，《春秋》以道义。拨乱世，反之正，莫近于《春秋》。"此孔门六艺之大义也。贾生《六术》及《道德说》，推原六德，本诸道德性神明命，尤可见大学以此设教之原。古代神教，固亦自有其哲学也。

"《易》本隐以之显，《春秋》推见至隐"。二者相为表里，故古人时亦偏举。《荀子·劝学》曰："学恶乎始？恶乎终？曰：其数则始乎诵《经》，终乎读《礼》。其义则始乎为士，终乎为圣人，真积力久则入。学至乎没而后止也。""故《书》者，政事之纪也。《诗》者，中声之所止也。《礼》者，法之大分，群类之纲纪也。故学至乎《礼》而止矣。夫是之谓道德之极。《礼》之敬文也，《乐》之中和也，《诗》《书》之博也，《春秋》之微也，在天地之间者毕矣。"古人诵读，皆主《诗》《乐》。详见《癸巳存稿·君子小人学道是弦歌义》。始乎诵《经》，终乎读《礼》，乃以《经》该《诗》《乐》，与《礼》并言，犹言兴于《诗》，立于《礼》也。下文先以《诗》《书》并言，亦以《诗》该《乐》。终又举《春秋》，而云在天地之间者毕，可见《春秋》为最高之道。不言《易》者，举《春秋》而《易》该焉。犹《史记·自序》，六经并举，侧重《春秋》，非有所偏废也。《孟子》一书，极尊崇《春秋》，而不及《易》，义亦如此。《荀子·儒效》："《诗》言是其志也，《书》言是其事也，《礼》言是其行也，《乐》言是其和也，《春秋》言是其微也。"与《贾子书·道德说》"《书》者，此之著者也；《诗》者，此之志者也；《易》者，此之占者也；《春秋》者，此之纪者也；《礼》者，此之体者也；《乐》者，此之乐者也"辞意略同，而独漏《易》，可见其系举一以见二，非有所偏废也。《汉书·艺文志》："六艺之文：《乐》以和神，仁之表也。《诗》以正言，义之用也。《礼》以明体，明者正见，故无训也。《书》以广听，知之术也。《春秋》以断事，信之符也。五者，盖五常之道，相须而备，而《易》为之原。故曰：《易》不可见，则乾坤或几乎息矣。言与天地为终始也。"至于五学，世有变改，犹五行之更用事焉。以五经分配五行，虽不免附会。然其独重《易》，亦可与偏举《春秋》者参观也。

《庄子·徐无鬼》："女商曰：吾所以说吾君者，横说之则以诗书礼乐，从说之则以金版六弢。"金版六弢，未知何书，要必汉代金匮石室之伦，自古相传之秘籍也。《太史公自序》："余闻之先人曰：伏羲至纯厚，作《易》八卦。尧、舜之盛，《尚书》载之，礼乐作焉。汤武之隆，诗人歌之。《春秋》采善贬恶，推三代之德，褒周室，非独刺讥而已也。"上本之伏羲、尧、舜三代，可见六艺皆古籍，而孔子取之。近代好为怪论者，竟谓六经皆孔子所自作，其武断不根，不待深辩矣。《论衡·须颂》："问说书者：钦明文思以下，谁所言也？曰：篇家也。篇家谁也？孔子也。"此亦与《史记》谓孔子序书传之意同。非谓本无其物，而孔子创为之也，不可以辞害意。

《庄子·天下》曰："以仁为恩，以义为理，以礼为行，以乐为和，薰然慈仁，谓之君子。"又曰："古之人其备乎？配神明，醇天地，育万物，和天下，泽及百姓。明于本数，系于末度。六通四辟，大小精粗，其运无乎不在。其明而在数度者，旧法世传之史，尚多有之。其在于《诗》《书》《礼》《乐》者，邹鲁之士，搢绅先生，多能明之。《诗》以道志，《书》以道事，《礼》以道行，《乐》以道和，《易》以道阴阳，《春秋》以道名分。其数散于天下，而设于中国者，百家之学时或称而道之。"以仁为恩指《诗》，以义为理指《书》，所谓薰然慈仁之君子，即学于大学之士也。此以言乎盛世。至于官失其守，则其学为儒家所传，所谓邹鲁之士，搢绅先生者也。上下相衔，"《诗》以道志"二十七字，决为后人记识之语，溷入本文者。《管子·戒》篇："博学而不自反，必有邪，孝弟者，仁之祖也。忠信者，交之庆也。内不考孝弟，外不正忠信；泽其《四经》而诵学者，是亡其身者也。”尹注：“《四经》，谓《诗》《书》《礼》《乐》。”其说是也。古所诵惟《诗》《乐》，谓之经。后引伸之，则凡可诵习者皆称经。《学记》：“一年视离《经》辨《志》。”《经》盖指《诗》《乐》,《志》盖指《书》,分言之也。《管子》称《四经》，合言之也。可见《诗》《书》《礼》《乐》，为大学之旧科矣。旧法世传之史，盖失其义，徒能陈其数者，百家之学，皆王官之一守，所谓散于天下，设于中国，时或称而道之者也。亦足为《诗》《书》《礼》《乐》，出于大学之一旁证也。《商君书·农战》：“《诗》《书》《礼》《乐》善修仁廉辩慧，国有十者，上无使守战。”亦以《诗》《书》《礼》《乐》并举。

《诗》《书》《礼》《乐》《易》《春秋》，自人之学习言之，谓之六艺。自其书言之，谓之《六经》。《经解》及《庄子·天运》所言是也。《天运》曰：“孔子谓老聃曰：丘治《诗》《书》《礼》《乐》《易》《春秋》六经。老子曰：夫《六经》，先王之陈迹也，岂其所以迹哉？”亦可见《六经》确为先王之故物，而孔子述之也。《庄子·天道》：孔子西藏书于周室，缁十二经以说。十二经不可考。《释文》引说者云：六经加六纬。一说：《易》上、下经并十翼。又一云：《春秋》十二公经。皆未有以见其必然也。

六艺有二：一《周官》之礼、乐、射、御、书、数，一孔门之《诗》《书》《礼》《乐》《易》《春秋》也。信今文者，诋《周官》为伪书。信古文者，又以今文家所称为后起之义。予谓皆非也。《周官》虽六国阴谋之书，所述制度，亦必有所本，不能凭空造作也。《吕览·博志》：“养由基、尹儒，皆文艺之人也。”文艺，一作“六艺”。“文艺”二字，古书罕见，作“六艺”者盖是。由基善射，尹儒学御，称为六艺之人，此即《周官》之制不诬之明证。予谓《诗》《书》《礼》《乐》《易》《春秋》，大学之六艺也。礼、乐、射、御、书、数，小学及乡校之六艺也。何以言之？曰：《周官》大司徒，以乡三物教万民而宾兴之，三曰六艺，礼、乐、射、御、书、数。此乡校之教也。保氏：“养国子以道，乃教之六艺：一曰五礼，二曰六乐，三曰五射，四曰五驭，五曰六书，六曰九数。”此小学之教也。《论语》：“子曰：吾何执？执御乎？执射乎？吾执御矣。”《子罕》。谦，不以成德自居，而自齿于乡人也。六艺虽有此二义，然孔门弟子，身通六艺，自系指大学之六艺而言。不然，当时乡人所能，孔门能通之者，必不止七十二人也。

《管子·山权数》：“管子曰：有五官技。桓公曰：何谓五官技？管子曰：《诗》

者，所以记物也。时者，所以记岁也。《春秋》者，所以记成败也。行者，道民之利害也。《易》者，所以守凶吉成败也。卜者，卜凶吉利害也。民之能此者，皆一马之田，一金之衣，此使君不迷妄之数也。六家者，即见其时。使豫。先蚤闲之日受之。故君无失时，无失策，万物兴丰无失利。远占得失，以为未教。《诗》记人无失辞，行殚道无失义，《易》守祸福凶吉不相乱，此谓君柄。”上云五官，下云六家，盖卜易同官也。此与《诗》《书》《礼》《乐》《易》《春秋》，大同小异。盖东周以后，官失其守，民间顾有能通其技者，管子欲利田宅美衣食以蓄之也。此亦王官之学，散在民间之一证。

《新学伪经考》曰："史迁述六艺之《序》曰:《诗》《书》《礼》《乐》《易》《春秋》,西汉以前之说皆然。盖孔子手定之序。刘歆以《易》为首,《书》次之,《诗》又次之。后人无识,咸以为法。此其颠倒《六经》之序也。"以此为刘歆大罪之一。《史记经说足证伪经考》。《汉志艺文志辨伪下》。案《汉志》之次，盖以经之先后。《易》本伏羲，故居首。《书》始唐尧，故次之。以为颠倒六经之序，殊近深文。谓《诗》《书》《礼》《乐》《易》《春秋》之序,为孔子手定,亦无明据。予谓《诗》《书》《礼》《乐》,乃大学设教之旧科,人人当学,故居前。《易》《春秋》义较深，闻之者罕，故居后。次序虽无甚关系，然推原其朔，自以从西汉前旧次为得也。

附录二　经传说记

《六经》皆古籍，而孔子取以立教，则又自有其义。孔子之义，不必尽与古义合，而不能谓其物不本之于古。其物虽本之于古，而孔子自别有其义。儒家所重者,孔子之义,非自古相传之典籍也。此两义各不相妨。故儒家之尊孔子,曰："贤于尧舜远矣。”曰："自生民以来，未有孔子。”《孟子·公孙丑上》。而孔子则谦言“述而不作,信而好古”。《论语·述而》。即推尊孔子者,亦未尝不以“祖述尧、舜，宪章文、武”为言也。《礼记·中庸》。若如今崇信今文者之说，谓六经皆孔子所作，前无所承，则孔子何不作一条理明备之书，而必为此散无可纪之物？又何解于六经文字，古近不同，显然不出一手，并显然非出一时乎？若如崇信古学者之言，谓六经皆自古相传之物；孔子之功，止于抱遗订坠；而其所阐明，亦不过古先圣王相传之道，初未尝别有所得，则马、郑之精密，岂不真胜于孔子之粗疏乎？其说必不可通矣。

惟《六经》仅相传古籍，而孔门所重，在于孔子之义，故《经》之本文，并不较与《经》相辅而行之物为重。不徒不较重，抑且无相辅而行之物，而《经》竟为无谓之书矣。

与《经》相辅而行者，大略有三：传、说、记是也。《汉书·河间献王传》曰："献王所得，皆经传、说、记，七十子之徒所论。"盖传、说、记三者，皆与经相辅而行；孔门所传之书，大略可分此四类也。

传、说二者，实即一物。不过其出较先，久著竹帛者，则谓之传；其出较后，犹存口耳者，则谓之说耳。陈氏澧曰："荀子曰：《国风》之好色也，其《传》曰：'盈其欲而不愆其止，其诚可比于金石，其声可内于宗庙。'"《大略》。据此，则周时《国风》已有传矣。《韩诗外传》亦屡称《传》曰，《史记·三代世表》褚先生曰："《诗传》曰：汤之先为契，无父而生。此皆不知何时之传也。"《东塾读书记·六》。陈氏所引，实皆孔门《诗传》。谓不知何时之传者，误也。然孔子以前，《诗》确已自有传，《史记·伯夷列传》引轶诗《传》是也。以此推之，《孔子世家》称孔子"序《书传》"。"书传"二字，盖平举之辞。孔子序《书》，盖或取其本文，或取传者之辞，故二十八篇，文义显分古近也。如《金縢》亦记周公之辞，其文义远较《大诰》等篇为平近。古代文字用少，书策流传，义率存于口说。其说即谓之传。凡古书，莫不有传与之相辅而行。其物既由来甚旧；而与其所传之书，又如辅车相依，不可阙一。故古人引用，二者多不甚立别；而传遂或与其所传之书，并合为一焉。汉人引据，经传不别者甚多。崔氏适《春秋复始》，论之甚详。今更略举数证。《孟子·万章》一篇，论舜事最多。后人多欲以补《舜典》。然《尚书》二十八篇为备，实不应有《舜典》，而完廪、浚井等事，亦见《史记·五帝本纪》。《五帝本纪》多同伏生书传。盖孟子、史公，同用孔门书说也。以此推之，《滕文公》篇引《书》曰"若药不瞑眩，厥疾不瘳"；《论语·为政》孔子引《书》曰"孝乎惟孝"，亦皆《书》传文矣。《说文》旻部敻下引《商书》曰："高宗梦得说，使百工敻求，得之傅岩。"语见《书·序》。盖《书》传文，而作序者窃取之。差以毫厘，谬以千里。见《易·系辞》。《系辞》释文云：王肃本有传字。案《太史公自序》，述其父谈论六家要旨，引《系辞》"一致而百虑，同归而殊途"，谓之《易大传》，则王肃本是也。然《自序》又引毫厘千里二语称《易》曰，《大戴·保傅》《小戴·经解》亦然。此汉人引用，经传不别之证，故诸家之《易》，《系辞》下或无传字也。《孟子·梁惠王下》："《诗》曰：王赫斯怒，爰整其旅，以遏徂莒，以笃周祜，以对于天下，此文王之勇也，文王一怒而安天下之民。《书》曰：天降下民，作之君，作之师。惟曰其助上帝，宠之四方。有罪无罪，惟我在，天下曷敢有越厥志？一人衡行于天下，武王耻之。此武王之勇也，而武王亦一怒而安天下之民。”“此文王之勇也”，“此武王之勇也”，句法相同，自此以上，皆当为《诗》《书》之辞。然“一人衡行于天下，武王耻之”，实为后人称述武王之语。孟子所引，盖亦《书》传文也。传之为物甚古，故又可以有传。《论语》邢疏：汉武帝谓东方朔云：传曰：时然后言，人不厌其言。又成帝赐翟方进策书云：传曰：高而不危，所以长守贵也。是汉世通谓《论语》《孝经》为传。然《汉志》《鲁论》有传十九篇，《孝经》亦有杂传四篇。盖对孔子手定之书言，《论语》《孝经》皆为传；对传《论语》《孝经》者而言，则《论语》《孝经》，亦经比也。传之名不一。或谓之义，如《礼记·冠义》以下六篇是也。或谓之解，如《管子》之《明法解》，《韩非子》之《解老》是也。《礼记》之《经解》，盖通解诸经之旨，与《明法解》《解老》等专解一篇者，体例异而旨趣同，故亦谓之解也。《墨子·经说》，体制亦与传同，而谓之说，尤传与说本为一物之证。《孟子·梁惠王上》对齐宣王之问曰：“仲尼之徒无道桓、文之事者，是以后世无传焉。”下篇：“齐宣王问曰：文王之囿，方七十里，有诸？孟子对曰：于传有之。”《管子·宙合》曰：“宙合有橐天地，其义不传。”此所谓传。并即经传之传也。《明法解》与所解者析为两篇。《宙合》篇前列大纲，后乃申释其义，则经传合居一简。古书如此者甚多。今所传《易》，《系辞》下无“传”字，亦不能议其脱也。

《公羊》曰：“定、哀多微辞。主人习其读而问其传，则未知己之有罪焉尔。”定公元年。古代文字用少，虽著之传，其辞仍甚简略，而又不能无所隐讳若此，则不得不有借于说明矣。《汉书·蔡义传》：“诏求能为《韩诗》者。征义待诏。久不进见。义上疏曰：臣山东草莱之人，行能亡所比。容貌不及众，然而不弃人伦者，窃以闻道于先师，自托于经术也。愿赐清闲之燕，得尽精思于前。上召见义，说诗。甚说之。”又《儒林传》：“儿宽初见武帝。语经学。上曰：吾始以《尚书》为朴学，弗好。朴，即老子“朴散而为器”之朴。《淮南·精神》注：“朴，犹质也。”所谓木不斫不成器也。此可见经而无传，传而无说，即成为无谓之物。及闻宽说，可观。乃从宽问一篇。”并可见汉世传经，精义皆存于说。汉儒所由以背师说为大戒也。凡说，率多至汉师始著竹帛。以前此未著竹帛，故至汉世仍谓之说也。夏侯胜受诏撰《尚书》《论语说》；《汉书》本传。

"刘向校书，考《易》说，以为诸家《易》说，皆祖田何、杨叔元、丁将军，大义略同，惟京氏为异党，焦延寿独得隐士之说，托之孟氏，不相与同"是也。《儒林传》。《汉书·王莽传》：莽上奏曰："殷爵三等，有其说，无其文。"又群臣请安汉公居摄如天子之奏曰："《书》曰：我嗣事子孙，大不克共上下，遏失前人光。在家不知命不易，天应棐谌，乃亡坠命。《说》曰：周公服天子之冕，南面而朝群臣。发号施令，常称王命。召公贤人，不知圣人之意，故不说也。"然则说可引据，亦同于传。盖传即先师之说；说而著之竹帛，亦即与传无异耳。汉人为学，必贵师传，正以此故。刘歆等首唱异说，其所以攻击今文师者，实在"信口说而背传记，是末师而非往古"两语。而古学家之学，远不逮今文师者，亦实以此。以其奋数人之私智，以求之传记，断不能如历世相传之说之精也。公孙禄劾歆："俱倒《五经》，毁师法。"《王莽传》。毁师法，即背师说也。

传附庸于经，记与经则为同类之物，二者皆古书也。记之本义，盖谓史籍。《公羊》僖公二年："宫之奇谏曰：《记》曰：唇亡而齿寒。"《解诂》："记，史记也。'史记'二字，为汉时史籍之通称，犹今言历史也。"《韩非子·忠孝》："《记》曰：舜见瞽瞍，其容造焉。孔子曰：当是时也，危哉，天下岌岌。"此语亦见《孟子·万章上》篇。咸丘蒙以问孟子，孟子斥为齐东野人之语。古亦称《史记》为语，可为解诂之证。记字所包甚广。宫之奇、咸丘蒙所引，盖记言之史，小说家之流，其记典礼者，则今所谓《礼记》是也。记与礼实非异物，故古人引礼者或称记，引记者亦或称礼。《诗·采蘩》笺引《少牢馈食礼》称《礼记》。《聘礼》注引《聘义》作《聘礼》。又《论衡·祭意》引《礼记·祭法》，皆称礼。《礼记》中《投壶》《奔丧》，郑谓皆同《逸礼》；而《曲礼》首句，即曰"《曲礼》曰"，可见礼与记之无别也。今《仪礼》十七篇，惟《士相见》《大射》《少牢馈食》《有司彻》四篇无记。宋儒熊氏朋来之说。凡记皆记《经》所不备。兼记《经》外远古之言。郑注《燕礼》云："后世衰微，幽、厉尤甚。礼乐之书，稍稍废弃。盖自尔之后有记乎？"《士冠礼》疏。《文王世子》引《世子之记》，郑注曰："世子之礼亡，此存其记。"盖著之竹帛之时，有司犹能陈其数；或虽官失其守，而私家犹能举其本末，如孺悲学士丧礼于孔子。则谓之礼；而不然者，则谓之记耳。记之为物甚古。故亦自有传。《士冠礼》疏："《丧服记》子夏为之作传，不应自造还自解之。记当在子夏之前，孔子之时，未知定谁所录。"案古书多有传说，已见前。记之传，或孔门录是记者为之，或本有而录是记者并录之，俱未可定也。而《礼记》又多引旧记也。如《文王世子》

引《世子之记》，又引记曰"虞夏商周，有师保，有疑丞"云云。《祭统》引记曰"齐者不乐"，又引记曰"尝之日，发公室"云云皆是。

传说同类，《记》以补《经》不备，《传》则附丽于《经》，故与《经》相辅而行之书，亦总称为《传记》。如刘歆《移太常博士》所言是也，《河间献王传》并称经传说记，传盖指古书固有之传而言，如前所引轶诗《传》及孔子所序之《书传》是。其孔门所为之传，盖包括于说中。

大义存于《传》，不存于《经》。试举一事为征。《尧典》究有何义？非所谓《尚书》朴学者邪？试读《孟子·万章上》篇，则禅让之大义存焉。夷考伏生《书传》《史记·五帝本纪》，说皆与孟子同，盖同用孔门《书说》也。此等处，今人必谓伏生袭孟子，史公之袭伏生。殊不知古代简策，流传甚难；古人又守其师说甚固。异家之说，多不肯妄用，安得互相剿袭，如此之易。史公说尧舜禅让，固同孟子矣。而其说伊尹，即以割烹要汤为正说，与孟子正相反，何又忽焉立异乎？可见其说禅让事，乃与孟子所本者同，而非即用孟子矣。经义并有儒家失传，存于他家书中者。《吕览》多儒家言，予别有考。今《尚书·甘誓》，徒读其本文，亦绝无意义。苟与《吕览》先已参看，则知孔子之序是篇，盖取退而修德之意矣。《传》不足以尽义，而必有待于说，试亦引一事为证。王鲁，新周，故宋，非《春秋》之大义乎？然《公羊》无其文也，非《繁露》其孰能明之。《三代改制质文》篇。案亦见《史记·孔子世家》。又《乐纬·动声仪》，有先鲁后殷，新周、故宋之文，见《文选》潘安仁《笙赋》注。古人为学，所以贵师承也。后人率重经而轻传说，其实二者皆汉初先师所传。若信今文，则先师既不伪经，岂肯伪传？若信古文，则今古文经，所异惟在文字，今文经正以得古文经而弥见其可信；经可信，传说之可信，亦因可见矣。或又谓经为古籍，据以考证古事，必较传为足据。殊不知孔门之经，虽系古籍，其文字，未必一仍其旧。试观《尧典》《禹贡》，文字反较殷盘、周诰为平易可知。而古籍之口耳相传，历久而不失其辞者，亦未必不存于传、说、记之中也。然则欲考古事者，偏重经文，亦未必遂得矣。《史记·孔子世家》："孔子在位听讼，文辞有可与人共者，不独有也。至于为《春秋》，笔则笔，削则削，子夏之徒，不能赞一辞。"《公羊》昭十二年疏，引《春秋》说云：孔子作《春秋》，一万八千字，九月而书成。以授游夏之徒。游夏之徒，不能改一字。然则相传以为笔削皆出孔子者，惟《春秋》一经。余则删定之旨，或出孔子，其文辞，必非孔子所手定也，即游夏不能改一字，亦以有关大义者为限。若于义无关，则文字之出入，古人初不深计。不独文字，即事物亦有不甚计较者。吕不韦聚宾客著书，既成，布咸阳市门，县千金其上，延诸侯游士宾客，有能增损一字者予千金。高诱注多摘其误，谓扬子云恨不及其时，车载其金。殊不知不韦所求，亦在能纠正其义；若事物之误，无缘举当时游士宾客，不及一扬子云也。子云既沾沾自喜，高诱又津津乐道，此其所以适成为子云及高氏之见也。

翼经之作，见于《汉志》者曰外传，曰杂传，盖摭拾前世之传为之。《汉书·儒林传》："韩婴推诗人之意而作内外传数万言。"又曰："韩生亦以《易》授人，推《易》意而为之传。"一似其传皆自为之者。然《韩诗外传》见存，大抵证引成文，盖必出自前人，乃可谓之传也。曰传记，曰传说，则合传与记、说为一书者也。曰说义，盖说之二名。曰杂记，则记之杂者也。曰故，曰解故，以去古远，故古言有待训释，此盖汉世始有。曰训诂，则兼训释古言及传二者也。《毛传》释字义处为诂训。间有引成文者，如《小弁》《绵》之引《孟子》，《行苇》之引《射义》，《瞻卬》之引《祭义》，《闷宫》之引《孟仲子》，则所谓传也。

《汉志》：《春秋》有《左氏微》二篇，又有《铎氏微》三篇，《张氏微》十篇，《虞氏微传》二篇。微，盖即定、哀多微辞之微，亦即刘歆《移太常博士》，所谓仲尼没而微言绝者也。定、哀之闻，辞虽微，而其义则具存于先师之口说，何绝之有？易世之后，忌讳不存，举而笔之于书，则即所谓传也。安用别立微之名乎？今《左氏》具存，解经处极少，且无大义，安有微言？张氏不知何人。铎氏，《注》曰："楚太傅铎椒。"虞氏，《注》曰："赵相虞卿。"《史记·十二诸侯年表》曰："铎椒为楚威王傅，为王不能尽观《春秋》，采取成败，卒四十章，为《铎氏微》。赵孝成王时，其相虞卿，上采《春秋》，下观近势，亦著八篇，为《虞氏春秋》。"二书与孔子之《春秋》何涉？铎氏之书自名微，非其书之外，别有所谓微者在也。今乃举左氏、张氏、虞氏之书，而皆为之微；虞氏且兼为之传，其为妄人所托，不问可知。犹之附丽于经者为传说，补经之不备者为记，本无所谓纬，而汉末妄人，乃集合传、说、记之属，而别立一纬之名也。要之多立名目以自张，而排斥异己而已。故与经相辅而行之书，实尽于传、说、记三者也。

传、说、记三者，自以说为最可贵。读前文自见。汉世所谓说者，盖皆存于章句之中。章句之多者，辄数十百万言；而《汉书》述当时儒学之盛，谓"一经说至百万余言"，《儒林传》。可知章句之即说。枝叶繁滋，诚不免碎义逃难，博而寡要之失。然积古相传之精义，则于此存焉。郑玄释《春秋运斗枢》云："孔子虽有盛德，不敢显然改先王之法，以教授于世，阴书于纬，以传后王。"《王制》正义。古代简策繁重，既已笔之于书，夫复安能自秘？其为窃今文家口授传指之语，而失其实，不问可知。《文选·刘歆〈移太常博士〉》注："《论语谶》曰：子夏六十四人，共撰仲尼微言。"此造纬者之自道也。然纬之名目虽妄，而其为物，则固为今文经说之荟萃。使其具存，其可宝，当尚在《白虎通义》之上也。乃以与谶相杂，尽付一炬，亦可哀矣。

第三节　曾子

孔门诸子，达者甚多。然其书多不传于后。其有传而又最足见儒家之精神者，曾子也。今先引其行事三则，以见其为人。

《论语·泰伯》："曾子有疾，召门弟子曰：启予足！启予手！《诗》曰：'战战兢兢，如临深渊，如履薄冰。'而今而后，吾知免夫！小子！"

《礼记·檀弓》："曾子寝疾，病。乐正子春坐于床下，曾元、曾申坐于足，童子隅坐而执烛。童子曰：华而睆，大夫之箦与？子春曰：止。曾子闻之，瞿然曰：呼。曰：华而睆，大夫之箦与？曾子曰：然，斯季孙之赐也，我未之能易也。元起易箦。曾元曰：夫子之病亟矣，不可以变。幸而至于旦，请敬易之。曾子曰：尔之爱我也不如彼。君子之爱人也以德，细人之爱人也以姑息。吾何求哉？吾得正而毙焉，斯已矣。举扶而易之，反席未安而没。"

又："子夏丧其子而丧其明。曾子吊之。曰：吾闻之也，朋友丧明则哭之。曾子哭，子夏亦哭，曰：天乎！予之无罪也。曾子怒曰：商，女何无罪也？吾与女事夫子于洙泗之间，退而老于西河之上，使西河之民，疑女于夫子，尔罪一也。丧尔亲，使民未有闻焉，尔罪二也。丧尔子，丧尔明，尔罪三也。而曰：女何无罪与？子夏投其杖而拜，曰：吾过矣！吾过矣！吾离群而索居，亦已久矣夫！"夫字当属此句。今人属下"昼居于内"读，非也。

前两事见其律己之精严，后一事见其待人之刚毅。此等盖皆儒家固有之风概，非必孔子所教也。大凡封建及宗法社会中人，严上之精神，最为诚挚；而其自视之矜重，亦异寻常。此皆社会等级之制，有以养成之也。人之知识不高，而性情笃厚者，于社会公认之风俗，守之必极严。至于旷代之哲人，则必能窥见风俗之原，断不视已成之俗为天经地义。故言必信，行必果，孔子称为硁硁然小人。《论语·子路》。以其为一节之士也。曾子盖知识不高，性情笃厚者，故窃疑其所操持践履，得诸儒家之旧风习为多，得诸孔子之新教义者为少也。

儒家所传《孝经》，托为孔子启示曾子之辞，未知信否。古人文字，往往设为主客之辞；而其所设主客，又往往取实有之人，不必如西汉人造作“西都宾”“东都主人”“乌有先生”等称谓也。此盖班志所谓依托。后人概诋为伪造，其实亦与伪造有别也。然曾子本以孝行见称，其遗书中论孝之语亦极多，即出依托，亦非无因，此亦可见其受宗法社会陶冶之深也。《曾子》书凡十篇，皆在《大戴记》中。《立事》《制言》上、中、下，《疾病》，皆恐惧修省之意，与前所引之事，可以参看。《大孝》篇同《小戴》中《祭义》《本孝》《立孝》《事父母》，意亦相同，《天圜》篇：单居离问于曾子曰：“天圜而地方者，诚有之乎？”曾子曰：“如诚天圜而地方，则是四角之不掩也。”今之谈科学者，颇乐道之。然天圜地方，本哲学家语，犹言天动地静，指其道非指其形。若论天地之形，则盖天浑天之说，本不谓天圜而地方，初不待此篇为之证明也。

曾子为深入宗法社会之人，故于儒家所谓孝道者，最能身体力行，又能发挥尽致，此是事实。然如胡适之《中国哲学史大纲》，谓孔门之言孝，实至曾子而后圆满，则又非是。学问亦如事功，有其创业及守成之时代。创业之世，往往异说争鸣，多辟新见。守成之世，则谨守前人成说而已。人之性质，亦有有所创辟者，有仅能谨守前人之说者，昔人所谓作者，述者是也。学问随时代而变化，立说恒后密于前，通长期而观之，诚系如此。若在短时期之中，则有不尽然者。岂惟不能皆度越前人，盖有并前人之成说而不能保守者矣。自孔子以后，直至两汉时之儒学，即系如此。试博考儒家之书可知。近人多泥进化之说，谓各种学说，皆系逐渐补苴添造而成。殊不知论事当合各方面观之，不容泥其一端也。夫但就现存之书观之，诚若孔门之言孝，至曾子而益圆满者，然亦思儒家之书，存者不及什一。岂可偏据现存之书，即谓此外更无此说乎？两汉人说，大抵陈陈相因。其蓝本不存者，后世即皆谓其所自为。偶或偏存，即可知其皆出蹈袭。如贾、晁奏议，或同《大戴》，或同《管子》是也。两汉如此，而况先秦？岂得断曾子之说，为非孔子之言邪？不徒不能断为非孔子之言，或其言并不出于孔子，乃宗法社会旧有之说，当时之儒者传之，孔子亦从而称颂之，未可知也。

儒家论孝之说，胡适之颇訾之，谓其能消磨勇往直前之气。引“王阳为益州刺史，行至邛郲九折阪，叹曰：奉先人遗体，奈何数乘此险？后以病去”为证。然曾子曰：战陈无勇非孝也，《祭义》。乃正教人以勇往冒险，何邪？盖封建时代之士夫，率重名而尚气。即日诏以父母之当奉养，临难仍以奋不顾身者为多。《曾子》曰“孝有三：大孝尊亲，其次不辱，其下能养”是也。同上。封建时代渐远，商业资本大兴，慷慨矜懻之气，渐即消亡，人皆轻虚名而重实利，即日日提倡非孝，亦断无勇往冒险者。此自关社会组织之变迁，不能归咎于儒家之学说也。胡君又谓曾子之言，皆举孝字以摄诸德，一若人之为善，非以其为人故，乃以其为父母之子故。此自今日观之，诚若可怪。然又须知古代社会，通功易事，不如后世之繁；而惇宗收族，则较后世为切。故并世之人，关系之密难见；而过去之世，佑启之迹转深。又爱其家之念切，则各欲保持其家声，追怀先世之情，自油然不能自已。此亦其社会之组织为之，非儒家能造此说。予故疑曾子之说，不徒不出自曾子，并不必出于孔子，而为其时儒者固有之说也。

第四节　孟子

孔子弟子著名者，略见《史记·仲尼弟子列传》。自孔子殁后至汉初，儒学之盛衰传授，略见《史记·儒林列传》。然皆但记其事迹，不及其学说。儒家诸子，除二戴《记》中收容若干篇外，存者亦不多。其最有关系者，则孟、荀二子也。而孟子之关系尤大。

孟子，《史记》云：“受业子思之门人。”子思，《孔子世家》言其作《中庸》，《隋书·经籍志》言《表记》《坊记》《缁衣》皆子思作。《释文》引刘瓛则谓《缁衣》为公孙尼子作。未知孰是。要之《中庸》为子思作，则无疑矣。《中庸》为孔门最高之道，第二节已论之。今故但论孟子。

孟子之功，在发明民贵君轻之义。此实孔门《书》说，已见第二节。然《书》说今多阙佚，此说之能大昌于世，实孟子之力也。次则道性善。

先秦论性，派别颇繁。见于《孟子》书者，凡得三派：一为告子，谓性无善无不善。二三皆但称或人，一谓性可以为善，可以为不善；一谓有性善，有性不善。皆因公都子之问而见，见《告子上》篇。

如实言之，则告子之说，最为合理。凡物皆因缘际会而成，人性亦犹是也。人性因行为而见，行为必有外缘，除却外缘，行为并毁，性又何从而见？告子曰：“性，犹湍水也，决诸东方则东流，决诸西方则西流。人性之无分于善不善也，犹水之无分于东西也。”此说最是。性犹水也；行为犹流也；决者，行为之外缘，东西其善恶也。水之流，不能无向方。人之行为，不能无善恶。既有向方，则必或决之。既有善恶，则必有为之外缘者。问无决之者，水之流，向方若何？无外缘，人之行为，善恶如何？不能答也。必欲问之，只可云：是时之水，有流性而无向方；是时之性，能行而未有善恶之可言而已。佛家所谓“无明生行”也。更益一辞，即成赘语。孟子驳之曰：“水，信无分于东西，无分于上下乎？人性之善也，犹水之就下也。人无有不善，水无有不下。今夫水，搏而跃之，可使过颡；激而行之，可使在山；是岂水之性哉？其势则然也。人之可使为不善，其性亦犹是也。”误矣。水之过颡在山，固由搏激使然，然不搏不激之时，水亦自有其所处之地，此亦告子之所谓决也。禹疏九河瀹济漯而注之海，决汝汉排淮泗而注之江，固决也；亚洲中央之帕米尔，地势独高于四方，于其四面之水，亦决也。月球吸引，能使水上升；地球吸引，能使水下降；皆告子所谓决也。设想既无地球，亦无月球，又无凡诸吸引之一切力，而独有所谓水者，试问此水，将向何方？孟子能言之乎？故孟子之难，不中理也。

“可以为善，可以为不善”，盖世硕等之说。《论衡·本性》云：“周人世硕，以为人性有善有恶。举人之善性，养而致之，则善长；举人之恶性，养而致之，则恶长。……故世子作《养书》一篇。宓子贱、漆雕开、公孙尼子之徒，亦论情性，与世子相出入。”董仲舒之论性也，谓天两有阴阳之施，人亦两有贪仁之性，亦是说也。董子论性，见《春秋繁露》之《深察名号》《实性》两篇。此说与告子之说，其实是一。董子论性，本诸阴阳。其论阴阳，则以为一物而两面，譬诸上下，左右，前后，表里。《繁露》基义。然则举此不能无彼，相消而适等于无，仍是无善无恶耳。故告子谓“生之谓性”，董子亦谓“如其生之自然之资谓之性”，如出一口也。然其意同而其言之有异者，何也？盖此派之说，非徒欲以明性，并欲勉人为善也。夫就性之体言之，则无所谓善恶；就人之行为言，则有善亦有恶；此皆彰明较著无可辩论之事实。而人皆求善去恶之心，亦莫知其所以然而然，而人莫不然。此皆无可再推，只能知其如是而已。董子就其可善可恶者而譬诸阴阳，就其思为善去恶者，而譬诸天道之禁阴，此即佛家以一心开真如生灭两门，谓无明熏真如而成迷，真如亦可还熏无明而成智也。告子曰："性犹杞柳也，义犹杯棬也，以人性为仁义，犹以杞柳为杯棬。"此即董子禾米、卵雏、茧丝之喻。特米成而禾不毁，杯棬则非杞柳所自为，其喻不如董子之善，故招孟子"戕贼人以为仁义"之难耳。

"有性善有性不善"，其说最低。盖善恶不过程度之差，初非性质之异，固不能有一界线焉，以别其孰为善，孰为恶也。故此说不足论。

据理论之，告子之说，固为如实；然孟子之说，亦不背理。何者？孟子据人之善端而谓性为善，夫善端固亦出于自然，非由外铄也。孟子谓恻隐，羞恶，辞让，是非之心，为人所同具；而又为良知良能，不待学，不待虑。夫此四端，固圣人之所以为圣人者。然则我之未能为圣人，特于此四端，尚未能扩而充之耳；谓圣人之所以为圣人之具，而我有所欠阙焉，夫固不可。故曰："圣人与我同类者。"又曰："富岁子弟多赖，凶岁子弟多暴，非天之降材尔殊也，其所以陷溺其心者然也。"《告子上》。后来王阳明创致良知之说，示人以简易直捷，超凡人圣之途，实孟子有以启之。其有功于世道人心，固不少也。

孟子之大功，又在严义、利之辨。首篇载孟子见梁惠王。王曰："叟，不远千里而来，亦将有以利吾国乎？"孟子即对曰："王，何必曰利，亦有仁义而已矣。"《告子》篇载秦楚构兵，宋轻将说而罢之，曰："我将言其不利也。"孟子又曰："先生之志则大矣，先生之号则不可。"以下皆极言仁义之利，言利之反足以招不利。然非谓为仁义者，乃以其终可得利而为之；戒言利者，乃以其终将失利而戒之也。苟如是，则仍是言利矣。故又曰："鸡鸣而起，孳孳为利者，跖之徒也。鸡鸣而起，孳孳为义者，舜之徒也。欲知舜与跖之分，无他，义与利之间也。"又曰："生亦我所欲也，义亦我所欲也，二者不可得兼，舍生而取义者也。"其持之之严如此。为义虽可得利，为义者则不当计利，此即董子"正其谊不谋其利"之说也。此亦孔门成说，《论语》"君子喻于义，小人喻于利"十字，已足包之，特至孟子，乃更发挥透彻耳。义、利之辨，正谊不谋利之说，最为今之恃功利论者所诋訾。然挟一求利之心以为义，终必至于败坏决裂而后已。此今之所谓商业道德，而昔之所谓市道交者也，几见有能善其后者乎？孟子之说，能使人心由此而纯，其有功于社会，亦不少也。

孟子论政治，首重制民之产。必先有恒产，而后能有恒心，此即孔门先富后教之义。其行之之法，则欲恢复井田。凡先秦诸子，无不以均平贫富，使民丰衣足食为首务者。其方法则互异。主张恢复井田者，孟子也；开阡陌以尽地利者，商鞅也。主去关市之征，驰山泽之禁者，孟子也；主管盐铁，官山海，制轻重敛散之权者，管子也。见下编第八章。盖一主修旧法，一主立新法耳。此为儒法二家之异。直至汉世，贤良与桑弘羊之辩，犹是此二派之争也。见《盐铁论》。

孟子修养功夫，尽于其告公孙丑二语，曰："我知言，我善养吾浩然之气。"知言者，知识问题；养气者，道德问题也。"何谓知言？曰：诐辞，知其所蔽；淫辞，知其所陷；邪辞，知其所离；遁辞，知其所穷。"于事之非者，不徒知其非，且必明烛其非之所以然，此由其用心推考者深，故能如是也。孟子曰："君子深造之以道，欲其自得之也。自得之，则居之安；居之安，则资之深；资之深，则取之左右逢其原。"可见孟子之于知识，皆再三体验而得，迥异口耳之传，浮光掠影者矣。其论浩然之气曰："其为气也，至大至刚，以直养而无害，则塞于天地之间。"其论养之之术，则曰："是集义所生者，非义袭而取之也。行有不慊于心，则馁矣。"其功夫尤为坚实。孟子所以能"居天下之广居，立天下之正位，行天下之达道"，"富贵不能淫，贫贱不能移，威武不能屈"，皆此集义之功夫为之也。

"穷则独善其身，达则兼善天下。""禹稷颜子，易地则皆然。"出处进退之间，一一衷之于义，无丝毫急功近名之心，亦无丝毫苟安逃责之念，此即所谓"居易以俟命"者，故孟子确为子思之嫡传也。孟子曰："广土众民，君子欲之，所乐不存焉。中天下而立，定四海之民，君子乐之，所性不存焉。君子所性，虽大行不加焉，虽穷居不损焉，分定故也。"《尽心上》。分者，我在宇宙间所处之地位。处乎何等地位，即作何等事业。行云流水，一任自然，而我初无容心于其间。则所处之境，尽是坦途。人人如此，则天下无一勉强之事，而决无后祸矣。此实与道家养生之论相通。可参看第一章第四节。

第五节　荀子

荀子之书，其出较晚，而多杂诸子传记之辞。其书专明礼，而精神颇近法家。案古无所谓法，率由之轨范曰礼，出乎礼则入乎刑，礼家言之与法家相类，亦固其所。顾孔子言："道之以政，齐之以刑，民免而无耻。道之以德，齐之以礼，有耻且格。”《论语·为政》。则礼与刑之间，亦不能无出入。盖一则导之向上，一则专恃威力以慑服之耳。荀子之书，狭隘酷烈之处颇多。孔门之嫡传，似不如是。故予昔尝疑为较早出之《孔子家语》也。见拙撰《经子解题》。

荀子最为后人所诋訾者，为其言性恶。其实荀子之言性恶，与孟子之言性善，初不相背也。伪非伪饰之谓，即今之为字。“为”之本义为母猴。盖动物之举动，有出于有意者，有不待加意者。其不待加意者，则今心理学家所谓本能也。其必待加意者，则《荀子》书所谓“心虑而能为之动谓之伪，虑积焉、能习焉而后成谓之伪”；杨注所谓“非天性而人作为之”者也。动物举动，多出本能。惟猿猴知识最高，出乎本能以外之行动最多，故名母猴曰“为”。其后遂以为人之非本能之动作之称。故“为”字之本义，实指有意之行动言；既不该本能之动作，亦不涵伪饰之意也。古用字但主声，“为”“伪”初无区别。其后名母猴曰“为”之语亡，“为”为母猴之义亦隐，乃以“为”为“作为”之“为”，“伪”为“伪饰”之“伪”。此自用字后起之分别，及字义之迁变。若就六书之例言之，则既有“伪”字之后，“作为”之“为”，皆当作“伪”；其仍作“为”者，乃省形存声之例耳。荀子谓“人性恶，其善者伪”，乃谓人之性，不能生而自善，而必有待于修为耳。故其言曰：“涂之人可以为禹则然，涂之人之能为禹，则未必然也。”譬之足，可以遍行天下，然而未有能遍行天下者。夫孟子谓性善，亦不过谓涂之人可以为禹耳。其谓“生于人之情性者，感而自然，不待事而后生；感而不能然，必待事而后然者谓之伪”，则孟子亦未尝谓此等修为之功，可以不事也。后人误解“伪”字，因以诋諆荀子，误矣。

荀子之言治，第一义在于明分。《王制》篇曰：“人力不若牛，走不若马，而牛马为用，何也？曰：人能群，彼不能群也。人何以能群？曰：分。分何以能行？曰：义。义以分则和，和则一，一则多力，多力则强；强则胜物。”胜平声。物，事也。“群而无分则争，争则乱，乱则离，离则弱，弱则不能胜物。”“君者，善群也。群道当，则万物皆得其宜，六畜皆得其长，群生皆得其命。”《富国》篇曰：“天下害生纵欲。欲恶同物，欲多而物寡，寡则必争矣。故百技所成，所以养一人也。而能不能兼技，人不能兼官；离居不相待则穷，群而无分则争。穷者患也，争者祸也。救患除祸，则莫若明分使群矣。”又曰：“足国之道：节用裕民，而善臧其余。”“上以法取焉，而下以礼节用之。”“量地而立国，计利而畜民，度人力而授事。使民必胜事，事必出利，利足以生民。皆使衣食百用，出入相揜，必时臧余，谓之称数。”夫总计一群之所需，而部分其人以从事焉，因以定人之分职，大同小康之世，皆不能不以此为务，然而有异焉者：大同之世，荡荡平平，绝无阶级，人不见有侈于己者，则欲不萌，人非以威压故而不敢逾分，则其所谓分者，不待有人焉以守之而自固。此大同之世，所以无待于有礼。至于小康之世，则阶级既萌，劳逸侈俭，皆不平等。人孰不好逸而恶劳？孰不喜奢而厌俭？则非制一礼焉，以为率由之轨范，而强人以守之不可。虽率循有礼，亦可以致小康，而已落第二义矣。此孔子所以亟称六君子之谨于礼，而终以为不若大道之行也。荀子所明，似偏于小康一派，故视隆礼为极则，虽足矫乱世之弊，究有惭于大同之治矣。

大同之世，公利与私利同符，故其趋事赴功，无待于教督。至小康之世，则不能然，故荀子最重人治。《天论》篇曰：“天行有常，不为尧存，不为桀亡。应之以治则吉，应之以乱则凶。强本而节用，则天不能贫；养备而动时，则天不能病；循道而不贰，则天不能祸。故水旱不能使之饥渴，寒暑不能使之疾，祆怪不能使之凶。”“天有其时，地有其财，人有其治，夫是之谓能参。舍其所以参，而愿其所参，则惑矣。”其言虽不免有矜厉之气，要足以愧末世之般乐怠敖者也。

荀子专隆礼，故主张等级之治。其言曰：“夫贵为天子，富有天下，是人情之所同欲也。然则从人之欲？则势不能容，物不能赡也。故先王案为之制礼义以分之。使有贵贱之等，长幼之差，知愚能不能之分，皆使人载其事而各得其宜，是夫群居和一之道也。故仁人在上，则农以力尽田，贾以察尽财，百工以巧尽械器。士大夫以上，至于公侯，莫不以仁厚知能尽官职，夫是之谓至平。故或禄以天下而不自以为多；或监门御旅，抱关击柝，而不自以为寡。故曰：斩而齐，枉而顺，不同而一。夫是之谓人伦。”《荣辱》。其言似善矣。然岂知大同之世，“人不独亲其亲，不独子其子”，“货恶其弃于地也，不必藏于己；力恶其不出于身也，不必为己”；则虽出入鞅掌，而亦不自以为多；虽偃仰笑敖，而亦不自以为寡。既无人我之界，安有功罪可论？又安有计劳力之多寡，以论报酬之丰啬者邪？

隆礼则治制必求明备，故主法后王。所谓后王，盖指三代。书中亦屡言法先王，盖对当时言之，则称先王；对五帝言之，则称后王也。《非相》篇曰：“欲观圣王之迹，则于其粲然者矣，后王是也。”“五帝之外无传人，非无贤人也，久故也。五帝之中无传政，非无善政也，久故也。禹、汤有传政，而不若周之察也，非无善政也，久故也。传者久则论略，近则论详。《韩诗外传》"论"作"愈"。略则举大，详则举小。"此其法后王之故也。有谓古今异情，治乱异道者，荀子斥为妄人。驳其说曰："欲观千岁，则数今日。欲知亿万，则审一二。欲知上世，则审周道。"此似于穷变通久之义，有所未备者。殊与《春秋》通三统之义不合。故知荀子之论，每失之狭隘也。

其狭隘酷烈最甚者，则为非象刑之论。其说见于《正论》篇。其言曰："世俗之为说者曰：治古无肉刑而有象刑。……是不然。以为治邪？则人固莫敢触罪，非独不用肉刑，亦不用象刑矣。以为轻刑邪？人或触罪矣，而直轻其刑，然则是杀人者不死，伤人者不刑也。罪至重而刑至轻，庸人不知恶矣。乱莫大焉。凡刑人之本，禁暴恶恶，且征其未也。杀人者不死，而伤人者不刑，是谓惠暴而宽贼也，非恶恶也。故象刑殆非生于治古，并起于乱今也。治古不然。凡爵列官职，赏庆刑罚，皆报也，以类相从者也。一物失称，乱之端也。""杀人者死，伤人者刑，是百王之所同也，未有知其所由来者也。刑称罪则治，不称罪则乱。故治则刑重，乱则刑轻。犯治之罪固重，犯乱之罪固轻也。《书》曰：刑罚世轻世重，此之谓也。"案《尚书大传》言："唐虞上刑赭衣不纯，中刑杂屦，下刑墨幪。"此即汉文帝十三年除肉刑之诏，所谓"有虞氏之时，画衣冠异章服以为戮而民弗犯"者，乃今文《书》说也。古代社会，组织安和，风气诚朴，人莫触罪，自是事实。今之治社会学者，类能言之。赭衣塞路，囹圄不能容，乃社会之病态。刑罚随社会之病态而起，而繁，乃显然之事实，古人亦类能言之，何莫知其所由来之有？荀子所说，全是末世之事，乃转自托于《书》说，以攻《书》说，谬矣。此节《汉书·刑法志》引之。汉世社会，贫富不平，豪桀犯法，狱讼滋多。惩其弊者，乃欲以峻法严刑，裁抑一切。此自救时之论，有激而云。若谓先秦儒家，有此等议论，则似远于情实矣。予疑《荀子》书有汉人依托处，实由此悟入也。

《荀子》书中，论道及心法之语最精。此实亦法家通常之论。盖法家无不与道通也，《管子》书中，正多足与《荀子》媲美者。特以《荀子》号称儒书；而其所引《道经》，又适为作伪《古文尚书》者所取资，故遂为宋儒理学之原耳。然《荀子》此论，实亦精绝。今摘其要者如下：《天论》篇曰："天职既立，天功既成，形具而神生，好恶喜怒哀乐臧焉，夫是之谓天情。耳目鼻口形能，各有接而不相能也，夫是之谓天官。心居中虚，以治五官，夫是之谓天君。财非其类以养其类，夫是之谓天养。顺其类者谓之福，逆其类者谓之祸，夫是之谓天政。”“圣人清其天君，正其天官，备其天养，顺其天政，养其天情，以全其天功。如是，则知其所为，知其所不为矣；则天地官而万物役矣。”此从一心推之至于至极之处，与《中庸》之“致中和，天地位焉，万物育焉”同理。道家亦常有此论。此儒道二家相通处也。《解蔽》篇曰：“故治之要，在于知道。人何以知道？曰：心。心何以知？曰：虚壹而静。”“虚壹而静，谓之大清明。万物莫形而不见，莫见而不伦，莫伦而失位。”“心者，形之君也，而神明之主也。出令而无所受令。自禁也，自使也；自夺也，自取也；自行也，自止也。故口可劫而使墨云，形可劫而使诎申，心不可劫而使易意。是之则受，非之则辞。故曰：心容，其择也无禁，必自见。其物也杂博，其情之至也不贰。类不可两也，故知者择一而壹焉。农夫精于田，而不可以为田师。贾精于市，而不可以为市师。工精于器，而不可以为器师。有人也，不能此三技，而可使治三官，曰：精于道者也。故君子壹于道而以赞稽物。”“故《道经》曰：人心之危，道心之微。危微之几，惟明君子而后能知之。故人心譬如槃水。正错而勿动，则湛浊在下，而清明在上，则足以见须眉而察理矣。微风过之，湛浊动乎下，清明乱于上，则不可得大形之正也。”此篇所言治心之法，理确甚精。宋儒之所发挥，举不外此也。然此为《荀子》书中极至之语。至其通常之论，则不贵去欲，但求可节，见《正名》篇。仍礼家之论也。

第三章　法家

法家之学，《汉志》云："出于理官。"此其理至易见。《汉志》所著录者，有《李子》三十二篇，《商君》二十九篇，《申子》六篇，《处子》九篇，《慎子》四十二篇，《韩子》五十五篇，《游棣子》一篇。今惟《韩子》具存。《商君书》有阙佚。《慎子》阙佚尤甚。《管子》书，《汉志》隶道家，然足考见法家言处甚多。大抵原本道德，《管子》最精；按切事情，《韩非》尤胜。《商君书》精义较少。欲考法家之学，当重《管》《韩》两书已。

法家为九流之一，然《史记》以老子与韩非同传，则法家与道家，关系极密也。名、法二字，古每连称，则法家与名家，关系亦极密也。盖古称兼该万事之原理曰道，道之见于一事一物者曰理，事物之为人所知者曰形，人之所以称之之辞曰名。以言论思想言之，名实相符则是，不相符则非。就事实言之，名实相应则治，不相应则乱，就世人之言论思想，察其名实是否相符，是为名家之学。持是术也，用诸政治，以综核名实，则为法家之学。此名、法二家所由相通也，世每称刑名之学。"刑"实当作"形"。观《尹文子·大道》篇可知。《尹文子》未必古书，观其词气，似南北朝人所为。然其人实深通名法之学。其书文辞不古。而其说则有所本也。法因名立，名出于形，形原于理，万事万物之成立，必不能与其成立之原理相背。理一于道，众小原则，统于一大原则。故名法之学，仍不能与道相背也。韩非有《解老》《喻老》二篇，最足见二家之相通。

《韩非子·杨榷》篇，中多四言韵语，盖法家相传诵习之辞。于道德名法一贯之理，发挥最为透切。今试摘释数语如下：《杨榷》篇曰："道者弘大而无形，德者核理而普至，至于群生，斟酌用之。"此所谓道，为大自然之名。万物之成，各得此大自然之一部分，则所谓德也。物之既成，必有其形。人之所以知物者，恃此形耳。形万殊也，则必各为之名。名因形立，则必与形合，而后其名不讹。故曰"名正物定，名倚物徒"也。名之立虽因形，然及其既立，则又别为一物；虽不知其形者，亦可以知其名。如未尝睹汽车者，亦可知汽车之名。然知其名而不知其形，即不知其名之实。则终不为真知。一切因名而误之事视此。人孰不知仁义之为贵，然往往执不仁之事为仁，不义之事为义者，即由其知仁义之名，而未知仁义之实也。故曰“不知其名，复修其形”也。名因形立，而既立之后，又与形为二物,则因其形固可以求其名,因其名亦可以责其形。如向所未见之物，执其名，亦可赴市求之。故曰:“君操其名，臣效其形。”吾操是名以责人，使效其形；人之效其形者，皆与吾所操之名相合，则名实相符而事治；否则名实不符而事乱矣。故曰“形名参同，上下和调”也。臣之所执者一事，则其所效者一形耳。而君则兼操众事之名，以责群臣之各效其形，是臣犹之万物，而君犹之兼该万物之大自然。兼该万物之大自然，岂得自同于一物？故曰“道不同于万物，德不同于阴阳，衡不同于轻重，绳不同于出入，和不同于燥湿，君不同于群臣”也。然则人君之所操者名,其所守者道也。故曰:“明君贵独道之容。”抑君之所守者道，而欲有所操，以责人使效其形，则非名固末由矣。故曰“用一之道，以名为首”也。万物各有所当效之形，犹之欲成一物者，必有其模范。法之本训，为规矩绳尺之类，见《管子·七法》篇:《礼记·少仪》:“工依于法。”《注》:“法，谓规矩绳尺之类也。”《周官》:掌次，“掌王次之法”。《注》:“法，大小丈尺。”实即模范之义。万物所当效之形,即法也。此道德名法之所以相通也。

法、术二字，混言之，则法可以该术;析言之，则二者各有义。《韩非子·定法》篇曰:“今申不害言术，而公孙鞅为法。术者，因任而授官，循名而责实；操杀生之柄，课群臣之能者也。此人主之所执者也。法者，宪令著于官府，刑罚必于民心；赏存乎慎法，而罚加乎奸令者也。此臣之所师也。”“韩者，晋之别国也。晋之故法未息,而韩之新法又生;先君之令未收,而后君之令又下。”“虽十使昭侯用术，而奸臣犹有所谲其辞矣。”“公孙鞅之治秦也”，“其国富而兵强。然而无术以知奸，则以其富强也资人臣而已矣。及孝公商君死，惠王即位，秦法未败也，而张仪以秦殉韩魏”。“惠王死，武王即位，甘茂以秦殉周;武王死，昭襄王即位,穰侯越韩魏而东攻齐，五年，而秦不益尺土之地，乃成其陶邑之封;应侯攻韩，八年，成其汝南之封。自是以来，诸用秦者，皆应穰之类也。故战胜则大臣尊，益地私封立。”论法术之别，最为明白。要而言之：则法者，所以治民；术者，所以治治民之人者也。

古代刑法，恒不公布。观《左氏》载子产作刑书，而叔向诤之；范宣子铸刑鼎，而孔子非之，可见反对刑法公布者，以为如是，则民知其所犯之轻重而不之畏，不如保存其权于上，可用不测之罚以威民也。殊不知刑法不公布，而决于用法者之心，则其刑必轻重不伦；即持法至平，民亦将以为不伦也，况其不能然乎？刑法轻重不伦，则其有罪而幸免者，有无罪而受罚者。有罪而幸免，将生其侥幸之心；无罪而受罚，民益将铤而走险；法之不为人所重，且弥甚矣。制法亦无一定程序。新法故法，孰为有效不可知。法律命令，盖亦纷然错出。读《汉书·刑法志》可知。此虽汉时情形，然必自古如此。而汉人沿袭其弊也。故其民无所措手足。此法家之所由生。又治人者与治于人者，其利害恒相反。后世等级较平，治人者退为治于人者，治于人者进为治人者较易。古代则行世官之法，二者之地位，较为一定而不移，故其利害之相反愈甚。春秋、战国之世，所以民穷无告；虽有愿治之主，亦多不能有为，皆此曹为之梗。此则术家言之所由生也。如韩非言，申、商之学，各有所长，非盖能并通之者邪？

法家精义，在于释情而任法。盖人之情，至变者也。喜时赏易滥，怒时罚易酷，论吏治者类能言之。人之性宽严不同，则尤为易见矣。设使任情为治，即令斟酌至当，终不免前后互殊；而事失其平，人伺其隙矣。法家之义，则全绝感情，一准诸法。法之所在，丝毫不容出入。看似不能曲当，实则合全局，通前后而观之，必能大剂于平也。礼家之言礼曰："衡诚悬，不可欺以轻重；绳墨诚陈，不可欺以曲直；规矩诚设，不可欺以方圆；君子审礼，不可诬以奸诈。"《礼记·经解》。此数语，法家之论法，亦恒用之。盖礼法之为用虽殊，其为事之准绳则一耳。

职是故，法家之用法，固不容失之轻，亦断不容畸于重。世每讥法家为武健严酷，此乃法家之流失，非其本意也。至司马谈诋法家"绝亲亲之恩"，《汉志》亦谓其"残害至亲，伤恩薄厚"，则并不免阶级之见矣。

自然力所以为人所畏服者，实以其为必至之符。人则任情为治，不免忽出忽入，黠者遂生尝试之念，愿者亦启侥幸之心，而法遂隳坏于无形矣。设使人治之必然，亦如自然律之无或差忒，则必无敢侥幸尝试者，国安得而不治？《韩非子·内储说上》曰："董阏於为赵上地守。行石邑山中，见深涧峭如墙，深百仞。因问其旁乡左右曰：人尝有入此者乎？对曰：无有。曰：婴儿盲聋狂悖之人，尝有入此者乎？对曰：无有。牛马犬彘，尝有入此者乎？对曰：无有。董阏於喟然太息曰：吾能治矣。使吾治之无赦，犹入涧之必死也，则人莫之敢犯也，何为不治？"此赏之所以贵信，罚之所以贵必也。不特此也。人有所求而无术以致之，固亦未尝不可以偶遇。然此乃或然或不然之数，不足恃也。学问之道无他，求为可必而已矣。《韩非子·显学》篇曰："恃自直之箭，百世无矢；恃自圜之木，千世无轮矣。自直之箭，自圜之木，百世无有一，然而世皆乘车射禽者何也？隐栝之道用也。虽有不恃隐栝自直之箭，自圜之木，良工弗贵也。何则？乘者非一人，射者非一发也。"可谓言之深切著明矣。故法家之重人治，与其信赏必罚，理实相通，皆出于法自然之说者也。

法家贵综核名实，故其所欲考察者，恒为实际之情形。执旧说而谬以为是，法家所不取也。职是故，法家恒主张变法。《韩非子》曰："古之毋变，常之毋易，在常古之可与不可。"《南面》。此即务察其实，而不眩于虚论之精神也。又曰："凡人难变古者，惮易民之安也。夫不变古者，袭乱之迹；适民心者，恣奸之行。民愚而不知乱，上懦而不能更，是治之失也。人主者，明能知治，严必行之，故虽拂于民心，立其治。"此则既明实际之情形，而断以行之者矣。商鞅吴起之徒，所以一出而收富国强兵之效者，以此。

术家之言，千条万绪，而一言以蔽之，不外乎"臣主异利"四字。盖社会之组织，非至极安和之境，则公私之利害，终不能无相反之处；而凡人之情，必皆先私而后公，此督责之所由不可废也。不特有特权之官吏为然也，即受治之人民亦然。故《韩子》又言"法为人民所同恶"。此法、术二家之所由相通也。臣主异利之义，《韩非子》中《八奸》《奸劫弑臣》《备内》诸篇，言之最切。法为臣民所同恶，见《和氏》篇。

职是故，法家之治民，乃主从大处落墨，而不主苟顺民情。《韩非子·心度》篇，谓"圣人之治民，度其本，不从其欲，期于民利"是也。今有孺子将入井，人见而止之，或不免婴孺子之怒。然谓孺子之入井，为有求死之心固不可。则止之若违其欲，实顺其欲也。人孰不欲利？然能得利者卒寡，不能得利者卒多，何哉？昧于利不利之故，不知利之所在也。故顺人之欲者，未必其为利之；反人之欲者，未必其非利之也。特欲或隐而难见，或显而易知。当其隐而未见之时，无从家喻户晓耳。故曰："凡民可与乐成，难与虑始。"此义主张太过，有时亦有流弊。盖不从民欲，当以民利为期。若径以人民为牺牲，则失其本意矣。韩非《备内》篇曰："王良爱马，为其可以驰驱；勾践爱人，乃欲用以战斗。"即坐此失。《商君书·弱民》篇主张尤偏。

凡为国家社会之害者，非把持则侥幸之徒。把持谓已得地位之人，侥幸则未得地位，而思篡取之之人也。法术家务申国家社会之公利，故于此曹，最为深恶痛绝。凡裁抑大臣之说，皆所以破把持；而力诋游士之言，则所以绝侥幸也。见《韩非子·五蠹》篇。

《韩非子·问辩》篇曰："或问曰：辩安生乎？对曰：生于上之不明也。明主之国。""令者，言最贵者也。法者，事最适者也。言无二贵，法不两适，故言行而不轨于法令者必禁。若其无法令而可以接诈应变，生利揣事者，上必采其言而责其实。言当则有大利，不当则有重罪。是以愚者畏罪而不敢言，智者无以讼。此所以无辩之故也。乱世则不然。主有令而民以文学非之；官府有法，民以私行矫之。人主顾渐其法令，而尊学者之智行，此世之所以多文学也。夫言行者，以功用为之的彀者也。""今听言观行，不以功用为之的彀，言虽至察，行虽至坚，则妄发之说也。是以乱世之听言也，以难知为察，以博文为辨；其观行也，以离群为贤，以犯上为抗。""是以儒服带剑者众，而耕战之士寡。坚白无厚之辞章，而宪令之法息。"此说也，即李斯之所以焚书。《管子·法禁》其说略同，可以参观。知斯之行此，乃法家固有之义，而非以媚始皇矣。人性原有善恶两面，法家则专见其恶，彼闻上令则各以学议之者，岂必以私计之便哉？亦或诚出于大公，冀以其所学，移易天下也，而自法家观之，则恒以为自便私图之士，遂不得不取此一切之法矣。然韩子但欲采其言责其实，则似尚未欲一概禁绝之，而斯又变本加厉耳。

言行以功用为彀的，推之至极，遂至列文学于五蠹，目《诗》《书》为六虱，此亦失之太过。然《韩子》又曰："糟糠不绝者，不务粱肉；短褐不完者，不待文绣。"则其意自欲以救时之弊，非谓平世亦当如此也。

人之情，恒不免先私而后公，此特凡民为然。豪桀之士，固不如此。此少数豪桀之士，则国之所恃以立，而亦人民之所托命也。韩子之意，当时上而贵臣，下而游士，无非国之蠹，民之贼者，惟法术之士为不然。其说见于《难言》《孤愤》《说难》《奸劫弑臣》《问田》诸篇。此或亦实在之情形也。贵族腐败不可救药。游士则多数但为身谋。

法家之言，皆为君主说法，设君主而不善，则如之何？万事一决于法，而持法者为君主，设君主而坏法，则如之何？近之持立宪论者，每以是为难。然此乃事实问题，不足以难法家也。何者？最高之权力，必有所归。所归者为君主，固可以不善；所归者为他机关，亦可以为不善。归诸一人，固不免坏法；归诸两机关以上，岂遂必不能坏法？今之议会，不与政府狼狈为奸乎？议会与政府，非遂无争，又多各为其私，非必为国与民也。故曰：此事实问题也。

法之本义为模范，乃有所作者之所当则。术之本义为道路，则有所之者之所必由。自法术家言之，其学殆不可须臾离也。执法之不免拘滞，法家岂不知之？然终斤斤于是者，则以其所失少所得多也。《韩非子》曰："释法术而心治，尧舜不能正一国。去规矩而意度，奚仲不能成一轮。"《用人》。谓此矣。即谓苟有尧舜，虽释法术而心治，亦可正国；苟有奚仲，虽去规矩而意度，亦可成轮；然"尧、舜、桀、纣，千世而一出；背法而待尧、舜，是千世而一治；抱法而待桀、纣，是千世而一乱也"。况乎释法术，尧、舜亦未必能治；即能治，亦事倍而功半耶？孟子曰："离娄之明，公输子之巧，不以规矩，不能成方圆。师旷之聪，不以六律，不能正五音。尧舜之道，不以仁政，不能平治天下。"其思想全与法家同。特又曰："徒善不足以为政，徒法不能以自行。"人与法并重，不如法家之侧重于法耳。然苟法严令具，则虽得中主，亦可蒙业而安，此亦儒家所承认也。则法家所谓抱法而待桀、纣，千世而一乱者，亦不背于儒也。

以上征引，十九皆出《韩非》。以今所存法家之精义，多在此书也。至《商君书》之所论，则"一民于农战"一语，足以尽之。《史记·商君列传》："太史公曰：余尝读商君开塞耕战书，与其人行事相类。"《索隐》曰："案《商君书》，开谓刑严峻则政化开，塞谓布恩惠则政化塞，其意本于严刑少恩。又为田开阡陌，及言斩敌首赐爵，是耕战书也。"释开塞义，与今书《开塞》篇不合。晁公武《郡斋读书志》，谓司马贞未尝见其书，安为之说。今案开塞耕战，盖总括全书之旨，非专指一两篇。《索隐》意亦如此，晁氏自误解也。然《索隐》释"开塞"亦误。《尉缭子·兵教下》篇曰："开塞，谓分地以限，各死其职而坚守。"此则"开塞"二字之古义也。《商君书》重农战，度必有及分地坚守之说者，今其书偏亡，而其说遂不可见耳。

《李子》，《汉志注》云："名悝，相魏文侯。"近人云："《食货志》言李悝为魏文侯作尽地力之教，与《史记·货殖传》言当魏文侯时，李克务尽地力正合，故知克、悝一人。"陈群《魏律序》言悝撰次诸国法，著《法经》六篇，商鞅受之以相秦。见《晋书·刑法志》。黄奭有辑本。《汉志》所著录之《李子》则亡矣。

慎到弃知去己，而缘不得已，已见第六章第六节。此为道家言。《吕览·慎势》《韩子·难势》皆引其言，则法家言也。《慎势》篇："慎子曰：今一兔走，百人逐之，非一兔足为百人分也，由未定。由同犹。由未定，尧且屈力，而况众人乎？积兔满市，行者不顾，非不欲兔也，分已定矣。分已定，人虽鄙不争。故治天下及国，在乎定分而已矣。”《吕览》引此，为“立天子不使诸侯疑焉，立诸侯不使大夫疑焉，立适子不使庶孽疑焉”之证。盖位之所存，势之所存，欲定于一，必先明分也。然则慎子势治之论，即是法家明分之义。《荀子》谓慎子“有见于后，无见于先”，《天论》。盖指其道家言言之；又谓慎子“蔽于法而不知贤”，《解蔽》。则指其法家言言之也。此亦可见道、法二家之相通也。今本《慎子》五篇，皆普通法家言。

第四章　名家

名家之书,《汉志》所著录者,有《邓析》二篇,《尹文子》一篇,《公孙龙子》十四篇,《成公生》五篇,《惠子》一篇,《黄公》四篇,《毛公》九篇。今惟《公孙龙子》,尚存残本,余则非亡即伪矣。

邓析之事,见于《吕览·离谓》。《离谓》篇曰:“子产治郑,邓析务难之。与民之有狱者约:大狱一衣,小狱襦裤。民之献衣襦裤而学讼者,不可胜数,以非为是,以是为非。是非无度,而可与不可日变。所欲胜因胜,所欲罪因罪。郑国大乱,民日欢哗。子产患之。于是投邓析而戮之。民心乃服,是非乃定,法律乃行。”《荀子·宥坐》《说苑·指武》《列子·力命》,亦谓邓析为子产所杀。据《左氏》,则昭公二十年子产卒,定公九年,驷颛乃杀邓析。二者未知孰是。要之邓析为郑执政者所杀,则似事实也。其书《隋志》一卷。今本仍一卷,二篇。辞指平近,不类先秦古书。盖南北朝人所伪为,故唐以来各书征引多同也。

尹文子,《汉志》云:“说齐宣王,先公孙龙。”《庄子·天下》,以宋钘、尹文并举。《吕览·正名》则以尹文所说者为齐湣王。曰:“齐王谓尹文曰:寡人甚好士。尹文曰:愿闻何谓士?王未有以应。尹文曰:今有人于此:事亲则孝,事君则忠,交友则信,居乡则悌。有此四行者,可谓士乎?齐王曰:此真所谓士已。尹文曰:王得若人,肯以为臣乎?王曰:所愿而不能得也。尹文曰:使若人于庙朝中,深见侮而不斗,王将以为臣乎?王曰:否。夫见侮而不斗,则是辱也,辱则寡人弗以为臣矣。尹文曰:虽见侮而不斗,未失其四行也。未失其四行,是未失其所以为士一矣。未失其所以为士一,而王不以为臣,则向之所谓士者乃士乎?王无以应。”“尹文曰:王之令曰:杀人者死,伤人者刑。民有畏王之令,深见侮而不敢斗者,是全王之令也。而王曰:见侮而不敢斗,是辱也,不以为臣,此无罪而王罚之也。齐王无以应。”高注曰:“尹文,齐人,作《名书》一篇。在公孙龙前,公孙龙称之。”则《汉志》所谓尹文说齐宣王者,即指《吕览》所载之事。一云宣王，一云湣王，古书此等处，大抵不能精审也。高氏说既与《汉志》合，则其所谓《名书》者，亦必即《汉志》所谓《尹文子》矣。今所传《尹文子》分二篇。言名法之理颇精，而文亦平近。疑亦南北朝人所为故《群书治要》已载之也。

公孙龙子说赵惠王偃兵，见《吕览·审应览》；说燕昭王偃兵，见《吕览·应言》；与孔穿辨论，见《吕览·淫辞》。其书存者六篇。篇数与《汉志》不符，其辞容有附益，然大体非后人所能为。《吕览》高注，谓尹文在公孙龙前，公孙龙称之。案尹文说齐王事，见《公孙龙子·迹府》篇，以为公孙龙难孔穿，则此篇或即高诱所见。亦此书非伪之一证也。盖《汉志》十四篇之残本也。毛公，《汉志》云："赵人，与公孙龙等并游平原君赵胜家。"师古曰："刘向云：论坚白同异，以为可以治天下。"此外无可考。

与公孙龙有关系者，又有魏公子牟。亦称中山公子牟。见《庄子·秋水》《让王》《吕览·审为》，略与《让王》同。《列子·仲尼》篇。又《庄子·天下》篇，以桓团、公孙龙并举。桓团行事无考。

惠施为名家巨子。《庄子·天下》篇，称"惠施多方，其书五车"。又曰："南方有锜人焉，曰黄缭。问天地所以不坠不陷，风雨雷霆之故。惠施不辞而应，不虑而对，遍为万物说。说而不休，多而无已。犹以为寡，益之以怪。"《徐无鬼》篇：惠施死，庄子曰："自夫子之死也，吾无与之言矣。"《说苑·说丛》篇同。《淮南子·修务训》亦曰："惠施死而庄子寝说言。"庄周学说，与惠施最相近，然而判为二派者，庄子以生有涯而知无涯，而惠施则多其辞说。故庄子讥之曰："由天地之道，观惠施之能，其犹一蚊一虻之劳。"而又惜其"散于万物而不厌，逐万物而不反，是穷响以声，形与影竞走也"。又"惠子事"亦见《庄子·秋水》《吕览》中《淫辞》《不屈》《应言》《爱类》诸篇。高注谓惠施宋人。

成公生，《汉志》云"与黄公等同时"。师古引刘向云："与李斯子由同时。由为三川守，成公生游谈不仕。"黄公，《汉志》曰："名疵，为秦博士。作歌诗，在秦歌诗。"

名、法二家，关系最密，说已见前。顾其学与墨家，关系有尤密者。《墨子》书中有《经》上、下，《经说》上、下，大、小《取》六篇，虽难尽通，要可知为论名学之作。《庄子·天下》篇，称桓团公孙龙辨者之徒；而晋鲁胜合《墨子》之《经》上、下，《经说》上、下四篇而为之注，称之曰《墨辨》，则今所谓名学，古谓之辨学也。《吕览》载尹文之说，极致谨于名实之间，而亦及见侮不斗。《荀子·正论》，述子宋子之说曰：“明见侮之不辱，使人不斗。”知庄子以宋钘、尹文并列，为不诬矣。《吕览·审应》载：“赵惠王谓公孙龙曰：寡人事偃兵十余年矣，而不成，兵不可偃乎？公孙龙对曰：偃兵之意，兼爱天下之心也。兼爱天下，不可以虚名为也，必有其实。今蔺、离石入秦，而王缟素布总；东攻齐得城，而王加膳置酒。齐得地而王布总，齐亡地而王加膳，所非兼爱之心也，此偃兵之所以不成也。”兼爱偃兵，墨家之旨；致谨名实，名家之学也。《荀子·正名》篇：“‘见侮不辱’‘圣人不爱己’‘杀盗非杀人也’，此惑于用名以乱名者也。‘山渊平’‘情欲寡’‘刍豢不加甘’‘大钟不加乐’，此惑于用实以乱名者也。‘非而谒楹有牛，马非马也’，此惑用于名以乱实者也。”亦皆兼名墨二家之说。《庄子·天下》篇云：“相里勤之弟子，五侯之徒，南方之墨者，苦获已齿、邓陵子之属，俱诵《墨经》，而倍儒不同，相谓别墨。以坚白同异之辨相訾，以觭偶不仵之辞相应。”其所诵，盖即今《墨子》中之《经》上、下篇。名家纵不必即出于墨，而名墨之学，关系极密，则无可疑矣。夫墨家重实利，而名家则骋玄妙之辞；墨家主兼爱，而法家则尚刻核之政；抑法家重综核，而名家则操两可之说，设无穷之辞。其学之相反如此也，而其关系之密如彼，岂不异哉？

虽然，此无足异也，《汉志》：法家者流，出于理官。名家者流，出于礼官。墨家者流，出于清庙之守。理之与礼，关系极密，无待于言；而清庙则礼之所由行也，礼者事之准；办事而无标准，必觉其无从办起。故曰：“名不正则言不顺，言不顺则事不成。”夫礼之初，则社会之习惯而已。所谓正名者，则谨守社会之习惯而已。然礼有沿亦有革，斯官有创亦有因。其因仍沿袭者，固可即固有之礼而谨守之，而不必问其何以当如此；其革故鼎新者，则必求其协诸义而协，而礼之原理，不容不讲矣。职是故，古之礼官及理官，其学遂分为二派：一极言名之当正，而务求所以正之之方，此为法家之学；一深探千差万别之名，求其如何而后可谓之正，是为名家之学。夫执法术以求正名之实行者，固应审我之所谓正者果正与否；而深探名之如何而后可称为正者，既得其说，亦必求所以实行之。此名、法二家，所以交相为用也。抑名以立别，而名家之说，反若天地万物，皆为一体，只见其同，不见其异。此则宇宙万物，本相反而相成，苟探求之至于极深，未有不觉其道通为一者也。名、法二者，盖亦同源而异流，而古代庶政统于明堂，则清庙实名、法二家所由出。故二家之学，亦有存于墨家者焉。参看下编第五章秦始皇谓吾收天下书不中用者尽去之，岂尚微妙之论。然黄公为秦博士，盖名法相通，黄公实以法家之学见用也。

《墨子》中《经》《经说》，大、小《取》六篇，所涉范围甚广。如曰："知，材也。此言能知之具。虑，求也。知，接也。此言吾知之接于物。恕，明也。"此言知物之明晰状态。此论人之知识问题者也。又曰："举，拟实也，此言人之观念。言，出举也。所以谓，名也。所谓，实也。名实耦，合也。或也者，不尽也。或，有也。有然者则不尽然。假也者，今不然也。谓假设之辞。效也者，为之法也。所效者，所以为之法也。辟同譬。者，援也同他。物而以明之也。侔也者，比辞而俱行也。援也者，曰：子然，我奚独不可以然也？推也者，以其所不取之。同者。同于其所取者予之也。是犹谓也同他。者同也，吾岂谓也同他。者异也。"皆论辨论之法者也。又曰："生，形与知处也。卧，知无知也。上知字为"知材也"之知，下知字为"知接也"之知。梦，卧而以为然也。平，知无欲恶也。闻，耳之聪也。循所闻而得其意，心之察也。言，口之利也。执所言而意得见，心之辨也。"说与今心理学相符。又曰："体，分于兼也。兼为全量，体为部分。端，体之无序而最在前者也。点。尺，前于区而后于端。尺为线，区为面。区，无所大；厚，有所大也。厚为体。平，同高也。中，同长也。圜，一中同长也。方，柱隅四杂也。"杂同匝。与今几何学暗合。又曰："仁，体爱也。体，即分于兼之体。义，利也。任，士损已而益所为也。"则仍与兼爱之说相应。参看下编第五章。此外关于科学论理者，尚有多条。近人于此，诂释较详，有专书可看。予所见者，有梁启超《墨经校释》，张之锐《新考正墨经注》，皆佳。胡适《中国哲学史大纲》上卷，亦以论《墨经》一章为最善。又《学衡杂志》载李笠定本《墨子间诂序》，未见其书。兹不更及。其邓析、惠施、桓团、公孙龙之学，散见诸子书中者，于下文略论之。

案《庄子·天下》篇，举惠施之说，凡十事：

（甲）至大无外，谓之大一；至小无内，谓之小一。此破俗大小之说也。大无止境，小亦无止境。俗所谓大所谓小者，皆强执一境而以为大以为小耳。问之曰：汝所谓大者，果不可更大？所谓小者，果不可更小乎？不能答也。可以更大，安得谓之大？可以更小，安得谓之小？故俗所谓大小，其名实不能立也。故惠子破之曰：必无外而后可以谓之大，必无内而后可以谓之小。夫无内无外，岂人心所能想象？然则大小之说，不能立也。

（乙）无厚不可积也，其大千里。此破有无之说也。天下惟一无所有者，乃将谓之无所不有。何也？既曰有矣，则必有与之对者。如尔与我对，此物与彼物对是也。我愈小，则与我为对之物愈多。然若小至于无，则无物能与我对。夫与我对者非我也，则不与我对者必我也。无物能与我对，则无物非我也。故惟无为最大。《淮南子》曰："秋豪之末，沦于无间，而复归于大矣。"正是此理。无厚之厚，即《墨子》厚有所大也之厚，几何学所谓体也。其大千里，乃极言其大，即最大之意。不可泥字面看。

（丙）天与地卑，山与泽平。《荀子·不苟》篇作："天地比，山渊平。"卑即比也。此条盖破高下相对之见。古天官家谓自地以上皆天也。

（丁）日方中方睨，物方生方死。此说亦见《庄子·齐物论》。破执著一事，以为与他事有截然分界之见也。今有人焉而死，世俗之论，必以其死之一刹那为死，而自此以前，则皆为生。姑无论所谓一刹那者不可得也。即强定之，而凡事必有其原因。人之死，非死于其死之时也，其前此致死之因，岂得与死判为两事？因果既不容判，而因又有其因焉，因之因又有其因焉，则孰能定其死于何时？以人之生死论，只可谓有生以后，皆趋向死路之年耳；只可谓方生之时，即趋向死路之时耳。他皆放此。此理与儒家日中则昃，月盈则食之说相通。天体运行不已，原无所谓中，亦无所谓昃。然就人之观察，强立一点而谓之中，则固可指自此以前之运行，为自昃向中；自此以后之运行，为自中向昃也。故其下文即曰："天地盈虚，与时消息。"盈虚消息，万物之本然。所谓盛衰倚伏者，则就人之观察，而强立一点焉，指之曰：此为盛，此为衰耳。

（戊）大同而与小同异，此之谓小同异。万物毕同毕异，此之谓大同异。此破同异之说也。天下无绝对相同之物，无论如何相类，其所占之时间空间决不同，便为相异之一点，此万物毕异之说也。天下无绝对相异之物。无论如何相异，总可籀得其中之同点。如牛与马同为兽，兽与人同为动物，动物与植物同为生物是也。此万物毕同之说也。

（己）南方无穷而有穷。古天官家不知有南极，故于四方独以南为无穷。孙诒让说。见《墨子间诂·经说下》。案此盖天之说也，盖天之说，以北极为中心，四面皆为南方。夫地不能无厚，既有厚，则向反面进，势必复归于正面，是南方无穷之说，不可通也。地既可以周游，则随处皆可为中点。故曰："我知天下之中央，燕之北，越之南是也。”见下第九条。或谓合此两条观之，似古人已知地体浑圆。此殊不然。凡有厚之物，向反面进，皆可复归于正面，初不问其圆不圆也。

（庚）今日适越而昔来。此破时间分析之见也。夫时无界也，今云昔云，乃至一时一分一秒，皆人之所假立也。果不离因，二者本为一事。自人有时间观念，乃即一事强分为若干节，而别而指之曰：此为因，此为果焉。实不通之论也。何也？自适越以至于至，原为一事，人必强分为两事，不过自适迄至，为时较长，得容分析耳。今有一事，时间甚短，不复容人之分析，则即视为一事矣。然则此或分为两，或合为一者，乃人之观念则然，而非事物之本体然也。今人之分析时间，盖极于秒。同在一秒中之事，即不复计较其先后矣。今命初一为 a，初二为 b。初一自北平行，初二至南京，命之曰 a 适南京而 a 至，固不可也。又命一时为 a，二时为 b。一时自黄浦江边行，二时而抵上海县城，命之曰 a 适上海而 a 至，亦不可也。然一秒之时，既不再加以分析，则将通名之曰 a。今适至近之地，以此一秒钟发，亦以此一秒钟至，则以吾侪之语言道之，将曰 a 适某地而 a 至矣。假有时间分析，较吾侪更细者，彼视此一语之可笑，与吾侪视 a 适南京而 a 至，a 适上海而 a 至之语，无以异也。设有时间分别，较吾侪更粗者，其视今日适南京而明日至，一时适上海而二时至，其无庸分别其适与至，亦与吾侪视适与至皆在一秒钟内者，无以异也。则初一适南京而初二至，一时适上海而二时至，自彼言之，虽曰 a 适南京而 a 至，a 适上海而 a 至，亦无不可矣。此今日适越而昔来之说也。又此条以理事无碍之说解之亦可通。参看下卵有毛一条。

（辛）连环可解也。此条可有二解：一即系铃解铃之说。连环若本一物，无待于解；若本两物，则如何连，即如何解耳；此一说也。又宇宙本系一体，凡宇宙间事，实系一事，而世必强分之为若干事，实不通之论也。然世无不以为通者。如此武断之论，而可以成立，连环又何不可解乎？

（壬）我知天下之中央。燕之北，越之南是也。说见前。

（癸）泛爱万物，天地一体也。此条为惠施宗旨所在。前此九条，皆所以说明此条者也。盖由前此九条所说，可见物无彼此之分，时无古今之别，通宇宙一体耳。古人用天地字，往往作宇宙字解。既通宇宙皆一体，则我即万物，万物即我，其泛爱万物宜矣。

以上为庄子述惠施之说。又《荀子·不苟》篇，述惠施、邓析之说，凡五事：

（子）山渊平，天地比。说已见前。

（丑）齐、秦袭。袭，重也。齐、秦袭，犹言齐、秦只在一处。似即庄子东西相反而不可相无之理。

（寅）入乎耳，出乎口。疑当作入乎口，出乎耳。即臧三耳之旨。言人之听不恃耳，别有所以为听；言不恃口，别有所以为言也。夫听不恃耳，而别有所以为听；言不恃口，而别有所以为言；则虽谓入乎口，出乎耳，亦无不可矣。名家之言，多与常识相反，所以矫常识之谬也。入乎耳，出乎口，人人知之，何待言邪？

（卯）钩有须。俞樾曰“钩疑姁之假”是也。姁，妪也。此即万物毕同毕异之说。言世所视为绝对相异者，其中仍有同点在也。夫人之异莫如男女；男女之异，莫显乎有须无须。然世岂有绝对之男女乎？男子之有女性，女子之有男性者，盖不少也。女子而有男性，则虽谓姁有须可也。

（辰）卵有毛。见下。

又《庄子·天下》篇述桓团、公孙龙辩者之徒与惠施相应之说。

（1）卵有毛。此理与华严之理事无碍观门通，亦即今日适越而昔来之理。盖凡事果不离因，而因复有因，则无论何事，皆不能指其所自始；皆自无始以来，即如此耳。今若执卵无毛者，试问此卵，如法孵之，能有毛否？若曰无毛，实验足以证其非。若曰有毛，今实无毛，汝何以能预知。观卵而决其能有毛，谓卵无毛可乎？卵之无毛，未有是事，实有是理。事不违理，有是理，即谓有是事可也。是卵有毛也。

（2）鸡三足。此即臧二耳之说也。盖谓官体之所为，非徒官体，其外别有使之者。《墨经》云：“闻，耳之聪也。循所闻而意得见，心之察也。”即此理。设无心之察，则耳之所闻，惟一一音耳。听素所不解之语言即如此。然则闻者不徒耳，行者不徒足，足与耳之外，尚别有一物在也。推是理也，即一事而指其所能见者，以为其事遂尽于此，则谬矣。如敌国来侵，岂其一一兵卒之为之邪？

（3）郢有天下。此似一多相容之理。万物毕同毕异，则任举一物，而万物之理，皆涵于其中，故芥子可以纳须弥也。闽粤械斗之族，岂能为民国三年欧洲之大战？然此械斗之性质，谓即欧战之心理，无不可也。不忍一牛之心，扩而充之，可以保四海，即由于此。

（4）犬可以为羊。此即万物毕同毕异之理。犬未尝无羊性，其所以与羊异者：（一）由其生理之不同；（二）由一切环境，有以发达其异于羊之性，而遏抑其同于羊之性也。若有一法焉，专发达其类乎羊之性。而除去其异乎羊之性，则固可使之为羊。男子奄割，则显女性；少成若性，习惯自然；皆是此理。

（5）马有卵。似即妸有须之意。上条言物之后天性质，可以彼此互易。此条言其先天亦无绝对之异也。

（6）丁子有尾。丁子，未详。

（7）火不热。此条谓物之性质，起于人之感觉。同一火也，灼恒人之肤而以为痛，炙病者之肌而感其快，火岂有冷热邪？饮者一斗亦醉，一石亦醉，酒之性质，果能醉人乎？《墨子・经说》曰："谓火热也，非以火之热。"即此理。

（8）山出口。未详。疑谓山亦可以为谷也。

（9）轮不辗地。此条之意，与今日适越而昔至相反。彼明一事而世人妄析之，此明多事而世人妄合之也。天下事不分析则已，既分析，则皆可至于无穷，谬视之为一事，无当也。如德人侵法，世每以为德意志之国家为之，视为一事。然无作战之人人，岂复有侵法之事。轮之著地，实止一点。点点相续，与非全轮之碾地者何异？世乃只见轮而不复审其著地时之实状，何邪？

（10）目不见。此条与火不热相反。彼言客观之性质，皆主观所赋。此言主观之感觉，待客观而成也。

（11）指不至，至不绝。《列子》作"有指不至，有物不尽"。又载公子牟之言曰："无指则皆至，尽物者常有。"《公孙龙子》曰："物莫非指，而指非指。天下无指，物无可以谓物。天下而物，可谓指乎？指也者，天下之所无也。物也者，天下之所有也。"案指者，方向之谓。《淮南・氾论训》："此见隅曲之一指，而不知八极之广大。"是其义也。《荀子・王霸》篇："明一指。"《管子・枢言》篇："强之强之，万物之指也。"皆此义。《庄子・齐物论》："指穷于为。薪，火传也，不知其烬也。"指字当绝。为，讹也，化也，言方向迷于变化也。方向因实物而见；非先有空间，乃将实物填塞其中。故曰："物莫非指，而指非指；指也者，天下之所无；物也者，天下之所有也。"指因物而见。天下之物无穷，则指亦无穷。故曰："指不至，至不绝。"若欲穷物以穷指，则既云有物，即必有他物与之对待者。故曰"有物不尽"也。

（12）龟长于蛇。物之长短，不当以两物互相比较，而当各以其物之标准定之。

长不满七尺，而衣七尺之衣，已觉其长。九尺四寸以长，而衣八尺之衣，已觉其短矣。此龟长于蛇之说也。此即齐物之指。

（13）矩不方，规不可以为圆。此即“迹者履之所自出，而迹岂履也哉”之意。凡一定之械器，恒能成一定之物，世遂以此械器为能成此物，其实不然也。一物之成，必有其种种条件，械器特此诸条件之一耳。能治天下者必有法，执其法，遂谓足以治天下，其失同此。

（14）凿不围枘。此破有间无间之说也。《墨经》曰：“有间，中也。”“间，不及旁也”，间之界说如此。然自理论言之则可，物之果有间无间，则非感觉所能察也。而世之人每凭其感觉，以定物之有间或无间。吾见两物相密接，则以为无间；见两物不相密接，则以为有间焉，其实不然也。即如枘之入凿，犹今以瓶塞入瓶口。世皆以为无间者也，此凿围枘之说也。然使果无间隙，枘岂得入？可见世俗所谓有间无间者谬也。此凿不围枘之说也。

（15）飞鸟之影，未尝动也。《列子》作“景不移”。公子牟曰：“影不移者，说在改也。”注引《墨子》曰：“影不移，说在改为也。”今本《墨经》作“影不徙，说在改为”。为字无义，疑当如《列子》作“说在改”。《经说》曰：“光至景亡。”言后光既至，前影旋亡。目视飞鸟之影，一似其自成一物，随鸟之飞而移者，其实鸟移至第二步，则其第一步之影已亡，所见者为后光所生之新影矣。此以影戏为喻，最为易晓。人看影戏，一似其人为一人物为一物者，实乃无数影片所续成也。

（16）镞矢之疾，而有不行不止之时。此条与前条，皆所以破动静之见也。飞鸟之影，未尝动也，而世皆以为动，既喻之矣。然世必曰：飞鸟之影未尝动，飞鸟固动也，则请更以镞矢喻。夫镞矢之行，疾矣，此世所以为动者也。及其止也，则世所以为静者也。今乃曰：有不行不止之时，何哉？今假矢行千尺，为时一秒。则每行一尺，须一秒之千分之一。不及一秒千分一之时，矢可谓之行乎？人谓矢行而不止，只是不能觉其止耳。今假有物，其生命之长，尚不及一秒之千分之一，则彼惟见此矢之止，视此矢为静物也。同理，矢委地而不动，人则见为止；然更历千万年，安知其不移尺寸乎？今假有物，以万期为须臾，则其视此矢，岂不常见其动哉？

（17）狗非犬。犬未成豪曰狗。是狗者，犬之小者也。谓狗非犬，是谓少壮之我，非老大之我，可乎哉？然以新陈代谢之理言之，少壮之我，至老大已一切不存，安得同谓之我？若其一切皆异，而仍得同谓之我，则世所指为他者，亦不过与我一切皆异耳，何以又谓之他乎？

（18）黄马骊牛三。黄马一，骊牛一，是二也，安得谓之三？虽然，名因形立，而既立则与形为二。黄马骊牛之观念，与黄马骊牛，实非一物也。故曰三也。

（19）白狗黑。物无色也。色者，人目所见之名耳。假物有色，则其色应恒常不变。然在光线不同之地，同物之色，即觉不同，则物岂有本色哉？然则白狗之云，乃我在某种光线之下视之之色也；易一境而观之，安知非黑？《墨经》曰："物之所以然，与所以知之，与所以使人知之，不必同。"即此理。"物之所以然"，狗之真相也，无人能见。"所以知之"，我所见狗之色也。"所以使人知之"，人所见狗之色也。我所见狗之色，与人所见狗之色，人恒以为相同，其实不然。何则？我与人不能同占一空间。又我告人，使视此犬，人闻我言，因而视之，其中时间，亦复不同。时异地异，其所见狗，必不同色也。夫我谓之白，人亦谓之白；我谓之黑，人亦谓之黑，此世人所以以其所见为大可恃也。今则证明：我之所见，与人之所见，实不同物矣。所见实不同物，而可同谓之白，同谓之黑，则谓黑为白，又何不可？

（20）孤驹未尝有母。《列子》作"孤犊未尝有母"。公子牟曰："孤犊未尝有母，非孤犊也。"此言人之知识不可恃之理。盖人之所知，止于现在。世每自用，以为能知过去。如孤犊今虽无母，然可推知其必尝有母，此世人自以为能知既往之最确者也。然谓万物必有父母，则最初之物，父母为谁？可知万物必有父母之云，亦吾侪有涯之知，见以为确，其实未必然也。《墨经》曰："或，同惑。过名也。"说曰："知是之非此，有同又。知是之不在此也。而以已为然。始也谓此南方，故今也谓此南方。"即此条之理。

（21）一尺之棰，日取其半，万世不竭。此言计算之单位，为人所强立也。一尺之棰，今日取其五寸，明日又取其二寸半，孰能言分至某日，则无可再分乎？既不能言，则虽取之万世，安有竭时？

《列子·仲尼》篇载公孙龙之说，又有三条，如下：

（A）有意不心。公子牟曰："无意则心同。"盖谓人之所谓心者，实合种种外缘而成，非心之本体也。今有甲焉，病而畏寒，见火而喜。又有乙焉，病而畏热，见火而怒。甲之喜火，以其病寒。乙之恶火，以其病热。假甲病热，见火亦恶，使乙病寒，见火亦喜。然则追凉炀灶，皆非本心。凡百外缘，悉同此理。外缘去尽，本心则同。

（B）发引千钧。此说见《墨经》。《经》曰："均之绝不，说在所均。"《说》曰："均，发均。悬轻重而发绝，不均也。均，其绝也莫绝。"《列子·汤问》篇，亦载此说。此可以物理学释之。

（C）白马非马。此说见《公孙龙子》。其说曰："马者，所以命形也。白者，所以命色也。命色者，非命形也，故白马非马。"又《坚白论》曰："视不得其所坚，而得其所白；拊不得其所白，而得其所坚。"盖谓官体之感觉，本各独立，一种观念之成，皆以思想统一之而后然也。

名家之言，可考见者，大略如此。其传书，《汉志》诸子十家中，为数即最少，盖治其学者本少也。二千年以来，莫或措意，而皆诋为诡辩。其实细绎其旨，皆哲学通常之理，初无所谓诡辩也。然其受他家之诋斥则颇甚。《庄子》谓惠施"以反人为实，而欲以胜人为名"。桓团、公孙龙辩者之徒，"能胜人之口，而不能服人之心"。史谈谓其"专决于名而失人情"。一言蔽之，则斥其与常识相违而已。孔穿之距公孙龙曰："谓臧三耳甚难，而实非也。谓臧两耳甚易，而实是也。不知君将从易而是者乎？将从难而非者乎？"此恒人排斥名家之见也。

第五章　墨家

当春秋之季，有一蒿目时艰，专以救世为志者，是为墨子。墨家者流，《汉志》云："盖出于清庙之守。茅屋采椽，是以贵俭；养三老五更，是以兼爱；选士大射，是以尚贤；宗祀严父，是以右鬼；顺四时而行，是以非命；以孝视天下，是以尚同。"胡适之作《九流不出王官论》，于此数语，攻击最烈。此胡君未解《汉志》之说也。《淮南·要略》云："墨子学儒者之业，受孔子之术，以为其礼烦扰而不说，厚葬靡财而贫民，服伤生而害事，服上当夺"久"字。故背周道而用夏政。"此说最精。清庙即明堂，见蔡邕《明堂月令论》。周之明堂，即唐虞之五府，夏之世室，殷之重屋，乃祀五帝之所，为神教之府。《史记·五帝本纪》索隐引《尚书·帝命验》。古代制度简陋，更无宗庙、朝廷、学校、官府之别。一切政令，悉出其中。读惠氏栋《明堂大道录》可见。古人制礼，于邃初简陋之制，恒留诒之以示后人。《记》曰："礼也者，反古复始，不忘其初者也。醴酒之美，玄酒之尚，割刀之用，鸾刀之贵，莞簟之安，藁鞂之设。"《礼记·礼器》。汉武帝时，公玉带上《明堂图》，中有一殿，四面无壁，以茅盖，《史记·封禅书》。即此所谓茅屋采椽。明堂建筑，至后来已极壮丽，见《大戴礼记·明堂》篇。而犹存此简陋之制，正是不忘其初之意。不忘其初，则所以示俭也。养老之礼，后世行诸学校。古辟雍清庙合一，故亦行诸清庙之中。选士本以助祭，见《礼记·射义》。其行诸清庙，更为义所当然。顺四时而行，则《礼记·月令》《吕览·十二纪》《淮南·时则训》所述之制。农牧之世，人之生活，全赖天时。其时知识浅陋，以为日月之运行，寒暑之迭代，以及风雨霜露等，咸有神焉以司之，故其崇奉天神极笃。久之，遂谓人世一切，皆当听命于天。《月令》等篇，条举某时当行某政，非其时则不可行。苟能遵守其说，则政无不举，而亦无非时兴作之事，如农时兴土功之类。国事自可大治。《论语》：颜渊问为邦，孔子首告以行夏之时，精意实在于此，非但争以建寅之月为岁首也。此诚便民要义，而古人之信守，则亦由于寅畏上天。观《月令》等所载，行令有误，则天降之异以示罚，其意可知。此等天神，皆有好恶喜怒，一与人同。若如其他诸子之说；所谓命者，于己于人，皆属前定；更无天神降鉴，以行其赏善罚恶之权，则明堂月令之说，为不可通矣。此墨子所以非之也。《礼运》："子曰：我欲观夏道，是故之杞，而不足征也，吾得《夏时》焉。"所谓《夏时》者，郑注以《夏小正》之属当之，而亦不能质言。窃意《月令》等书所述，正其遗制也。严父配天，事始于禹。见《礼记·祭法》。鬼者人鬼，故曰右鬼。古诸侯多天子之支庶；虔奉大君，不啻只事宗子；而敬宗之义，原于尊祖，故曰"以孝示天下，是以尚同"也。《吕览·当染》篇曰："鲁惠公使宰让请郊庙之礼于天子。天子使史角往。惠公止之。其后在鲁，墨子学焉。"此墨学出于清庙之守之诚证。《汉志》墨家，首列《尹佚》二篇。尹佚即史佚。王居明堂之礼，前巫后史。《礼礼·礼运》。故清庙之礼，惟史氏为能识之。墨学之出于史角，与墨家之首列尹佚，二事正可互证也，《庄子·天下》篇言墨子称道禹，"使后世之墨者，多用裘褐为衣，以跻跻为服，日夜不休，以自苦为极。曰：不能如此，非禹之道也，不足为墨"。今《公孟》篇载墨子之辞曰："子法周而未法夏也。"此为庄子之言之诚证。《论语》："子曰：禹，吾无间然矣。菲饮食，而致孝乎鬼神。恶衣服，而致美乎黻冕。卑宫室，而尽力乎沟洫。"致孝鬼神，致美黻冕，乃《汉志》宗祀严父之说；卑宫室，则茅屋采椽之谓也。《节葬》篇载墨子所制葬法与禹同，又《淮南》用夏政之注脚。此类尚多，孙星衍《墨子注后序》，可以参看。知《汉志》及《淮南》之言皆确不可易矣。

又《墨子·非乐》篇云："启乃淫溢康乐，野于饮食。将将铭苋磬以力。湛浊于酒，渝食于野，万舞翼翼。章闻于天，天用弗式。"其辞不尽可解。然谓夏之亡，由启之荒于乐，则大略可见。《离骚》："启九辩与九歌兮，夏康娱以自纵。不顾难以图后兮，五子用失乎家巷。"说正相合。后羿篡夏，《史记》不言其由。伪《古文尚书》谓由太康好畋，乃移羿之恶德，以植诸夏，殊不足信。观《墨子》《楚辞》，则知夏祚中绝，实由嬉音沉湎。盖后世遂悬为鉴戒，墨子之非乐，亦有由来矣。

墨出于儒，亦有左证。《墨子》书中，与儒家相诘难者，为《非儒》《公孟》两篇。《耕柱》亦间见其说。而《修身》《亲士》《所染》三篇，实为儒家言。《修身》《亲士》，与《大戴礼记·曾子立事》相表里。《所染》与《吕览·当染》略同。因有疑其非《墨子》书者。案墨子之非儒，仅以与其宗旨不同者为限。《非儒》

上篇已亡。合下篇及《耕柱》《公孟》观之。其所非者为儒家之丧服及丧礼，以其违节葬之旨也。非其娶妻亲迎，以其尊妻侔于父，违尚同之义也。非其执有命，以申非命之说也。非其贪饮食，惰作务，以明贵俭之义也。非其循而不作，以与背周用夏之旨不合也。非其胜不逐奔，揜函弗射，以其异于非攻之论也。非其徒古其服及言；非其君子若钟，击之则鸣，弗击不鸣，以其无强聒不舍之风，背于贵义之旨也。此外诋訾孔子之词，多涉诬妄，则古书皆轻事重言，不容泥其事迹立论。又墨之非儒，谓其学累世莫殚，穷年莫究。然《贵义》篇谓："子墨子南游使卫，载书甚多。弦唐子见而怪之，曰：夫子教公尚过曰：揣曲直而已。今夫子载书甚多，何也？子墨子曰：翟闻之：同归之物，信有误者，是以书多也。今若过之心者，数逆于精微；同归之物，既已知其要矣，是以不教以书也。"然则墨子之非读书，亦非夫读之而不知其要；又谓已知其要者，不必更读耳。非谓凡人皆不当读书也。其三表之法，上本之古圣王，实与儒家之则古昔称先王相近，而其书引《诗》《书》之辞亦特多。《淮南·主术》云："孔墨皆修先圣之术，通六艺之论。"说盖不诬。《修身》《亲士》《所染》三篇，固不得谓非墨子书矣。

墨子宗旨，全书一贯。兼爱为其根本。《天志》《明鬼》，所以歆惧世人，使之兼相爱，交相利也。不利于民者，莫如兵争及奢侈，故言《兼爱》，必讲《非攻》《守御》之术，正所以戢攻伐之心。而《节用》《节葬》及《非乐》，则皆所以戒侈也。《非命》所以伸《天志》，说已具前。《尚同》者，封建之世，礼乐征伐，自天子出，则诸侯咸有所忌，而生民可以小康。自诸侯出，已不免连搂相伐。自大夫出，陪臣执国命，则不可一日居矣。故墨家之尚同，正犹儒家之尊君，皆当时维持秩序，不得不然之势。或訾其邻于专制，则彼固主选天下之贤可者而立之矣。故《尚贤》之说，与《尚同》相表里，而《尚同》以天为极，则又与《天志》相贯通也。惟《经》《经说》，大、小《取》六篇，多言名学及自然科学。在当日，实为高深学术，距应用颇远，与墨子救世之旨不符。盖古清庙明堂合一，明堂为神教之府。教中尊宿，衣食饶足；又不亲政事，专务遐思，遂有此高深玄远之学。史角明乎郊庙之礼，盖曾习闻其说而世守之。而其后人又以授墨子。此虽非救世所急，然既与闻其说，亦即传习其辞。正如墨子非儒，而《修身》《亲士》《所染》等儒家言，未尝不存其书中也。然则辩学由墨子而传，而其学实非墨子所重。今之治诸子学者，顾以此称颂墨子，则非墨子之志矣。诸篇虽讲论理，仍有发明兼爱之辞。见上章。孔子言夏人尚忠，《墨经》实其一证。而墨子之用夏道，更不足疑矣。

欲知墨子之说，必先明于当日社会情形，不能执后人之见，以议古人也。古者风气敦朴；君民之侈俭，相去初不甚远。而公产之制，崩溃未尽，生产消费，尤必合全社会而通筹。《王制》：冢宰制国用，必以三十年之通。虽天子，亦必凶旱水溢，民无菜色，然后可日举以乐。此可见墨子之非乐不足怪。《曲礼》曰："岁凶，年谷不登，君膳不祭肺，马不食谷，驰道不除，祭祀不县，大夫不食粱，士饮酒不乐。"凶岁如此，况于民之饥，不由于岁，而由于在上者之横征暴敛，役其力而夺其时乎？"朱门酒肉臭，路有冻死骨"，后世之人，习焉则不以为异，墨子之时，人心不如是也。古者地广人稀，百里七十里五十里之国，星罗棋布于大陆之上，其间空地盖甚多，故其兵争不烈。疆场之役，一彼一此，不过如今村邑之交哄。倾国远斗，如楚阳桥，吴艾陵之役者，已为罕闻；长平之坑，西陵之焚，不必论矣。席卷六合，罢侯置守，非墨子时所能梦想。欲求少澹干戈之祸，惟望率土地而食人肉者，稍念正义而惜民命而已。此如今之唱限制军备，立非战公约者，孰不知其非彻底之论？然舍此，旦夕可行者，更有何法？岂得诋唱此等议者，为皆迂腐之谈乎？故执后世之事，或究极之理，以议墨子者，皆不中情实者也。

墨家上说下教，所接者，非荒淫之贵族，即颛蒙之氓庶。非如邹鲁学士之谈，稷下儒生之论，可以抗怀高义也。故其持义，恒较他家为低，先秦诸家，言天言鬼神，皆近泛神论、无神论；墨子所谓天，所谓鬼，则皆有喜怒欲恶如人，几于愚夫愚妇所奉，无论矣。兼爱之义，儒家非不之知。孔子曰："道二，仁与不仁而已矣。"《孟子·离娄上》。又言大同之世，"人不独亲其亲，不独子其子"。此与《墨子》所谓"周爱人然后为爱人"《小取》。者何异？孟子曰："杀人之父者，人亦杀其父；杀人之兄者，人亦杀其兄；然则非自杀之也，一间耳。"亦与《兼爱下》篇："吾不识孝子之为亲度者，亦欲人爱利其亲与？意欲人之恶贼其亲与？以说观之，即欲人之爱利其亲也。然则吾恶先从事即得此？"同义。然爱之道虽无差别，而其行之则不能无差等。故曰："仁者人也，亲亲为大。义者宜也，尊贤为大。亲亲之杀，尊贤之等，礼所生也。"《中庸》。若其毫无等差，试问从何行起。又孟子曰："春秋无义战，彼善于此，则有之矣。"义兵二字，盖儒家论兵宗旨。《吕览》中《孟秋》《仲秋》《季秋》三纪，皆论用兵。开宗明义即曰："古圣王有义兵而无偃兵。”其下文又曰：“兵苟义，攻伐亦可，救守亦可。兵不义，攻伐不可，救守不可。”盖儒家驳墨家之说也。夫兵不论其义不义，而但论其为攻为守，此本最粗浅之说。果以是为是非之准，彼狡者，何难阴致人之攻，既居守义之名，又有得利之实邪？且世之治，不治于其治之日，而必有其由始。世之乱，亦不乱于其乱之日，而必有其所由兆。战争者，人类平时积种种之罪恶，而一旦破裂焉者也。其事固甚惨酷，然不务去战争之原，而特求弭战争之事，不可得也。即能弭之，其为祸为福，亦正未易言。何则？既已造种种恶孽矣，不摧陷廓清之，终不可以望治；欲摧陷而廓清之，则兵终不能去也。《吕览》曰：兵“若水火然，善用之则为福，不善用之则为祸。若用药者然，得良药则活人，得恶药则杀人。义兵之为天下良药也亦大矣”。又曰：“当今之世，浊甚矣；黔首之苦，不可以加矣。天子既绝，贤者废伏；世主恣行，与民相离。黔首无所告愬。凡为天下之民长也，虑莫如长有道而息无道，赏有义而罚不义。今之学者，多非乎攻伐，而取救守，则长有道而息无道，赏有义而罚不义之术不行矣。”其说实较墨子为圆足也。然墨子非不知此也。墨者夷之以为“爱无差等，施由亲始”。《孟子·滕文公上》。此与儒家“亲亲而仁民，仁民而爱物”之说何异？《非攻下》篇，或以禹征有苗，汤伐桀，武王伐纣难墨子。墨子以“彼非所谓攻谓诛”答之。夫攻之与诛，所异者则义不义耳。墨子又曰：“今若有能信效先利天下诸侯者：孙氏曰：“效读为交。”人劳我逸，则我甲兵强。宽以惠，缓易急，民不移，易攻伐以治我国，攻必倍。量我师举之费，以争诸侯之毙，则必可得而序利焉。督以正，义其名，必务宽吾众，信吾师，以此授诸侯之师，则天下无敌也。”则并以非攻为胜敌之策矣。然则墨子之论，特取救一时之弊，并非究极之谈。语其根本思想，与儒家实不相远。此亦墨出于儒之一证也。

儒家言兵，恒推其原于心。墨子则但就物质立论。其非攻之说，即较计于利不利之间。谓计其所得，反不如所丧之多。宋牼欲说罢秦、楚之兵，而曰“我将言其不利”，亦是物也。《孟子·告子下》。兵争之事，看似出于权利争夺之欲，实亦由于权力执著之私。试观讼者，往往倾千金之产，以争锱铢之物可知。古代之用兵，不如后世之审慎；国事又多决于少数人；其易动于一时之意气，尤不待言也。《史记·律书》曰：“自含血戴角之兽，见犯则校，而况于人怀好恶喜怒之气？喜则爱心生，怒则毒螫加，情性之理也。”此数语亦见《淮南·兵略训》。淮南此篇，亦儒家言也。《吕览》曰：“兵之所自来者远矣。未尝少选不用；

贵贱长少贤者不肖相与同，有巨有微而已矣。察兵之微，在心而未发，兵也；疾视，兵也；作色，兵也；傲言，兵也；援推，兵也；连反，兵也；侈斗，兵也；三军攻战，兵也。此八者皆兵也，微巨之争也。今世之以偃兵疾说者，终身用兵而不自知悖。”其说精矣。儒家之化民，重礼尤重乐，盖由此也。然兵争之事，固由一二人发踪指示，亦必多数人踊跃乐从。发踪指示之人，庸或激于意气；踊跃乐从之士，则必利其俘获之心为多。又况发踪指示者，究亦多动于争城争地之欲也？故以救世而论，则墨子之言，尤切于事情也。

尚俭之说，诸家之攻击墨子者，尤多不中理。非诸家之言之无理，乃皆昧于墨子之意也。《庄子·天下》篇论墨子曰：“其生也勤，其死也薄。其道大觳。使人忧，使人悲。其行难为也……反天下之心，天下不堪。墨子虽能独任，奈天下何？”夫墨子非谓民皆丰衣足食，犹当守此勤生薄死之法也，若其途有饿莩，而犹纵狗彘以食人食，返诸人之相人偶之心，其堪之乎？《荀子·富国》篇驳墨子曰：“夫不足非天下之公患也。特墨子之私忧过计也。今是土之生五谷也，人善治之，则亩数盆，一岁而再获之。然后瓜桃枣李一本数，以盆鼓。然后荤菜百疏同蔬。以泽量。然后六畜禽兽一而刳车。鼋鱼鳖鳣鳝以时别，一而成群。然后飞鸟凫雁若烟海，然后昆虫万物生其间，可以相食养者，不可胜数也。夫天地之生万物也固有余，足以食人矣；麻葛茧丝鸟兽之羽毛齿革也固有余，足以衣人矣。夫有余不足，非天下之公患也，特墨子之私忧过计也。天下之公患，乱伤之也。……墨子大有天下，小有一国：将蹙然衣粗食恶，忧戚而非乐。若是则瘠，瘠则不足欲，不足欲则赏不行。……将少人徒，省官职，上功劳苦，与百姓均事业，齐功劳。若是则不威，不威则罚不行。赏不行，则贤者不可得而进也；罚不行，则不肖者不可得而退也；贤者不可得而进也，不肖者不可得而退也，则能不能不可得而官也。若是则万物失宜，事变失应；上失天时，下失地利，中失人和，天下敖然，若烧若焦。墨子虽为之衣褐带索，嚽菽饮水，恶能足之乎？……故墨术诚行，则天下尚俭而弥贫，非斗而日争，劳苦顿萃而愈无功，愀然忧戚非乐而日不和。”其言甚辩。然亦思天下之乱，果衣粗食恶，忧戚非乐者致之乎？抑亦名为利民，而所冀实在乎赏，所畏惟在乎罚者致之也？狃于小康之治者，恒谓必得一贤君以治群有司，得群良有司以牧民，然后可几于治；任兼人之事者，理宜享兼人之奉，故或禄以天下而不为多。殊不知身任天下之责者，皆由其度量之超越乎寻常，初不蕲于得报。苟无其人，即倍蓰天下之禄以求之，犹是不可得也。若寻常人，则其作官，亦犹之农之耕田，工之治器，商之贸迁，求以自食焉而已。既为求食而至，公私利害相反，势必先私而后公。此言治所以不能废督责。然而督责人者，亦非人群外之天神，而群中之人也。人之度量，相去固不甚远。未尝能任天下之事，而先禄之天下，适以蛊惑颓丧其心志，使之据其位而不肯去；而其利害，浸至与民相反耳。小康之治，终非了义，职此之由。荀子之论，徒见其以病理为生理而已。

墨子，《史记》无传。仅于《孟荀列传》后附见数语。曰："盖墨翟宋之大夫，善守御，为节用。或曰并孔子时，或曰在其后。"《孟荀列传》，文甚错乱。此数语究为史公原文与否，颇为可疑。高诱谓墨子鲁人。此外说者或以为宋人，亦难定。以其学出于儒观之，其生当后于孔子。学孔子之术，不必及孔子之门。孔子未尝称墨子，而墨子屡称孔子，即其后于孔子之证。其身即非鲁人，其学则必与鲁大有关系也。孙诒让《墨子传略》，考墨子行事颇详，今不更及。

墨家巨子，当首推禽滑鳌。故《庄子・天下》篇以之与墨翟并称。次则当推宋钘。《天下》篇以之与尹文并称。尹文事已见前章。宋钘之事，见《孟子・告子》及《荀子》中《天论》《正论》二篇。《正论》篇谓其"明见侮之不辱，使人不斗"。又曰："子宋子曰：人之情欲寡，而皆以己之情为欲多，是过也。故率其群徒，辨其谈说，明其譬称，将使人知情欲之寡也。"《天论》篇谓："宋子有见于少，无见于多。"其说实最堪注意。世之言生计学者，每以好奢为人之本性。其实侈与俭皆非人之所欲。人之本性，惟在得中。奢侈之念，亦社会之病态，有以致之耳。宋子之义明，则墨者之道，"反天下之心"之难解矣。而惜乎其无传也。

孟子谓："杨朱、墨翟之言盈天下。"又谓："逃墨必归于杨，逃杨必归于儒。"则墨学在战国时极盛。然其后阒焉无闻。则墨之徒党为侠，多"以武犯禁"，为时主之所忌。又勤生薄死，兼爱天下，非多数人所能行。巨子死而遗教衰，其党徒乃渐复于其为游侠之旧。高者不过能"不爱其躯，以赴士之厄困"，而不必尽"轨于正义"；下者则并不免"为盗跖之居民间"者矣。以上皆引《史记・游侠列传》。创一说立一教者，其意皆欲以移易天下。社会中人，亦必有若干受其感化。然教徒虽能感化社会，社会亦能感化教徒。释老基督之徒，在今日皆仅为游民衣食之路，营营逐逐，曾无以异于恒人，即由于此。墨学中绝，亦若是则已矣。

第六章　纵横家

纵横家者流，《汉志》云："盖出于行人之官。孔子曰：诵《诗》三百，使于四方，不能专对，虽多，亦奚以为？"又曰："使乎使乎。言其当权事制宜，受命而不受辞，此其所长也。及邪人为之，则上诈谖而弃其信。"盖古者外交，使人之责任甚重，后遂寖成一种学问。此学盖至战国而后大成。《汉志》所谓邪人为之者，正其学成立之时也。

纵横家之书，今所传者惟《战国策》。此书多记纵横家行事，而非事实。《汉志》入之《春秋家》，后世书目，遂多以隶史部，非也。《汉书·蒯通传》："论战国时说士权变，亦自序其说，凡八十一首，号曰《隽永》。"而《志》有《蒯子》五篇，即本传所谓《隽永》者矣。《战国策》一书，正论说士权变，并序其说者也。然此书止于备载行事，于纵横家之学理，未曾道及。纵横家之学理，转散见于诸子书中，而莫备于韩非之《说难》。今观其说曰"凡说之难：非吾知之有以说之之难也，又非吾辩之能明吾意之难也，又非吾敢横失而能尽之难也。凡说之难，在知所说之心，可以吾说当之。所说出于为名高者也，而说之以厚利，则见下节而遇卑贱，必弃远矣；所说出于厚利者也，而说之以名高，则见无心而远事情，必不收矣；所说阴为厚利而显为名高者也，而说之以名高，则阳收其身而实疏之。说之以厚利，则阴用其言，显弃其身矣"云云。全篇所论，皆揣摩人君心理之术。盖纵横家所言之理，亦夫人之所知，惟言之之术，则为纵横家之所独耳。《吕览·顺说》篇，亦论说术。

《战国策》载苏子说秦，不用而归。妻不下机，嫂不为炊，父母不与言。乃发愤读书。期年，复说赵王，为纵约长。路过雒阳。父母闻之，清宫除道，郊迎三十里。妻侧目而视，侧耳而听。嫂蛇行匍匐，四拜自跪而谢。秦乃喟然曰："贫穷则父母不子，富贵则亲戚畏惧。人生世上，势位富厚，盖可以忽乎哉？"世人读此，因谓当时纵横之士，皆自谋富贵之徒。此亦不然。纵横家固多自便私图，而以人之家国殉之者。然此等人，各种学术中，皆所难免。儒家岂无曲学阿世者乎？要不得以此并没真儒也。纵横家亦然。《说难》篇曰：“伊尹为宰，百里为虏，皆所以干其上也。此二人者，皆圣人也，然犹不能无役身以进，如此其污也。今以吾言为宰虏，而可以听用而振世，此非能仕据《索隐》，当作士。之所耻也。”其救世之心，昭然若揭矣。《孟子·滕文公》篇：“陈代问曰：不见诸侯，宜若小然。今一见之，大则以王，小则以霸。且《志》曰：枉尺而直寻，宜若可为也。”亦此意也。《吕览·爱类》篇曰：“贤人之不远海内之路，而时往来乎王公之朝，非以要利也，以民为务故也。人主有能以民为务者，则天下归之矣。”此其用心，亦即孔子周流列国之心也。《尽心》篇载孟子之言曰：“说大人，则藐之，勿视其巍巍然。”则孟子亦讲说术矣。凡成为一种学术，未有以自利为心者；以自利为心，必不能成学术也。

《史记·苏秦列传》：“东事师于齐，而习之于鬼谷先生。”《集解》引《风俗通》曰：“鬼谷先生，六国时纵横家。”《法言》曰：“苏秦学乎鬼谷术。”《论衡》曰：“《传》曰：苏秦、张仪纵横，习之鬼谷先生。掘地为坑，曰：下，说令我泣出，则耐分人君之地。苏秦下说，鬼谷先生泣下沾襟。张仪不若。”《答佞》篇。又《明雩》篇亦曰：“苏秦、张仪，悲说坑中，鬼谷先生，泣下沾襟。”说虽不经，而鬼谷先生为战国时纵横家大师，为仪、秦之术所自出，则无可疑矣。今世所传，有《鬼谷子》十二篇。《汉志》不载。《隋志》著录三卷，有皇甫谧、乐台二注。《意林》，王应麟《汉志考证》皆作乐台。《史记·秦传》云：“得《周书·阴符》，伏而读之。期年，以出揣摩。”《集解》曰：“《鬼谷子》有《揣摩》篇。”《索隐》引王劭云：“揣情、摩意，是《鬼谷》之二章名，非为一篇也。”又《汉书·杜周传》：“业因势而抵陒。”《注》引服虔曰：“抵音底，陒音戏，谓罪败而复抨弹之。苏秦书有此法。”师古曰：“一说：陒读与戏同。《鬼谷》有《抵戏》篇。”论者因谓今《鬼谷子》即《汉志·苏子》三十一篇之残。然今书词意浅薄，决非古物。且《说苑》《史记注》《文选注》《意林》《太平御览》所引《鬼谷子》，或不见今书，或虽有之，而又相差异，见秦刻本附录。则并非《隋志》著录之本矣。即《隋志》著录之本，亦伪物也。据《史记》《风俗通》《法言》《论衡》诸书，鬼谷先生明有其人。而《索隐》引乐台注谓“苏秦欲神秘其道，故假名鬼谷”，则以秦习业鬼谷为无其事，其不合一矣。古称某先生或某子者，多冠以氏，鲜冠以地者。而《集解》引徐广，谓“颍川阳城有鬼谷，盖是其人所居，因为号”。《索隐》又谓“扶风池阳，颍川阳城，并有鬼谷墟”。扶风、颍川，并非齐地。

盖以东事师于齐与习之鬼谷先生为两事。《史记》之意，恐不如此，其不合二矣。然则《隋志》所录，已为伪物；今本则又伪中之伪耳。《隋志》著录之本，既有皇甫谧注,必出于晋以前。虽为伪书,要必多存古说。《史记·太史公自序》："圣人不朽,时变是守。"《索隐》谓其语出《鬼谷》,盖正造《鬼谷》者采摭《史记》也。可以见其一斑。

第七章　兵家

兵家之书，《汉志》分为权谋、形势、阴阳、技巧四家。阴阳、技巧之书，今已尽亡。权谋、形势之书，亦所存无几。大约兵阴阳家言，当有关天时，亦必涉迷信。兵技巧家言，最切实用。然今古异宜，故不传于后。兵形势之言，亦今古不同。惟其理多相通，故其存者，仍多后人所能解。至兵权谋，则专论用兵之理，几无今古之异。兵家言之可考见古代学术思想者，断推此家矣。

《汉志》有《吴孙子兵法》八十二篇，《齐孙子》八十九篇。今所传者，乃《吴孙子》也。《史记·孙武传》云："以兵法见于吴王阖闾。阖闾曰：子之十三篇，吾尽观之矣。"又谓："世俗所称师旅，皆道《孙子》十三篇。"则今所传十三篇，实为原书。《汉志》八十二篇，转出后人附益也。此书十之七八，皆论用兵之理，极精。

《史记》曰："吴起《兵法》世多有。"《韩非子·五蠹》篇曰："藏孙、吴之书者家有之。"则二家之书，在当时实相伯仲。《汉志》有《吴起》四十八篇，今仅存六篇。其书持论近正，而精义甚少。且皆零碎不成片段。盖原书已亡，而为后人所缀拾也。又《军礼司马法》百五十五篇。《汉志》出之兵家，入之于礼。此书太史公盛称之。《司马穰苴列传》曰："齐威王使大夫追论古者《司马兵法》，而附穰苴于其中，因号曰《司马穰苴兵法》。"明二家兵法，当以司马为主。太史公曰："余读《司马兵法》，闳廓深远；虽三代征伐，未能竟其义，如其文也，亦少褒矣。若夫《穰苴》，区区为小国行师，何暇及《司马兵法》之揖让乎？"亦褒司马而贬穰苴也。今所传者五篇。精义亦少。盖亦后人掇拾佚文，加以联缀者也。昔人辑佚之书，往往不注出处；又或以己意为之联缀。后人遂疑为伪书。其实书不尽伪，特辑佚之法未善而已。

《汉志》：杂家，《尉缭》二十九篇；兵家，《尉缭》三十一篇。今《尉缭子》二十四篇，皆兵家言，盖兵家之《尉缭》也。二十四篇中，有若干篇，似有他篇简错，析出，或可得三十一篇邪？又今本《六韬》，凡五十篇，题"周吕望撰"。

世多以为伪书。然标题撰人，原属后人之谬。至著书托之古人，则先秦诸子皆然。《史记》所谓“后世之言兵，及周之阴权，皆宗太公为本谋”也。《齐世家》。《汉志》：道家，《太公》二百三十七篇。中有兵八十五篇。疑今之《六韬》，必在此八十五篇中矣。《六韬》及《尉缭子》，皆多存古制，必非后人所能伪为。如《阴符》篇曰：“主与将有阴符，凡八等。所以阴通言语，不泄中外。”正可考见古制。乃《四库提要》谓：“伪撰者不知阴符之义，误以为符节之符，遂粉饰以为此言。”然则此篇之外，又有《阴书》，又缘何而伪撰邪？惟言用兵之理者较少耳。兵家言原理之书，存于诸子书中者，有《荀子》之《议兵》篇；《吕氏春秋》之《孟秋》《仲秋》《季秋》三纪；及《淮南子》之《兵略训》。其持论之精，皆足与孙子相匹敌。又墨子书《备城门》以下十一篇，亦兵技巧家言之仅存者。

兵家之言，与道法二家，最为相近。孙子曰：“行千里而不劳者，行于无人之地也；攻而必取者，攻其所不守也；守而必固者，守其所不攻也。”又曰：“夫兵形象水。水之形，避高而趋下；兵之形，避实而击虚。水因地而制流，兵因敌而制胜。故兵无常势，水无常形。”《虚实》篇。此道家因任自然之旨也。又曰：“百战百胜，非善之善者也，不战而屈人之兵，善之善者也。”《谋攻》篇。又曰：“昔之善战者，先为不可胜，以待敌之可胜。不可胜在己，可胜在敌。故善战者，能为不可胜，不能使敌之必可胜。故曰：胜可知而不可为。……故善战者之胜也，无智名，无勇功。故其战胜不忒。不忒者，其所措胜；胜已败者也。故善战者，立于不败之地，而不失敌之败也。”《军形》篇。此道家守约之说也。又曰：“兵闻拙速，未睹巧之久也。”《作战》篇。又曰：“后人发，先人至。”《军争》篇。又曰：“善战者致人而不致于人。”《虚实》篇。此道家以静制动之术也。又曰：“善出奇者，无穷如天地，不竭如江海。终而复始，日月是也。死而更生，四时是也。声不过五，五声之变，不可胜听也。色不过五，五色之变，不可胜观也。味不过五，五味之变，不可胜尝也。战势不过奇正，奇正之变，不可胜穷也。”《兵势》篇。又曰：“善攻者敌不知其所守，善守者敌不知其所攻。微乎微乎，至于无形。神乎神乎，至于无声。故能为敌之司命。”《虚实》篇。此则将至变之术，纳之至简之道；又自处于至虚之地，尤与道家之旨合矣。

至其用诸实际，必准诸天然之原理，亦与名法家言合。故曰：“善用兵者，修道而保法，故能为胜败之政。兵法：一曰度，二曰量，三曰数，四曰称，五曰胜。地生度，度生量，量生数，数生称，称生胜。”《军形》篇。“凡治众如治寡，分数是也。斗众如斗寡，形名是也。”《兵势》篇。皆名法家先审天然之条理，立法而谨守之之意。而以整齐严肃之法，部勒其人而用之，如所谓“金鼓旌旗者，所以一人之耳目也。人既专一，则通者不得独进，怯者不得独退”者，《军争》篇。尚其浅焉者已。

古有所谓仁义之师者，非尽虚语也。盖系虏之多，残杀之酷，攘夺之烈，皆后世始然。此等皆社会之病态有以致之。社会病态，亦积渐而致，非一朝一夕之故也。古所谓大同小康之世，国内皆较安和。讲信修睦之风，亦未尽废坠。偶或不谅，至于兵争，必无流血成渠，所过为墟之惨矣。即吊民伐罪，亦理所可有。后世土司，暴虐过甚，或兵争不息，政府固常易置其酋长，或代以流官也。其行军用师，诚不能如古所谓仁义之师者之纯粹；然议论总较事实稍过，太史公所为叹《司马法》闳廓深远，虽三代征伐，未能竟其义，如其文者也。然则设使社会内部，更较古所谓三代者为安和，则其用兵，亦必能较古所谓三代者为更合乎仁义；不得执社会之病态，为人性之本然，而疑其康健时之情形为夸诞之辞也。义兵之说，《吕览》而外，见下编第五章。《淮南·兵略》，略同《吕览》。又见孟、荀二子。荀子曰：“孙吴上势利而贵变诈。暴乱昏嫚之国，君臣有间，上下离心，故可诈也。仁人在上，为下所仰，犹子弟之卫父兄，手足之扞头目。邻国望我，欢若亲戚，芬若椒兰。顾视其上，犹焚灼仇雠。人情岂肯为其所恶，攻其所好哉？故以桀攻桀，犹有巧拙。以桀诈尧，若卵投石，夫何幸之有？”见《议兵》篇。此则制胜之术，初不在抗兵相加之时，而其用兵之意，亦全不在于为利，可谓倜乎远矣。

第八章　农家

农家之学，分为二派：一言种树之事。如《管子·地员》，《吕览》中《任地》《辨土》《审时》诸篇是也。一则关涉政治。《汉志》曰："农家者流，盖出于农稷之官。播百谷，劝耕桑，以足衣食。故八政，一曰食，二曰货。孔子曰：所重民食。此其所长也。及鄙者为之，以为无所事圣王；欲使君臣并耕，悖上下之序。"君臣并耕，乃《孟子》所载。为神农之言者，许行之说。神农二字，乃农业之义，非指有天下之炎帝其人。"为神农之言"，犹言治农家之学耳。《汉志》著录，首《神农》二十篇。《注》曰："六国时，诸子疾时怠于农业，道耕农事，托之神农。"今《管子书·揆度》篇，实引《神农之教》。《揆度》为《管子·轻重》之一。《轻重》诸篇，有及越梁事者，正六国时书。则《轻重》诸篇，皆农家言也。又有《宰氏》十七篇。《注》曰："不知何世。"案《史记·货殖列传集解》引《范子》曰："计然者，葵丘濮上人。姓辛氏，字文子。"而《元和姓纂》十五，海宰氏下引《范蠡传》曰："陶朱公师计然，姓宰氏，字文子，葵丘濮上人。"近人谓据此则唐人所见《集解》，辛氏本作宰氏。案宰氏果即计然，刘、班无缘不知。或后人正因《汉志》之书，附会计然之姓。然必计然事迹学说，本与农家有关，乃启后人附会之端。则《史记·货殖列传》所载生计学说，又多农家言矣。

盖交易之行，本在农业肇兴之世。农业社会，虽一切多能自给，而分工稍密，交易已不能无。又其时交易，率由农民兼营，尚未成为专业，故食货两字，古人往往连言。至东周而后，商业日盛，"谷不足而货有余"，《前汉纪》卷七语。附庸已蔚为大国，而农商二业，犹视为一家之学也。

《管子·轻重》诸篇，所言不外三事：（一）制民之产，（二）盐铁山泽，（三）蓄藏敛散。制民之产，为农业社会制治之原。然东周以后之政治，有不能以此尽者。盖人民生活程度日高，社会分工合作益密。则日常生活，有待于交易者日多，而兼并因之而起。兼并之大者，一由山泽之地，渐为私家所占。二则工官之职，渐归私家所营。三则“岁有凶穰，故谷有贵贱；令有缓急，故物有轻重”。于是“蓄贾游于市，乘民之急，百倍其本”，遂使“知者有十倍人之功，愚者有不赓本之事”矣。《管子·国蓄》。土地任人私占；一切事业，皆任人私营；交易赢绌，亦听其自然，官不过问。此在后世，习以为常，在古代则视为反常之事。故言社会生计者，欲将盐铁等业，收归官营；人民之借贷，由官主之，物价之轻重，亦由官制之也。此为农家言之本义。以此富国而倾敌，则其副作用耳。汉世深通此术者为桑弘羊，读《盐铁论》可知。惜其持论虽高，及其行之，则仅为筹款之策。王莽六管及司市泉府，所行亦此派学说。惜乎亦未有以善其后也。

此派学说，必深观百物之盈虚消息，故用其术亦可以富家。《史记·货殖列传》所载计然、范蠡、白圭之徒是也。计然之说曰：“知斗则修备，时用则知物。二者形，则万货之情，可得而观已。”此盖深观市情，以求制驭之之术。其观察所得，为“贵上极反贱，贱下极反贵”。故白圭“乐观时变”，“人弃我取，人取我予”也。其行之之术，重于“择人而任时”。故“薄饮食，忍嗜欲，节衣服，与用事僮仆同苦乐。趋时若鸷鸟猛兽之发”。白圭又曰：“吾治生产，犹伊尹、吕尚之谋，孙吴用兵，商鞅行法是也。是故其智不足与权变，勇不足以决断，仁不能以取予，强不能有所守，虽欲学吾术，终不告之矣。”其术则可谓善矣。然徒以之富家，终非治道术者之本意也。

轻重一派，深知社会生计之进化，出于自然，无可违逆。《史记·货殖列传》曰：“老子曰：郅治之极，邻国相望，鸡狗之声相闻，民各甘其食，美其服，安其俗，乐其业，至老死不相往来。必用此为务，挽近世涂民耳目，则几无行矣。太史公曰：夫神农以前，吾不知已。至若《诗》《书》所述，虞、夏以来，耳目欲极声色之好，口欲穷刍豢之味，身安逸乐，而心夸矜势能之荣，使俗之渐民久矣，虽户说以眇论，终不能化。故善者因之，其次利道之，其次教诲之，其次整齐之，最下者与之争。”此极言日趋繁盛之社会，断不能以人力挽之，使返于榛狉之世也。社会改革，当从组织加之意。至于生利之术之进步，人民对天然知识之增加，暨其享用之饶足，与风气之薄恶，了不相干。恶末世之浇漓，遂欲举一切物质文明，悉加毁弃，正医家所谓诛伐无过；不徒事不可行，本亦药不对证也。此义论道家时已详言之。观《史记》之言，则古人久知之矣。

轻重一派，近乎今之国家社会主义。许行之言，则几于无政府主义矣。行之言曰:“滕君,则诚贤君也。虽然,未闻道也。贤者与民并耕而食,饔飧而治。今也,滕有仓廪府库,则是厉民而以自养也,恶得贤?”其徒陈相则曰“从许子之道,则市价不贰,国中无伪,虽使五尺之童适市,莫之或欺。布帛长短同,则贾相若;麻缕丝絮轻重同,则价相若”云云。此等说,今人无不闻而骇,而无庸骇也。郅治之极,必也荡荡平平,毫无阶级。而阶级之兴,首由生计。政治既成职业,从事于此者,势必视为衣食之图,其利害遂与民相反,政治总无由臻于极轨,论墨学时已言之。许行必欲返诸并耕,盖由于此。其于物价,欲专论多寡,不计精粗,亦欲率天下而返于平等。孟子谓:“夫物之不齐,物之情也。”“巨屦小屦同价,人岂为之哉?”谓精粗同价,必无肯为其精者。而不知许子之意,正欲汰其精而存其粗也。此似举社会之文明而破坏之者。然至全社会之生计皆进步时,物之精者将自出。若大多数人,皆不能自给,而糜人工物力,造精巧之物,以供少数人之用,则衡以大同郅治之义,本属不能相容。许子之言,自有其理。特习于小康若乱世之俗者,不免视为河汉耳。

第九章　阴阳数术

《汉志》阴阳，为诸子十家之一，数术则别为一略，盖由校书者之异其人，说已见前。论其学，二家实无甚区别。盖数术家陈其数，而阴阳家明其义耳。故今并论之。

司马谈《论六家要指》曰："阴阳之术，大祥而众忌讳，使人拘而多所畏。然其序四时之大顺，不可失也。"《汉志》亦曰："阴阳家之流，盖出于羲和之官。敬顺昊天，历象日月星辰，敬授民时，此其所长也。及拘者为之，则牵于禁忌，泥于小数，舍人事而任鬼神。"盖所长者在其数，所短者在其义矣。然阴阳家者流，亦非皆拘牵禁忌之徒也。

阴阳家大师，当首推邹衍。《史记》述其学云："深观阴阳消息而作怪迂之变，《终始》《大圣》之篇，十余万言。其语闳大不经，必先验小物，推而大之，至于无垠。先序今以上至黄帝，学者所共术，大并世盛衰，因载其机祥度制。推而远之，至天地未生，窈冥不可考而原也。先列中国名山大川，通谷禽兽，水土所殖，物类所珍，因而推之，及海外人之所不能睹。称引天地剖判以来，五德转移，治各有宜，而符应若兹。此二十一字，疑当在"大并世盛衰"下。"大"当作"及"。以为儒者所谓中国者，于天下，乃八十一分居其一分耳。中国名曰赤县神州。赤县神州内，自有九州，禹之序九州是也，不得为州数。中国外如赤县神州者九，乃所谓九州也。于是有裨海环之，人民禽兽，莫能相通者，如一区中者，乃为一州。如此者九，乃有大瀛海环其外，天地之际焉。其术皆此类也。"史事地理，均以意推测言之，由今日观之，未免可骇。然宇宙广大无边，决非实验所能尽；实验所不及，势不能不有所据以为推，此则极崇实验者所不能免。邹衍之所据，庸或未必可据；其所推得者，亦未必可信。然先验细物，推而大之，其法固不误也。

庄周有言："六合之外，圣人存而不论。"多闻且当阙疑，何乃驰思大古之初，矫首八荒之外，专腐心于睹记所不及乎？不亦徒劳而无益哉？邹子之意，盖病恒人之所根据，失之于隘也。原理寓于事物。事务繁多，必能博观而深考之，籀其异同，立为公例，所言乃为可信。否则凭狭隘之见闻，立隅曲之陋说，不免井蛙不可语海，夏虫不可语冰之诮矣。此邹子所以骛心闳远，于睹记之所不及者，必欲有所据以为推也。《盐铁论·论邹》篇谓："邹子疾晚世儒墨，守一隅而欲知万方。"其意可见。夫于睹记之所不及者，且欲有所据以为推，岂有于共见共闻者，反置而不讲之理？故邹子之学，谓其骛心闳远可；谓其徒骛心于闳远，则不可也。

邹子之学，非徒穷理，其意亦欲以致治也。《汉志》著录衍书，有《邹子》四十九篇，又有《邹子终始》五十六篇。其终始之说，见《文选·齐安陆昭王碑注》。谓虞土，夏木，殷金，周火，从所不胜。秦人以周为火德，自以为水德；汉初又自以为土德，皆行其说也。《汉书·严安传》：安上书引邹子曰："政教文质者，所以云救也。当时则用，过则舍之。有易则易之。"则五德终始之说，原以明政教变易之宜；实犹儒家之通三统，其说必有可观矣。《史记》谓邹奭"颇采邹衍之术"；又谓"衍之术，迂大而闳辩；奭也文具难施"；则邹奭似更定有实行之方案者。岂本衍之理论为之邪？《汉志》载《邹奭子》十二篇。又有《公梼生终始》十四篇，《注》曰："传邹奭终始。"岂即传其所定实行之方案者邪？虽不可知，然其说必非汉之方士经生，徒求之服饰械器之末者可比矣，而惜乎其无传也。

《史记·项羽本纪》载范增说项梁，引楚南公之言曰："楚虽三户，亡秦必楚。"《汉志》阴阳家，有《南公》三十一篇。《注》曰："六国时。"《史记正义》曰："服虔云：三户，漳水津也。孟康云：津峡名也，在邺西三十里。……南公辨阴阳，识废兴之数，知秦亡必于三户，故出此言。后项羽果渡三户津，破章邯军，降章邯，秦遂亡。"说近附会。果如所言，虽字何解？况上文曰："夫秦灭六国，楚最无罪。自怀王入秦不反，楚人怜之至今。"仅为亡国怨愤之词，绝未涉及预言之义邪？然《汉志》谓南公在六国时，而《集解》引徐广，亦谓其善言阴阳，则必为一人可知。岂范增引南公此言，虽无以为预言之意，而楚人之重南公之言而传之，则实以其为阴阳家有前识故邪？若然，则当时之阴阳家，不独能如邹衍之顺以臧往，并能逆以知来矣，或不免泥于小数之讥也？

《汉志》天文家，有《图书秘记》十七篇。此未必即后世之谶纬。《后汉书·张衡传》载衡之言曰："刘向父子，领校秘书，阅定九流，亦无谶录。"则《七略》

中不得有谶。然谶纬之作，有取于天文家者必多，则可断言也。历谱家有《帝王诸侯世谱》二十卷《古来帝王年谱》五卷。使其书亦如《史记》世表、年表之类，安得人之数术？当入之春秋家矣。疑亦必有如《春秋纬》所谓“自开辟至于获麟，三百二十七万六千岁，分为十纪”等怪迂之说矣。此说如确，则其所用之术，颇与邹衍相类。故知学术思想，无孑然独立者，并时之人，必或与之相出入也。

《洪范》五行，汉人多以之言灾异，殊不足取，然亦自为当时一种哲学。若更读《白虎通义·五行》篇，则其网罗周遍，尤有可惊者。此篇于一切现象，几无不以五行生克释之，其说亦间有可采，犹蓍龟本所以“决嫌疑，定犹豫”，而《易》亦成为哲学也。

诸家中思想特异者，当推形法。《汉志》曰：“形法者，大举九州之势，以立城郭宫舍；形人及六畜骨法之度数，器物之形容，以求其声气贵贱吉凶。犹律有长短，而各征其声，非有鬼神，数自然也。”然，成也。此今哲学所谓惟物论也。《汉志》又曰：“然形与气相首尾，亦有有其形而无其气。有其气而无其形，此精微之独异也。”则驳惟物之说者也。中国哲学，多偏于玄想，惟此派独立物质为本。使能发达，科学或且由是而生，惜其未能耳。

《汉志》数术略六家，其书无一存者。惟《山海经》，形法家著录十三篇，今传世者十八篇，因多信其书非全伪。然今之所传，必非《汉志》之所著录，不在篇数多少之间也。《汉志》“大举九州之势，以立城郭宫舍”，二语相连。“大举九州之势”，乃为“以立城郭宫舍”言之。谓九州地势不同，立城郭宫舍之法，各有所宜也。《王制》曰：“凡居民材，必因天地寒暖燥湿，广谷大川异制。”盖即此理。《管子·度地》篇所载，则其遗法之仅存者也。《汉志》著录之书：曰《国朝》，曰《宫宅地形》，皆“立城郭宫舍之法”。曰《相人》，曰《相宝剑刀》，曰《相六畜》，则所谓“形人及六畜骨法之度数，器物之形容”者。《山海经》一书，盖必与“大举九州之势”有关，然仍必归宿于“立城郭宫舍之法”，乃得著录于形法家。若如今之《山海经》，则全是记山川及所祀之神，与形法何涉？《汉书·郊祀志》，载汉时所祠山川极多。多由方士所兴。方士虽怪迂，其所兴祠，亦不能全行凿孔；必其地旧有此说。今之《山海经》，盖当时方士，记各地方之山川，及其所祀之神者，此以大部分言。其又一部分，则后人以当时所知之外国地理附益之。此说甚长，当别论。乃宗教家之书，非形法家言，并非地理书也。以《汉志》体例论，当援《封禅群祀》之例，入之礼家耳，与形法何涉？

第十章　方技

方技一略,《汉志》分为四家:曰医经,曰经方,曰房中,曰神仙。医经为医学,经方为药物学,房中亦医学支派。三者皆实在学问,循序渐进,本可成为正当科学,不徒本身有用,亦于他种学问有裨,惜乎未能如此,顾以阴阳五行等说涂附之耳。神仙一家,在当时似并无理论根据。及后世,因缘际会,乃与儒释并称三教。此则奇之又奇者也。参看附录三、四。

先秦医籍,传于后世者,凡有四家:虽有后人羼杂,然大体以先秦旧书为依据。(一)《素问》,(二)《灵枢》,皇甫谧以当《汉志》之《黄帝内经》。见《甲乙经》序。(三)《难经》,托诸扁鹊,疑为《汉志·扁鹊内外经》之遗。(四)《神农本草经》。《汉志》有《神农黄帝食禁》七卷。《周官·医师疏》引作《食药》,孙星衍谓《汉志》之禁字实讹,盖即今《神农本经》之类也。说皆不知信否。然《曲礼》:"医不三世,不服其药。"《疏》引旧说曰:"三世者,一曰黄帝针灸,二曰素女脉诀,三曰神农本草。"似古代医学,分此三科,传于今之《灵枢经》,为黄帝针灸之遗,《难经》为脉诀一科,《本经》则神农本草一科也。三世非父祖子孙相传,犹夏殷周称三代。三者并方技家质朴之辞。惟《素问》一书,多言五行运气,为后世医家理论所本。中国医学,可分三期:自上古至汉末为一期。其名医:《汉志》谓"太古有岐伯、俞拊,中世有扁鹊、秦和"。列传于史者,前有仓公,后有华佗。而方论为后人所宗者,又有张机。此期医学,皆有专门传授,犹两汉经学,各有师承也。魏晋而后,专门授受之统绪,渐次中绝。后起者乃务收辑古人之遗说,博求当世之方术。其书之传于后者:有皇甫谧之《甲乙经》,巢元方之《诸病源候总论》,孙思邈之《千金方》,罗焘之《外台秘要方》。至宋之《惠民和剂局方》而结其局。此一时期也,务缀拾古人之遗逸,实与南北朝、隋、唐义疏之学相当也。北宋时,士大夫之言医者,始好研究《素问》,渐开理论医学之端。至金、元之世,名医辈出,而其业始底于成。直至今日,医家之风气,犹未大变。此一时期,盖略与宋明之理学相当。清儒考据之学,于医家虽有萌蘖,未能形成也。各种学问之发达，皆术先而学后，即先应用而后及于原理，惟医亦然。北宋以前，医经、经方两家，皆偏于治疗之术，罕及病之原理。虽或高谈病理，乃取当时社会流行之说，如阴阳五行等，以缘饰其学，非其学术中自能生出此等理论也。宋人好求原理，实为斯学进化之机。惜无科学以为凭借，仍以阴阳五行等，为推论之据。遂至非徒不能进步，反益入于虚玄矣。此则古代医学，本与阴阳五行等说相附丽之流毒也。中国术数之学，其精处，亦含有数理哲学之意，然终不脱迷信之窠臼，弊亦坐此。

神仙之说，起于燕、齐之间，似因海市蜃楼而起，故其徒之求神仙者，必于海中也。神仙家之特色，在谓人可不死。古无谓人可不死者。《礼记·檀弓》曰："骨肉归复于土，命也。若魂气，则无不之也。"《礼运》曰："体魄则降，知气在上。"《祭义》曰："众生必死，死必归土。骨肉毙于下，阴为野土。其气发扬于上为昭明，焄蒿凄怆。"盖吾国古代，以为天地万物，皆同一原质所成；而此等原质，又分为轻清、重浊二类。轻清者上为天，重浊者下为地。人之精神，即《檀弓》所谓"魂气"，《礼运》所谓"知气"，《祭义》所谓"昭明之气"，乃与天同类之物，故死而上升。人之体躯，即《檀弓》及《祭义》所谓"骨肉"，《礼运》所谓"体魄"，则与地同类之物，故死而下降。构成人身之物质，原与构成天地之物质同科，故曰"民受天地之中以生"，《左传》成公十三年。又曰"万物负阴而抱阳，冲气以为和"也。《老子》。然则鬼神者，亦曾经构成人身之物质，今与其体魄分离者而已矣。此为较进步之思想。其未进步时之思想，则所谓神所谓鬼者，皆有喜怒欲恶如人，墨子之所明者是也。偏于物质者，为形法家之说，可谓之无鬼论。此三说者，其有鬼无鬼不同；同一有鬼也，其所谓鬼者又不同；要未有谓人可不死者。求不死者俗情，谓人可不死者，天下之至愚也；曾是言道术者而有是乎？古人虽愚，亦岂可诳。故知必缘海上蜃气，现于目前；城郭人物，一一可睹；目击其状，而不解其理，乃有以坚其信也。神仙家之说，其起源盖亦甚早。《汉书·郊祀志》，谓齐威、宣、燕昭王，皆尝使人入海求三神山。然其说实不起于战国。《左氏》载齐景公问晏子："古而无死，其乐何如？"古无为不死之说者，景公所称，必神仙家言也。神仙家皆言黄帝。黄帝东至于海，登丸山，《汉志》作凡山，在琅邪朱虚县。而邑于涿鹿之阿，实燕、齐之地。得毋方士术虽怪迂，而其托诸黄帝，固不尽诬邪？然其无理论以为根据，则无俟再计矣。神仙家求不死之术，大抵有四：一曰求神仙，二曰导引，三曰服饵，四曰御女。求神仙不足道。导引、服饵、御女，皆医经、经方、房中三家之术也。今所传《素问》，屡称方士。后世之方士，亦时以金丹等蛊惑人主。张角等又以符咒治病，诳惑小民。符咒者，古之祝由，亦医家之术也。则知神仙家虽不足语于道术，而于医药之学，则颇有关矣。《汉志》列之方技，诚得其实也。

附录三　此与下附录四，皆予读《汉书》札记。因辞太繁，故仅节录。

天下事无可全欺人者。人之必死，众目所共见也。以不死诳人，其术拙矣。然时人信之甚笃，盖亦有由。淫祀之废也，成帝以问刘向。向言："陈宝祠自秦文公至今七百余岁矣。汉兴，世世常来。光色赤黄，长四五丈。直祠而息。音声砰隐，野鸡皆雊。每见雍，大祝祠以大牢，遣候者驰诣行在所，以为福祥。高祖时五来，文帝二十六来，武帝七十五来，宣帝二十五来。初元元年以来亦二十来。"此众目昭见之事，非可虚诳。盖自然之象，为浅知者所不能解，乃附会为神怪。其说诬，其象则不虚也。神仙之说，盖因海上蜃气而起，故有登遐倒景诸说，而其所谓三神山者，必在海中，而方士亦必起于燕、齐耳。

《史记·封禅书》曰："三神山者，其传在勃海中，去人不远，患且至，则船风引而去。盖尝有至者，诸仙人及不死之药皆在焉。其物禽兽尽白，而黄金银为宫阙。未至，望之如云；及到，三神山反居水下。临之，风辄引去，终莫能至云。"《汉书·郊祀志》：谷永述当时言神仙者之说，谓能"遥兴轻举，览观县圃，浮游蓬莱"。司马相如《大人赋》曰："世有大人兮，在于中州。宅弥万里兮，曾不足以少留。悲世俗之追隘兮，朅轻举而远游。垂绛幡之素霓兮，载云气而上浮。"皆可见神仙之说初兴，由蜃气附会之迹。

神仙家之说，不外四端：一曰求神仙，二曰练奇药，三曰导引，四曰御女。练药、导引、御女，皆与医药相关。《汉志》神仙家，与医经、经方、房中同列方技，盖由于此。然奇药不必自练，亦可求之于神仙。《史记·封禅书》：三神山尝有至者，诸仙人及不死之药皆在焉；又谓始皇"南至湘山，遂登会稽，并海上，冀遇海中三神山之奇药"是也。《史记·淮南王传》：伍被言：秦使徐福入海。"还为伪辞曰：臣见海中大神，言曰：女西王之使邪？臣答曰：然。汝何求？曰：愿请延年益寿药。神曰：汝秦王之礼薄，得观而不得取。"尤显而可见。此与自行练药者，盖各为一派。

服食与练药，又有不同。练药必有待于练，服食则自然之物也。《后汉书注》

引《汉武内传》,谓封君达初服黄连五十余年,却俭多食茯苓,魏武能饵野葛是也。《华佗传》云:"樊阿从佗求方可服食益于人者。佗授以漆叶青黏散。"《注》引《佗别传》曰:"本出于迷入山者,见仙人服之,以告佗。"此神仙家言与医家相出入者。

导引之术，亦由来甚久。《庄子》已有熊经鸟申之言。《汉书·王吉传》谏昌邑王游猎曰:"休则俯仰屈申以利形，进退步趋以实下，吸新吐故以练臧，专意积精以适神，于以养生，岂不长哉?"王褒《圣主得贤臣颂》曰:"何必偃仰屈信若彭祖，呴嘘呼吸如乔松?"崔寔《政论》曰:"夫熊经鸟伸，虽延历之术，非伤寒之理;呼吸吐纳，虽度纪之道，非续骨之膏。"仲长统《卜居论》曰:"呼吸精和，求至人之方佛。"皆导引之术也。《华佗传》:"佗语吴普曰:古之仙者，为导引之事。熊经鸱顾，引挽要体，动诸关节，以求难老。吾有一术，名五禽之戏:一曰虎，二曰鹿，三曰熊，四曰猿，五曰鸟。亦以除疾，兼利蹄足，以当导引。"则导引又医家及神仙家之所共也。

《后汉书》言普行五禽之法，年九十余，耳目聪明，齿牙完坚，此行规则运动之效，首见于史者。《注》引《佗别传》曰:"普从佗学，微得其方。魏明帝呼之，使为禽戏。普以年老，手足不能相及。粗以其法语诸医。普今年将九十，耳不聋，目不冥，牙齿完坚，饮食无损。"云手足不能相及，盖其戏即今所传《八段锦》中所谓"两手攀足固肾要"者。《后书注》曰:"熊经，若熊之攀枝自悬也。鸱顾，身不动而回顾也。"云若攀枝自悬，则未必真有物可攀，亦不必其真自悬。窃疑《八段锦》中所谓"两手托天理三焦"，即古所谓熊经者。身不动而回顾，其为《八段锦》中之"五劳七伤望后瞧"，无疑义矣。《后汉书》又云:"冷寿光行容成公御妇人法，常屈颈鹬息，须发尽白，而色理如三四十时。王真年且百岁,视之面有光泽,似未五十者。自云:周流登五岳名山;悉能行胎息、胎食之方。漱舌下泉咽之。不绝房室。注引《汉武内传》:"王真习闭气而吞之，名曰胎息。习漱舌下泉而咽之，名曰胎食。真行之，断谷二百余日，肉色光美，力并数人。"又引《抱朴子》曰:胎息者，能不以鼻口嘘翕，如在胎之中。孟节能含枣核不食,可至五年十年。又能结气不息,状若死人,可至百日半年。"胎食、胎息，即今所谓吞津及河车般运之术。静之至，自可不食较久。二百余日或有之。云五年十年,则欺人之谈也。不息若死,亦其息至微耳。魏文帝《典论》曰:"甘陵甘始，名善行气，老而少容。始来，众人无不鸱视狼顾，呼吸吐纳。军祭酒弘农董芬，为之过差，气闭不通，良久乃苏。"盖导引宜顺自然，又必行之有序，而与日常起居动作，亦无不有关系。山林枯槁之士，与夫专以此为事者，其所行，固非寻常之人所能效耳。

房中、神仙，《汉志》各为一家，其后御女，亦为神仙中之一派。盖房中本医家支流，神仙亦与医家关系甚密耳。《后汉书·方术传》言甘始、东郭延年、封君达三人，率能行容成御妇人术。又冷寿光，亦行容成御妇人法。魏文帝《典论》谓："庐江左慈，知补导之术。慈到，众人竞受其术。至寺人严峻，往从问受。奄竖真无事于斯，人之逐声，乃至于是。"此并《汉志》所谓房中之传。《史记·张丞相列传》言："妻妾以百数，尝孕者不复幸。"盖亦其术。此尚与神仙无涉。《汉书·王莽传》：莽以郎阳成修言：黄帝以百二十女致神仙，因备和嫔、美御，与方士验方术，纵淫乐。则房中、神仙，合为一家矣。

附录四

道家之说，与方士本不相干。然张修、于吉等，不惟窃其言，抑且窃其书以立教，一若奉为先圣先师，而自视为其支流余裔者。案张修使人为奸令祭酒，主以《老子》五千文使都习，见《三国志·张鲁传》注引《典略》。于吉有《太平清领经》，见《后汉书·襄楷传》注引《太平经·帝王》篇，有"元气有三名：太阳，太阴，中和"；"人有三名：父，母，子"之语。盖窃老子"一生二，二生三，三生万物""负阴而抱阳，冲气以为和"之说者也。何哉？予谓方士之取老子，非取其言，而取其人；其所以取其人，则因道家之学，以黄、老并称；神仙家亦奉黄帝。黄、老连称，既为世所习熟，则因黄帝而附会老子，于事为甚便耳。

《后汉书·襄楷传》：楷上书言：闻宫中立黄、老、浮屠之祠。《桓帝纪》延熹九年七月庚午，祠黄、老于濯龙宫，盖即楷所斥。先是八年正月，遣中常侍左悺之苦县祠老子。十一月，使中常侍管霸之苦县祠老子，所以但祠老子者，以之苦县之故，一岁中遣祠老子至再。则祠黄、老之事，史不及书者多矣。《续书·祭祀志》："桓帝即位十八年，好神仙事。延熹八年，初使中常侍之陈国苦县祠老子。九年，亲祠老子于濯龙。文罽为坛，饰淳金釦器。设华盖之坐，用郊天乐也。"此与《后汉书》帝纪所言同事。而九年之祠，纪言黄老，《志》但言老子。《纪》又曰："前史称桓帝好音乐，善鼓琴。饰芳林而考濯龙之宫，设华盖以祠浮图、老子，斯将所谓听于神乎！"《注》："前史，谓《东观记》也。"

以考濯龙与祠老子对言，则濯龙之祠，所重盖在黄帝。黄帝无书，而老子有五千文在。治符咒治病者且取之，而后此之以哲理缘饰其教者，不必论矣。《典略》言：张修之法，略与张角同，而《后汉书·皇甫嵩传》言张角奉祀黄老道，此张修之使人都习《老子》，为由黄帝而及之铁证也。楷之疏曰："闻宫中立黄、老、浮屠之祠。此道清虚，贵尚无为；好生恶杀，省欲去奢。今陛下嗜欲不去，杀罚过理。既乖其道，岂获其祚哉！或言老子入夷狄为浮屠。浮屠不三宿桑下，不欲久生恩爱，精之至也。天神遗以好女，浮屠曰：此但革囊盛血。遂不眄之。其守一如此，乃能成道。今陛下淫女艳妇，极天下之丽；甘肥饮美，单天下之味；奈何欲如黄老乎？"此所谓老子之道，全与道家不合，盖方士所附会也。《楚王英传》："晚节更喜黄、老学，为浮屠斋戒祭祀。（永平）八年，诏令天下死罪皆入缣赎。英遣郎中令奉黄缣白纨三十匹诣国相……国相以闻。诏报曰：楚王诵黄老之微言，尚浮屠之仁慈，洁斋三月，与神为誓。何嫌何疑，当有悔吝？其还赎，以助伊蒲塞，桑门之盛馔。"此所谓黄老学者，亦非九流之道家，乃方士所附会也。然则黄老、神仙、浮屠三者，其轇葛不清旧矣。二张之妖妄，只可谓上行下效；而桓帝亦沿前人之波而逐其流耳。

又不独淫昏之君主藩辅然也，枯槁之士亦有之。《后汉书·逸民传》：矫慎，少好黄老，隐遁山谷，因穴为室，仰慕松、乔导引之术。汝南吴苍遗书曰："盖闻黄、老之言，乘虚入冥，藏身远遁；亦有理国养人，施于为政。至如登山绝迹，神不著其证，人不睹其验。吾欲先生从其可者，于意何如？"此风以治道家之黄、老，绝神仙家所托之黄、老也。仲长统《卜居论》曰："安神闺房，思老氏之玄虚。呼吸精和，求至人之仿佛。"亦以道家与神仙家之言并称。

又《陈愍王宠传》："景平二年，国相师迁追奏前相魏愔与宠共祭天神，希冀非幸，罪至不道。……槛车传送愔、迁诣北寺诏狱。使中常侍王酺与尚书令、侍御史杂考。愔辞与王共祭黄老君，求长生福而已，无它冀幸。"刘攽《刊误》曰："黄老君不成文，当云黄帝老君。"《刊误补遗》曰："《真诰》云：大洞之道，至精至妙，是守素真人之经。昔中央黄老君秘此经，世不知也。则道家又自有黄老君。"案言中央黄老君，似指天神中之黄帝，则正实师迁所奏。而当时迁以诬告其王诛死，足见《后汉书》所云，非《真诰》所载，贡父之说，为不误也。或《后汉书》衍"君"字。

第十一章　小说家

小说家之书，今亦尽亡。据《汉志》存目观之，则有《伊尹说》《鬻子说》《师旷》《务成子》《天乙》《黄帝说》,盖立说托诸古人者。有《周考》,《注》曰："考周事也。"又有《青史子》,《注》曰:"古史官记事也。"盖杂记古事者。《汉志》于《伊尹说》下曰:"其语浅薄,似依托也。"《鬻子说》下曰:"后世所加。"《师旷》下曰:"其言浅薄,似因托之。"《务成子》下曰:"称尧问,非古语。"《天乙》下曰:"其言非殷时，皆依托也。"《黄帝说》下曰："迂诞依托。"则其说盖无足观。故不得与九流并列也。然武帝时,虞初所撰之《周说》,至九百四十三篇。应劭曰:"其说以《周书》为本。"盖《周考》之类。又有《百家》，百三十九卷，不知为谁所撰。《史记·五帝本纪》，谓"《百家》言黄帝，其文不雅驯"。似即此《百家》，则亦杂记古事者。观二书篇卷之富，则小说家之多识往事，实可惊矣。

《汉志》曰："小说家者流，盖出于稗官，街谈巷语、道听途说者之所造也。孔子曰：虽小道，必有可观者焉；致远恐泥，是以君子弗为也。然亦弗灭也。闾里小知者之所及，亦使缀而不忘。如或一言可采，此亦刍荛狂夫之议也。"曰"街谈巷语"，曰"道听途说"，曰"君子勿为"，曰"闾里小知所及"，曰"刍荛狂夫之议"，则此一家之说，虽出自稗官，实为人民所造；稗官特搜集之，如采诗者之采取民间歌谣而已。古代学术，为贵族所专，人民鲜事研究。即有聪明才智之士，阅历有得，发为见道之言，而既乏俦侣之切磋，复无徒党之传播，其不能与九流媲美，固无足怪。然十室之邑，必有忠信；三人同行，必有我师；集千百闾里小知者之所为，亦必有君子之虑所勿及者，且必深可考见古代平民之思想，而惜乎其尽亡也。

《御览》八百六十八引《风俗通》：谓宋城门失火，取汲池中以沃之，鱼悉露见，但就取之，其说出于《百家》。案此说古书用之者甚多。《风俗通》之言而确，则古书中此类之说，尚必有取自小说家者。小说家之书虽亡，而未可谓之尽亡也。惜无所据以辑之耳。

第十二章　杂家

杂家者流，《汉志》曰："盖出于议官。兼儒墨，合名、法；知国体之有此，见王治之无不贯，此其所长也。"体者，四支百体之体。诸子之学，除道家为君人南面之术，不名一长外，余皆各有所长；犹人身百骸，阙一不可；故曰知国体之有此。杂家兼容而并包之，可谓能揽治法之全。所以异于道家者，驱策众家，亦自成为一种学术。道家专明此义，杂家则合众说以为说耳。虽集合众说，亦可称为一家者。专门家虽有所长，亦有所蔽。如今言政治者或偏见政治之要，言军事者或偏见军事之要，不惜阁置他事以徇之。然国事当合全局而统筹，实不宜如此。惟杂家虽专精少逊，而闳览无方，故能免此弊而足当议官之任。此后世所谓通学者之先驱也。参看上编第五章。

杂家之书，存于今者，为《尸子》及《吕氏春秋》。《尸子》仅有后人辑本，以汪继培本为最善。阙佚已甚。就其存者，大抵为儒、道、名、法四家之言。《吕氏春秋》，则首尾大略完具，编次亦极整齐。不徒包蕴弘富，并可借其编次，以考见古代学术之条理统系，诚艺林之瑰宝也。

《史记·吕不韦传》，谓不韦"使其客人人著所闻，集论以为八览、六论、十二纪，二十余万言，以为备天地万物古今之事，号曰《吕氏春秋》。布咸阳市门，县千金其上，延诸侯游士宾客，有能增损一字者，予千金"。其述作之时，规模之闳大，去取之谨慎，可以想见。高诱注此书，多摘其中事实误处，谓扬子云恨不及其时，车载金而归。见《慎人》《适威》二篇注。不知古人著书，重在明义；称引事实，视同寓言；人物差违，非所深计。增损及于一字，庸或传者已甚之辞，亦非古人著书之体。然当时之集思广益，不惮博采周谘，则概可见矣。此其所以能成此包蕴弘富，条理明备之作欤？若高诱之言，则适成其为高诱之见而已。旧作《读吕氏春秋》一篇，可见此书编纂之条理。今录于后，以见当时"集论"之法焉。

《吕氏春秋》二十六篇。凡为纪者十二，为览者八，为论者六。其编次，实当以览居首，论次之，纪居末。《史记·本传》称此书为《吕氏春秋》,《汉志》同,盖此书之本名。《太史公自序》及《报任少卿书》,又称此书为《吕览》。盖以览居全书之首，故有是简称，一也。古书自序，率居全书之末，今此书序意，实在十二纪后，二也。《有始览》从天地开辟说起，宜冠全书之首，三也。毕氏沅泥《礼运注疏》谓以十二纪居首，为春秋所由名。说本王应麟，见《玉海》。梁氏玉绳,初本谓览当居首,后乃变其说,自同于毕氏,非也。《礼运郑注》,并无以春秋名书，由首十二纪之意。古人著书，以春秋名者多矣，岂皆有十二纪以冠其首邪?

此书二十六篇,《汉志》以下皆同。庾仲容《子钞》、陈振孙《书录解题》作“三十六”,“三”盖误字。《文献通考》作“二十”，则又夺“六”字也。今本诸览论纪之下，又各有其所属之篇，都数为百六十，与《玉海》引王应麟之说相符。卢氏文弨曰:“《序意》旧不入数，则尚少一篇。此书分篇极为整齐，十二纪纪各五篇,六论论各六篇,八览当各八篇。今第一览止七篇,正少一。《序意》本明十二纪之义，乃末忽载豫让一事，与《序意》不类。且旧校云，一作《廉孝》,与此篇更无涉。即豫让亦难专有其名。窃疑《序意》之后半篇俄空焉，别有所谓《廉孝》者，其前半篇亦脱，后人遂强相符合，并《序意》为一篇，以补总数之阙。《序意》篇首无‘六曰’二字，于目中专辄加之，以求合其数。”案卢说是也。古书之存于今者，大率掇拾于丛残煨烬之余，编次错乱，略无法纪。此书独不然。即就此一端论，已为艺林之瑰宝矣。

八览、六论、十二纪之分，必此书固所有。其下各篇细目，不知其为固有，抑为后人所为?然要得古人分章之意。《四库提要》谓惟夏令多言乐，秋令多言兵，似乎有意，其余绝不可晓，谬矣。今试略论之。八览为全书之首，《有始览》又居八览之首，故从天地开辟说起。其下《应同》，言祯祥感应之理，因天以及人也。《去尤》《听言》《谨听》三篇，论人君驭下之道。《务本》言人臣事君之理。《谕大》言大小交相恃，犹言君臣交相资，此篇盖总论君若臣治国之道，而本之于天者也。《孝行览》言天下国家之本在身，身之本在孝。其下各篇，多论功名所由成。盖从创业时说起，故追念及于始祖也。《慎大览》言居安思危之义。所属各篇，言人君用贤，人臣事君及治国之道，皆守成之义。《先识览》专从识微观变立论。《审分览》明君臣之分职。《审应览》言人君听说之道。《离俗览》言用人之方。《恃君览》言人之乐群，由于群之能利人；群之能利人，由君道之立，因论人君不当以位为利，及能利民者当立，不利民者当替之道；并博论国家之所谓祸福。凡八览，盖本之于天，论国家社会成立之由，及其治之之术者也。六论：《开春论》言用人之术。《慎行论》明利害之辨。《贵直论》言人君当求直臣。《不苟论》言当去不肖。《似顺论》言百官之职，无可不慎；因及谨小慎微之义。《士容论》首二篇言人臣之道，下四篇言氓庶之事。六论盖博言君臣氓庶之所当务者也。十二纪者，古明堂行政之典。《礼记·月令》《管子·幼官》《淮南·时则》，皆是物也。后人以吕氏书有之，疑为秦制，非也。古代政事，统于明堂。明堂出令，必顺时月。故举十二纪，则一国之政，靡不该矣。所属诸篇：《孟春纪》言治身之道，春为生长之始，故本之于身也。《仲春》《季春》二纪，论知人任人之术，因身以及人也。《孟夏纪》言尊师、取友、教学之法。夏主长大，人之为学，亦所以广大其身也。《礼记·文王世子》："况于其身以善其君乎？"郑注"于读为迂。迂犹广也，大也"。《仲夏》《季夏》皆论乐。乐盈而进，率神而从天，故于盛阳之时论之也。《孟秋》《仲秋》二纪皆言兵，显而易见。《季秋》所属《顺民》《知士》二篇，乃用兵之本；《审己》者，慎战之道；《精通》者，不战屈人之意也。《孟冬纪》皆论丧葬。葬者藏，冬阅藏物也。《仲冬》《季冬》二纪，论求知及知人。人能多所畜藏则知，所谓"多识前言往行，以畜其德"，抑知莫大于知人也。览始于天地开辟，而纪终之以一国之政，先理而后事也。《序意》一篇，当兼该全书，而但及十二纪者，以有缺脱也。始乎理，终乎事；条其贯，纲举目张。古书之编次，信无如此书之整齐者已。

附录：《经子解题》

自　序

本书皆予讲学时所论，及门或笔录之，予亦稍加补正。群经及先秦诸子之真者，略具于是矣。所积既多，或谓其有益初学，乃加以编次，裒为一帙，印以问世焉。此书有益初学之处凡三：切实举出应读之书，及其读之之先后，与泛论大要，失之肤廓，及广罗参考之书，失之浩博，令人无从下手者不同，一也。从前书籍解题，多仅论全书大概，此多分篇论列，二也。论治学方法及书籍之作，亦颇浩繁；初学读之，苦不知孰为可据，此所举皆最后最确之说，且皆持平之论，三也。然学问之道，贵自得之，欲求自得，必先有悟入处。而悟入之处，恒在单词只义，人所不经意之处，此则会心各有不同，父师不能以喻之子弟者也。昔人读书之弊，在于不甚讲门径，今人则又失之太讲门径，而不甚下切实工夫：二者皆弊也。愿与承学之士共勉之。驽才自识。民国十三年七月。

论读经之法

吾国旧籍，分为经、史、子、集四部，由来已久。而四者之中，集为后起。盖人类之学问，必有其研究之对象。书籍之以记载现象为主者，是为史。就现象加以研求，发明公理者，则为经、子。固无所谓集也。然古代学术，皆专门名家，各不相通。后世则渐不能然。一书也，视为记载现象之史一类固可，视为研求现象，发明公理之经、子一类，亦无不可。论其学术流别，亦往往兼搜并采，不名一家。此等书，在经、史、子三部中，无类可归；乃不得不别立一名，而称之曰“集”。此犹编新书目录者，政治可云政治，法律可云法律，至不专一学之杂志，则无类可归；编旧书目录者，经可曰经，史可曰史，至兼包四部之丛书，则不得不别立丛部云尔。

经、子本相同之物，自汉以后，特尊儒学，乃自诸子书中，提出儒家之书，而称之曰经。此等见解，在今日原不必存。然经之与子，亦自有其不同之处。孔子称“述而不作”，其书虽亦发挥己见，顾皆以旧书为蓝本。故在诸家中，儒家之六经，与前此之古书，关系最大。古文家以六经皆周公旧典，孔子特补苴缀拾，固非；今文家之偏者，至谓六经皆孔子手著，前无所承，亦为未是。六经果皆孔子手著，何不明白晓畅，自作一书；而必伪造生民，虚张帝典乎？治之之法，亦遂不能不因之而殊。章太炎所谓“经多陈事实，诸子多明义理；贾、马不能理诸子，郭象、张湛不能治经”是也。《与章行严论墨学》第二书，见《华国月刊》第四期。按此以大较言之，勿泥。又学问之光大，不徒视前人之倡导，亦视后人之发挥。儒学专行二千年，治之者多，自然日益光大；又其传书既众，疏注亦详；后学钻研，自较治诸子之书为易。天下本无截然不同之理；训诂名物，尤为百家所同。先明一家之书，其余皆可取证。然则先经后子，固研求古籍之良法矣。

欲治经，必先知历代经学变迁之大势。今案吾国经学，可大别为汉、宋二流。而细别之，则二者之中，又各可分数派。秦火之后、西汉之初，学问皆由口耳相传，其后乃用当时通行文字，著之竹帛，此后人所称为“今文学”者也。末造乃有自谓得古书为据，而訾今文家所传为阙误者，于是有“古文之学”焉。今文学之初祖，《史记·儒林传》所列，凡有八家：所谓“言《诗》，于齐则辕固生，于燕则韩太傅。言《书》，自济南伏生。言《礼》，自鲁高堂生。言《易》，自菑川田生。言《春秋》，于齐、鲁自胡毋生，于赵自董仲舒”是也。东京立十四博士：《诗》，鲁、齐、韩；《书》，欧阳、大小夏侯；《礼》，大小戴；《易》，施、孟、梁丘、京；《春秋》，严、颜；皆今文学。古文之学：《诗》有毛氏，《书》有古文《尚书》，《礼》有《周礼》，《易》有费氏，《春秋》有左氏，皆未得立。然东汉末造，古文大盛，而今文之学遂微。盛极必衰，乃又有所谓伪古文者出。伪古文之案，起于王肃。肃盖欲与郑玄争名，乃伪造古书，以为证据。即清儒所力攻之伪古文《尚书》一案是也。参看后文论《尚书》处。汉代今古文之学，本各守专门，不相通假。郑玄出，乃以意去取牵合，尽破其界限。王肃好攻郑，而其不守家法，亦与郑同。二人皆糅杂今古，而皆偏于古。郑学盛行于汉末；王肃为晋武帝外祖，其学亦颇行于晋初；而两汉专门之学遂亡。此后经学，乃分二派：一以当时之伪书玄学，羼入其中，如王弼之《易》，伪孔安国之《书》是。一仍笃守汉人所传，如治《礼》之宗郑氏是。其时经师传授之绪既绝，乃相率致力于笺疏，是为南北朝义疏之学。至唐代纂《五经正义》，而集其大成。南北朝经学不同。《北史·儒林传》：“其在江左：《周易》则王辅嗣，《尚书》则孔安国，《左传》则杜元凯。其在河洛：《左传》则服子慎，《尚书》《周易》则郑康成。《诗》则并主于毛公，《礼》则同遵于郑氏。”是除《诗》《礼》外，南方所行者，为魏、晋人之学；北方所守者，则东汉之古文学也。然逮南北统一，南学盛而北学微，唐人修《五经正义》，《易》取王，《书》取伪孔，《左》取杜，而服郑之学又亡。以上所述，虽派别不同，而同导源于汉，可括之于汉学一流者也。

北宋之世，乃异军苍头特起。宋人之治经也，不墨守前人传注，而兼凭一己所主张之义理。其长处，在能廓清摧陷，一扫前人之障翳，而直凑单微。其短处，则妄以今人之意见，测度古人；据后世之情形，议论古事，遂至不合事实。自南宋理宗以后，程、朱之学大行。元延祐科举法，诸经皆采用宋人之书。明初因之。永乐时，又命胡广等修《四书五经大全》。悉取宋、元人成著，抄袭成书。自《大全》出，士不知有汉、唐人之学，并不复读宋、元人之书，而明代士子之空疏，遂于历代为最甚。盖一种学问之末流，恒不免于流荡而忘反。宋学虽未尝教人以空疏，然率其偏重义理之习而行之，其弊必至于此也。物穷则变，而清代之汉学又起。

清儒之讲汉学也；始之以参稽博考，择善而从，尚只可称为汉、宋兼采。其后知凭臆去取，虽极矜慎，终不免于有失，不如专重客观之为当也。其理见下。于是屏宋而专宗汉，乃成纯粹之汉学。最后汉学之中，又分出宗尚今文一派，与前此崇信贾、马、许、郑者立别。盖清儒意主复古，剥蕉抽茧之势，非至于此不止也。

经学之历史，欲详陈之，数十万言不能尽。以上所云，不过因论读经之法，先提挈其纲领而已。今请进言读经之法。

治学之法，忌偏重主观。偏重主观者，一时似惬心贵当，而终不免于差谬。能注重客观则反是。今试设一譬：东门失火，西门闻之，甲、乙、丙、丁，言人人殊。择其最近于情理者信之，则偏重主观之法也。不以己意定其然否，但考其人孰为亲见，孰为传闻。同传闻也：孰亲闻诸失火之家，孰但得诸道路传述。以是定其言之信否，则注重客观之法也。用前法者，说每近情，而其究多误；用后法者，说或远理，而其究多真。累试不爽。大抵时代相近，则思想相同。故前人之言，即与后人同出揣度，亦恒较后人为确。况于师友传述，或出亲闻；遗物未湮，可资目验者乎。此读书之所以重“古据”也。宋人之经学，原亦有其所长；然凭臆相争，是非难定。自此入手，不免失之汗漫。故治经当从汉人之书入。此则治学之法如是，非有所偏好恶也。

治汉学者，于今古文家数，必须分清。汉人学问最重师法。各守专门，丝毫不容假借。如《公羊·宣十五年》何注，述井田之制，与《汉书·食货志》略同。然《汉志》用《周官》处，《解诂》即一语不采。凡古事传至今日者，率多东鳞西爪之谈。掇拾丛残，往往苦其乱丝无绪；然苟能深知其学术派别，殆无不可整理之成两组者。夫能整理之成两组，则纷然淆乱之说，不啻皆有线索可寻。今试举一实例。如三皇五帝，向来异说纷如，苟以此法驭之，即可分为今古文两说。三皇之说：以为天皇十二头，地皇十一头，立各一万八千岁；人皇九头，分长九州者，《河图》《三五历》也。以为燧人、伏羲、神农者，《尚书大传》也。以为伏羲、神农、燧人，或曰伏羲、神农、祝融者，《白虎通》也。以为伏羲、女娲、神农者，郑玄也。以为天皇、地皇、泰皇者，始皇议帝号时秦博士之说也。除《纬书》荒怪，别为一说外，《尚书大传》为今文说，郑玄偏重古文。伏生者，秦博士之一。《大传》

云："燧人以火纪，阳尊，故托燧皇于天；伏羲以人事纪，故托羲皇于人；神农悉地力，种谷蔬，故托农皇于地。"可见儒家所谓三皇者，义实取于天地人。《大传》与秦博士之说，即一说也。《河图》《三五历》之说，司马贞《补三皇本纪》列为或说；其正说则从郑玄。《补三皇本纪》述女娲氏事云"诸侯有共工氏，与祝融氏战，不胜，而怒。乃头触不周之山，天柱折，地维缺。女娲乃炼五色石以补天"云云。上言祝融，下言女娲，则祝融即女娲。《白虎通》正说从今文，以古文备或说；或古文说为后人窜入也。五帝之说，《史记》《世本》《大戴礼》并以黄帝、颛顼、帝喾、尧、舜当之；郑玄说多一少昊。今案《后汉书·贾逵传》，逵言："五经家皆言颛顼代黄帝，而尧不得为火德。《左氏》以为少昊代黄帝，即图谶所谓帝宣也。如令尧不得为火德，则汉不得为赤。"则《左氏》家增入一少昊，以六人为五帝之情可见矣。《史记》《世本》《大戴礼》，皆今文说，《左氏》古文说也。且有时一说也，主张之者只一二人；又一说也，主张之者乃有多人。似乎证多而强矣。然苟能知其派别，即可知其辗转祖述，仍出一师。不过一造之说，传者较多；一造之说，传者较少耳。凡此等处，亦必能分清家数，乃不至于听荧也。

近人指示治学门径之书甚多，然多失之浩博。吾今举出经学入门简要之书如下：

皮锡瑞《经学历史》 此书可首读之，以知历代经学变迁大略。

廖平《今古文考》 廖氏晚年著书，颇涉荒怪。早年则不然。分别今古文之法，至廖氏始精确。此书必须次读之。

康有为《新学伪经考》 吾举此书，或疑吾偏信今文，其实不然也。读前人之书，固可以观其事实，而勿泥其议论。此书于重要事实，考辨颇详。皆前列原书，后抒己见。读之，不啻读一详博之两汉经学史也。此书今颇难得；如能得之者，读廖氏《今古文考》后，可续读之。

《礼记·王制注疏》《周礼注疏》、陈立《白虎通疏证》、陈寿祺《五经异义疏证》 今古文同异重要之处，皆在制度。今文家制度，以《王制》为大宗；古文家制度，以《周礼》为总汇。读此二书，于今古文同异，大致已可明白。两种皆须连疏注细看；不可但读白文，亦不可但看注。《白虎通义》为东京十四博士之说，今文学之结晶也。《五经异义》为许慎所撰，列举今古文异说于前，下加按语，并有郑驳，对照尤为明了。二陈《疏证》，间有误处。以其时今古文之别，尚未大明也。学者既读前列各书，于今古之别，已可了然，亦但观其采摭之博可矣。

此数书日读一小时，速则三月，至迟半年，必可卒业。然后以读其余诸书，即不虑其茫无把握矣。

古代史书，传者极少。古事之传于后者，大抵在经、子之中。而古人主客观不甚分明；客观事实，往往夹杂主观为说；甚有全出虚构者，是为寓言。参看后论读子之法。而其学问，率由口耳相传，又不能无讹误，古书之传于今者，又不能无阙佚。是以随举一事，辄异说蜂起，令人如堕五里雾中。治古史之难以此。苟知古事之茫昧，皆由主客观夹杂使然。即可按其学术流别，将各家学说，分别部居；然后除去其主观成分而观之，即古事之真相可见矣。然则前述分别今古文之法，不徒可施之儒家之今古文，并可施之诸子也。此当于论读子方法时详之。惟有一端，论读经方法时，仍不得不先述及者，则“既知古代书籍，率多治其学者东鳞西爪之谈，并无有条理系统之作，而又皆出于丛残掇拾之余；则传之与经，信否亦无大分别”是也，世之尊经过甚者，多执经为孔子手定，一字无讹；传为后学所记，不免有误。故于经传互异者，非执经以正传，即弃传而从经，几视为天经地义。殊不知尼山删定，实在晚年，焉能字字皆由亲笔。即谓其字字皆由亲笔，而孔子与其弟子，亦同时人耳，焉见孔子自执笔为之者，即一字无讹；言出于孔子之口，而弟子记之，抑或推衍师意者，即必不免有误哉。若谓经难私造，传可妄为，则二者皆汉初先师所传，经可信，传亦可信；传可伪，经亦可伪也。若信今文之学，则经皆汉代先师所传，即有讹阙，后人亦无从知之。若信古文之学，谓今文家所传之经，以别有古经，可资核对，所异惟在文字，是以知其可信；则今文先师，既不伪经，亦必不伪传也。是以汉人引用，经传初不立别。崔适《春秋复始》，论“汉儒引《公羊》者皆谓之《春秋》；可见当时所谓《春秋》者，实合今之《公羊传》而名之”甚详。余谓不但《春秋》如此，即他经亦如此。

《太史公自序》 引《易》“失之毫厘，谬以千里”，此二语汉人引者甚多，皆谓之《易》。今其文但见《易纬》。又如《孟子·梁惠王下》篇，载孟子对齐宣王好勇之问曰：“《诗》云：王赫斯怒，爰整其旅，以遏徂莒，以笃周祜，以对于天下。此文王之勇也，文王一怒而安天下之民。《书》曰：天降下民，作之君，作之师；惟曰其助上帝，宠之四方，有罪无罪，惟我在，天下曷敢有越厥志。一人衡行于天下，武王耻之。此武王之勇也。而武王亦一怒而安天下之民。”“此文王之勇也”，“此武王之勇也”，句法相同；自此以上，皆当为《诗》《书》之辞；然“一人衡行于天下，武王耻之”，实为后人评论之语。孟子所引，盖亦《书传》文也。举此两事，余可类推。近人过信经而疑传者甚多。予去岁《辨梁任公阴阳五行说之来历》一文，曾力辨之。见《东方杂志》第二十卷第二十册，可以参观。又如《北京大学月刊》一卷三号，载朱君希祖整理中国最古书籍之方法论，谓欲“判别今古文之是非，必取立敌共许之法。古书中无明文、今古文家之传说，一概捐除。惟《易》十二篇、《书》二十九篇、《诗》三百五篇、《礼》十七篇、《春秋》《论语》《孝经》七书，为今古文家所共信。因欲取为判别二家是非之准”。朱君之意，盖欲弃经说而用经文，亦与梁君同蔽。姑无论经传信否，相去不远。即谓经可信，传不可信，而经文有不能解释处势必仍取一家传说，是仍以此攻彼耳，何立敌共许之有。今古说之相持不决者，固各有经文为据，观许慎之《五经异义》及郑驳可见也。决嫌疑者视诸圣，久为古人之口头禅，岂有明有经文可据，而不知援以自重者哉。大抵古今人之才智，不甚相远。经学之所以聚讼，古事之所以茫昧，自各有其原因。此等疑难，原非必不可以祛除，然必非一朝所能骤决。若有如朱君所云直截了当之法，前此治经之人，岂皆愚呆，无一见及者邪？

治经之法，凡有数种：（一）即以经为一种学问而治之者。此等见解，由昔日尊经过甚使然。今已不甚适合。又一经之中，所包甚广，人之性质，各有所宜，长于此者不必长于彼。因治一经而遍及诸学，非徒力所不及；即能勉强从事，亦必不能深造。故此法在今日不甚适用。（二）则视经为国故，加以整理者。此则各本所学，求其相关者于经，名为治经，实仍是治此科之学，而求其材料于古书耳。此法先须于所治之学，深造有得；再加以整理古书之能，乃克有济。此篇所言，大概为此发也。（三）又有因欲研究文学，而从事于读经者。其意亦殊可取。盖文学必资言语，而言语今古相承，不知古语，即不知后世言语之根原。故不知最古之书者，于后人文字，亦必不能真解。经固吾国最古之书也。但文学之为物，不重在死法，而贵能领略其美。文学之美，只可直觉；非但徒讲无益，抑亦无从讲起。今姑定一简明之目，以为初学诵习参考之资。盖凡事熟能生巧，治文学者亦不外此。后世文学，根原皆在古书。同一熟诵，诵后世书，固不如诵古书之有益。而欲精研文学，则数十百篇熟诵之文字，固亦决不能无也。

《诗》 此书近今言文学者必首及之，几视为第一要书，鄙意少异。韵文视无韵文，已觉专门；谈韵文而及于《诗经》，则其专门更甚。何者？四言诗自汉魏后，其道已穷。非专治此一种文学者，不易领略其音节之美，一也；诗之妙处，在能动人情感，而此书距今太远，今人读之，实不能知其意之所在，二也；诗义之所以聚讼莫决者，其根原在此。若现在通行之歌谣，其有寓意者，固人人能知之也。故此书除专治古代韵文者外，但略事泛览，知其体例；或择所好熟诵之即可。

《书》 书之文学，别为一体。后世作庄严典重之文字者，多仿效之。若细分之，仍有三种：（一）最难通者，如《周诰》《殷盘》是；（二）次难通者，通常各篇皆是；（三）最易通者，如《甘誓》《牧誓》《金縢》诸篇是。第一种存古书原文盖最多；第三种则十之八九，殆皆孔子以后人所为也。此书文字虽不易解，然既为后世庄严典重之文字所从出，则亦不可不熟复而求其真了解。《洪范》《无逸》《顾命》兼今本《康王之诰》。《泰誓》四篇，文字最美，如能熟诵更妙。《禹贡》一篇，为后世地志文字体例所自出，须细看。

《仪礼》《礼记》《周礼》 《仪礼》《周礼》皆记典制之书。不必诵读，但须细看，知其体例。凡记述典制之文皆然。《礼记》一书，荟萃诸经之传及儒家诸子而成。见后。文字亦极茂美。论群经文学者，多知重《左氏》，而罕及《小戴》，此皮相之论也。《左氏》所叙之事，有与《檀弓》同者，二者相较，《左氏》恒不如《檀弓》。其余论事说理之文，又何一能如《戴记》之深纯乎？不可不择若干篇熟诵之也。今更举示篇名如下：《檀弓》为记事文之极则，风韵独绝千古，须熟读。《王制》为今文学之结晶，文字亦极茂美，可熟读。既有益于学问，又有益于文学也。《文王世子》，文最流畅。《礼运》《礼器》，文最古雅。《学记》《乐记》，文最深纯。《祭义》，文最清丽。《坊记》《表记》《缁衣》三篇为一类，文极清雅。《儒行》，文极茂美。《冠义》《昏义》《乡饮酒义》《射义》《燕义》《聘义》六篇，为《仪礼》之传，文字亦极茂美。以上诸篇，皆可熟读。然非谓《戴记》文字之美者，遂尽于此，亦非谓吾所指为最美者，必能得当；更非敢强人之所好以同于我也。聊举鄙意，以供读者之参考耳。

《易》 此书《卦辞》《爻辞》，知其体例即可。《彖辞》《文言》《系辞传》，文皆极美，可择所好者熟诵之。《序卦》为一种序跋文之体，可一看。

《春秋》 三传文字，自以《左氏》为最美。其文整齐研练，自成风格，于文学上关系极巨。《左氏》系编年体，其文字一线相承，无篇目，不能列举其最美者。大抵长篇词令叙事，最为紧要。但短节叙事，寥寥数语，亦有极佳者，须细看。《公羊》为《春秋》正宗，讲《春秋》者，义理必宗是书。论文学则不如《左氏》之要。读一过，知其体例可矣。《公羊》之文字为传体，乃所以解释经文，与《仪礼》之传同。后人无所释之经，而亦或妄效其体，此大谬也。此等皆不知义例之过。故讲文学，亦必须略知学问。《穀梁》文体与《公羊》同。

《论语》《孟子》 此两书文极平正，有极简洁处，亦有极反复排奡处。大抵《论语》简洁者多，然亦有反复排奡者，如《季氏将伐颛臾章》是。《孟子》反复排奡者多，然亦有极简洁者，如各短章皆是。于文学极有益。凡书之为大多数人所习熟者，其义理，其事实，其文法，其辞句，即不期而为大多数人所沿用。在社会即成为常识。此等书即不佳，亦不可不一读，况其为佳者乎。《论语》《孟子》，为我国极通行之书，必不可不熟诵也。

此外《尔雅》为训诂书，当与《说文》等同类读之，与文学无关。《孝经》亦《戴记》之流。但其说理并不甚精，文字亦不甚美。一览已足，不必深求也。

六经排列之次序，今古文不同。今文之次，为《诗》《书》《礼》《乐》《易》《春秋》；古文之次，则为《易》《书》《诗》《礼》《乐》《春秋》。盖今文家以六经为孔子别作，其排列之次序，由浅及深。《诗》《书》《礼》《乐》，乃普通教育所资；《王制》："乐正崇四术，立四教，顺先王诗书礼乐以造士。"《论语》："子所雅言，诗书执礼。"盖诗书礼乐四者，本古代学校中教科，而孔子教人，亦取之也。而《易》与《春秋》，则为"性与天道"，"经世之志"所寄；故其次序如此也。古文家以六经皆周公旧典，孔子特修而明之。故其排列之次序，以孔子作六经所据原书时代先后为序。愚谓今言整理国故，视凡古书悉为史材则通；谓六经皆史则非。故今从今文家之次，分论诸经源流及其读法如下。

诗

《诗》：今文有鲁、齐、韩三家。古文有毛。郑玄初学《韩诗》；后就《毛传》作《笺》，间用韩义。《采蘋》《宾之初筵》两诗皆难毛。王肃作《毛诗注》《毛诗义驳》《毛诗奏事》《毛诗问难》诸书，以申毛难郑。《齐诗》亡于曹魏；《鲁诗》不过江东；《韩诗》虽存，无传之者；于是三家与毛之争，一变而为郑、王之争。诸儒或申郑难王,或申王难郑,纷纷不定。至唐修《五经正义》,用毛《传》郑《笺》,而其争乃息。王肃之书,今亦已亡。然毛、郑相违处,《正义》中申毛难郑之言,实多用王说。

读《诗》第一当辨明之事,即为《诗序》。案释《诗》之作,凡有三种:(一)释《诗》之字句者,如今之《毛氏诂训传》是也。(一)释《诗》之义者,如今之《诗序》是也。(一)推演《诗》义者,如今之《韩诗外传》是也。三家诂训及释《诗》义之作,今皆已亡。三家诗亦有序,见《诗古微·齐、鲁、韩、毛异同论》。魏、晋而后,《毛诗》专行者千余年。学者于《诗序》率皆尊信。至宋欧阳修作《诗本义》,苏辙作《诗传》,始有疑辞。南渡而后,郑樵作《诗辨妄》,乃大肆攻击。朱子作《诗集传》,亦宗郑说。而《集传》与毛、郑之争又起。《小序》之义,诚有可疑;然宋儒之疑古,多凭臆为说,如暗中相搏,胜负卒无分晓,亦不足取也。清儒初宗毛、郑而攻《集传》。后渐搜采及于三家。始知毛、郑而外,说《诗》仍有古义可征;而《集传》与毛、郑之争,又渐变而为三家与毛之争。时则有为调停之说者,谓《诗》有"作义""诵义";三家与毛所以异同者,毛所传者作义,三家所传者诵义;各有所据,而亦两不相悖也。其激烈者,则径斥《小序》为杜撰,毛义为不合。二者之中,予颇左袒后说。此非偏主今文,以事理度之,固如是也。

何则?《诗》分《风》《雅》《颂》三体。《雅》《颂》或有本事可指;《风》则本民间歌谣,且无作者可名,安有本义可得。而今之《诗序》,于《风诗》亦篇篇皆能得其作义,此即其不可信之处也。《诗序》究为谁作,说极纷纭。宋以后之说,亦多凭臆测度,不足为据。其传之自古者,凡有四说:以为《大序》子夏作,《小序》子夏、毛公合作者,郑玄《诗谱》也。《正义》引沈重说。以为子夏作者,王肃《家语注》也。以为卫宏作者,《后汉书·儒林传》也。以为子夏首创,而毛公及卫宏加以润饰增益者,《隋书·经籍志》也。肃说不足信,《隋志》亦系调停之辞。所当辨者,独《后汉书》及《诗谱》两说耳。予谓两说之中,《后汉书》之说,实较可信。今毛《传》之义,固有与《小序》不合者。如《静女》。且其序文义平近,亦不似西汉以前人手笔也。毛《传》之义,所以与《小序》无甚抵牾者,非毛先有《序》为据,乃《序》据毛《传》而作耳。《序》语多不可信,决非真有传授。郑樵谓其采掇古书而成,最为近之。

《诗序》有大小之别。今本《小序》分列诸诗之前,而《大序》即接第一首《小序》之下。自“风，风也”以下。据《正义》。《小序》之不足信，前已言之，《大序》亦系杂采诸书而成，故其辞颇错乱。但其中颇有与三家之义不背者。魏源说，见《诗古微》。今姑据之，以定《风》《雅》《颂》之义。《大序》云：“风，风也，教也。风以动之，教以化之。”又云：“上以风化下，下以风刺上，主文而谲谏，言之者无罪，闻之者足以戒，故曰风。至于王道衰，礼义废，政教失，国异政，家殊俗，而变风变雅作矣。国史明乎得失之迹，伤人伦之废，哀刑政之苛；吟咏情性，以讽其上；达于事变，而怀其旧俗者也。故变风，发乎情，止乎礼义。发乎情，民之性也；止乎礼义，先王之泽也。”此其言《风》之义者也。又云：“一国之事，系一人之本，谓之风。言天下之事，形四方之风，谓之雅。雅者，正也。政有小大，故有小雅焉，有大雅焉。”此其言雅之义者也。又云：“颂者，美盛德之形容；以其成功，告于神明者也。”此其言颂之义者也。案：《诗序》言风与颂之义，皆极允惬，惟其言大、小雅，则似尚欠明白。《史记·司马相如传》：“大雅言王公大人，而德逮黎庶；小雅讥小己之得失，其流及上。”分别大小之义，实校今诗序为优。盖三家义也。

今《诗》之所谓风者：周南、召南、邶、鄘、卫、王、郑、齐、魏、唐、秦、陈、桧、曹、豳，凡十五国。周南、召南为正风。自邶以下，皆为变风。王亦列于风者，《郑谱》谓：“东迁以后，王室之尊，与诸侯无异；其诗不能复雅，故贬之也。”《正义》：善恶皆能正人，故幽、厉亦名雅。平王东迁，政遂微弱，其政才及境内，是以变为风焉。十五国之次，郑与毛异。据《正义》：《郑谱》先桧后郑，王在豳后，或系《韩诗》原第邪。

《雅》之篇数较多，故以十篇为一卷。其中《小雅》自《鹿鸣》起至《菁菁者莪》止为正，自此以下皆为变。又分《鹿鸣》至《鱼丽》，为文工武王之正《小雅》。《南有嘉鱼》至《菁菁者莪》为成王、周公之正《小雅》。《六月》至《无羊》，为宣王之变《小雅》。《节南山》至《何草不黄》，申毛者皆以为幽王之变《小雅》，郑则以《十月之交》以下四篇为厉王之变《小雅》。《大雅》自《文王》至《卷阿》为正，《民劳》以下为变。又分《文王》至《灵台》，为文王之正《大雅》。《下武》至《文王有声》为武王之正《大雅》。《生民》至《卷阿》为成王、周公之正《大雅》。《民劳》至《桑柔》为厉王之变《大雅》。《云汉》至《常武》，为宣王之变《大雅》。《瞻卬》《召旻》二篇为幽王之变《大雅》。皆见《释文》及《正义》。正《小雅》中，《南陔》《白华》《华黍》《由庚》《崇丘》《由仪》六篇，惟有《小序》。《毛诗》并数此六篇，故《诗》之总数，为三百十一篇。三家无此六篇，故《诗》之总数，为三百五篇。小、大《雅》诸诗之义，三家与毛，有同有异，不能备举。可以《三家诗遗说考》与毛《传》、郑《笺》对勘也。

《颂》则三家与毛义大异。毛、郑之义，谓商、鲁所以列于《颂》者，以其得用天子礼乐；今文家则谓《诗》之终以三《颂》，亦《春秋》“王鲁新周故宋”之意，乃通三统之义也。又《鲁颂》，《小序》以为季孙行父作，三家以为奚斯作。《商颂》，《小序》以为戴公时正考父得之于周太师，三家即以为正考父之作。

诗本止《风》《雅》《颂》三体，而《小序》增出赋、比、兴，谓之六义。案此盖以附会《周礼》太师六诗之文。然实无赋、比、兴三种诗可指。故郑《志》：“张逸问何《诗》近于赋比兴？郑答谓孔子录《诗》，已合《风》《雅》《颂》中，难可摘别。”《正义》引。“郑意谓《风》《雅》《颂》者，《诗》篇之异体；赋、比、兴者，《诗》文之异辞也。”《正义》说。因此故，乃又谓《七月》一诗，备有风、雅、颂三体，以牵合《周礼》籥章豳诗，豳雅，豳颂之文。案：赋者，叙事；比者，寄意于物；兴者，触物而动；譬如实写美人为赋。辞言花而意实指美女为比。因桃花而思及人面，则为兴矣。作《诗》原有此三法。然谓此作《诗》之三法，可与《诗》之三种体制，平列而称六义，则终属勉强；一诗而兼三体，尤不可通矣。窃谓《周礼》之六诗，与《诗》之《风》《雅》《颂》，其豳诗、豳雅、豳颂，与《诗》之《豳风》，自系两事，不必牵合。郑君学未尝不博，立说亦自有精到处，然此等牵合今古，勉强附会处，则实不可从也。又今文家以《关雎》《鹿鸣》《文王》《清庙》为四始，见《史记》。盖《鲁诗》说。乃以其为《风》及大、小《雅》《颂》之首篇；而《小序》乃即以《风》、大小《雅》、《颂》为四始，亦殊不可解。

治《诗》之法，凡有数种：（一）以《诗》作史读者。此当横考列国之风俗，纵考当时之政治。《汉书・地理志》末卷及郑《诗谱》，最为可贵。案《汉志》此节本刘歆。歆及父向皆治《鲁诗》。班氏世治《齐诗》。郑玄初治《韩诗》。今《汉志》与郑《谱》述列国风俗，大同小异，盖三家同有之义，至可信据也。何诗当何王时，三家与毛、郑颇有异说。亦宜博考。以《诗》证古史，自系治史一法。然《诗》本歌谣，托诸比、兴，与质言其事者有异。后儒立说，面面皆可附会，故用之须极矜慎。近人好据《诗》言古史者甚多。其弊也，于《诗》之本文，片言只字，皆深信不疑；几即视为纪事之史，不复以为文辞；而于某《诗》作于何时，系因何事，则又往往偏据毛、郑，甚者凭臆为说，其法实未尽善也。(一)以为博物之学而治之者。《论语》所谓多识于鸟、兽、草、木之名也。此当精研疏注，博考子部有关动植物诸书。(一)用以证小学者。又分训诂及音韵两端，毛《传》与《尔雅》训诂多合，实为吾国最古之训诂书。最初言古韵者，本自《诗》入，今日言古韵，可据之书，固犹莫如《诗》也。(一)以为文学而研究之者。当先读疏注，明其字句。次考《诗》义，观诗人发愤之由，司马迁云:《诗》三百篇，大抵贤圣发愤之所由作。及其作诗之法。《诗》本文学，经学家专以义理说之，诚或不免迂腐。然《诗》之作者，距今几三千年；作《诗》之意，断非吾侪臆测可得。通其所可通，而阙其所不可通者，是为善读书，若如今人所云"月出皎兮，明明是一首情诗"之类，羌无证据，而言之断然，甚非疑事无质之义也。

《王制》述天子巡守，命太师陈《诗》，以观民风。何君言采《诗》之义曰:《公羊》宣十五年《注》。"五谷毕入，民皆居宅。男女有所怨恨，相从而歌。饥者歌其食，劳者歌其事。男年六十，女年五十无子者，官衣食之，使之民间求诗。乡移于邑，邑移于国，国以闻于天子。故王者不出牖户，尽知天下所苦，不下堂而知四方。"其重之也如此。夫人生在世，孰能无幽约怨悱，不能自言之情？而社会之中，束缚重重，岂有言论自由之地？斯义也，穆勒《群己权界论》严复译。言之详矣。故往往公然表白之言，初非其人之真意；而其真意，转托诸谣咏之间。古代之重诗也以此。夫如是，《诗》安得有质言其事者。而亦安可据字句测度，即自谓能得作诗之义邪？《汉书·艺文志》曰:"汉兴，鲁申公为《诗》训诂。齐辕固生、燕韩生，皆为之传。或取《春秋》，采杂说，咸非其本意。与不得已，鲁最为近之。"此乃古学家攻击三家之辞，其端已肇于班固时。其后乃采取古书，附会《诗》义，而别制今之《诗序》。谓三家皆不知《诗》之本义，而古学家独能得之也。其实《诗》无本义。太师采《诗》而为乐，则只有太师采之之意；孔子删《诗》而为经，则只有孔子取之之意耳。犹今北京大学编辑歌谣，岂得谓编辑之人，即知作此歌谣者之意邪？三家于诗，间有一二，能指出其作之之人，及其本事者，如《芣苢》《柏舟》之类。此必确有所据。此外则皆付阙如。盖《诗》固只有诵义也。以只有诵义故，亦无所谓断章取义。我以何义诵之，即为何义耳。今日以此意诵之，明日又以彼义诵之，无所不可也。以为我诵之之意，则任举何义皆通；必凿指为诗人本义，则任举何义皆窒。《诗》义之葛藤，实自凿求其本义始也。

治诗切要之书，今约举如下：

《毛诗注疏》 今所传《十三经注疏》，乃宋人所集刻。其中《易》《书》《诗》《三礼》《左》《穀》，皆唐人疏。疏《公羊》之徐彦，时代难确考，亦必在唐以前。《论语》《孝经》《尔雅》皆宋邢昺疏，亦多以旧疏为本。惟《孟子疏》题宋孙奭，实为邵武士人伪托，见《朱子语录》。其疏极浅陋，无可取耳。唐人所修《正义》，诚不能尽满人意。然实多用旧疏，为隋以前经说之统汇，仍不可不细读也。特于此发其凡，以后论治诸经当读之书，即不再举注疏。

陈启源《毛诗稽古编》 宋人说《诗》之书甚多，读之不可遍。此书多驳宋人之说，读之可以知其大略。

马瑞辰《传笺通释》、陈奂《诗毛氏传疏》 以上两书，为毛郑之学。

陈乔枞《三家诗遗说考》、魏源《诗古微》 以上两书，为三家之学。魏书驳毛、郑，有极警快处。其立说亦有不可据处。魏氏之学，通而不精也。辑三家《诗》者始于宋之王应麟。仅得一小册。陈氏此书，乃十倍之而不止。清儒辑佚之精，诚足令前人俯首矣。

三家之中，《齐诗》牵涉纬说。如欲明之，可观迮鹤寿《齐诗翼奉学》，及陈乔枞《诗纬集证》两书。意在以《诗》作史读者，于《诗》之地理，亦须考究。可看朱右曾《诗地理征》。意在研究博物者，毛《传》郑《笺》而外，以吴陆玑《诗草木鸟兽虫鱼疏》为最古。与《尔雅》、毛《传》，可相参证也。

书

《尚书》真伪，最为纠纷。它经惟经说有聚讼，经文同异，止于文字，《尚书》则经文亦有真伪之分。案伏生传《书》二十八篇，今文家以为无阙。刘歆《移太常博士》，所谓“以《尚书》为备”也。然《汉书·经籍志》称大小夏侯《经》二十九卷，欧阳《经》三十一卷。此“三十一”，汲古阁本作“二十二”，武英殿本作“三十二”。案《志》下文欧阳《章句》三十一卷，则殿本“三十字”是，而“二”当作一。陈寿祺谓今文《书》亦有序，《左海经辨》。序说多与今文不合，说颇难信。王引之谓加后得《泰誓》,《经义述闻》。说较近之。大、小夏侯合为一,欧阳析为三。惟以《泰誓》为伏生所固有，则未必然耳。古文家谓《书》本有百篇，鲁共王坏孔子宅得之。孔安国以今文读之，得多十六篇，献之。遭巫蛊之事,未立于学官。《汉志》:《尚书古文经》四十六卷。除二十九篇与《今文经》同外，逸十六篇为十六卷，又一卷盖《序》也。《后汉书·儒林传》:杜林传《古文尚书》，贾逵为之作《训》，马融作《传》，郑玄注解，盖即此本。然逸十六篇，绝无师说，马、郑亦未尝为之作注也。迨东晋时，豫章内史梅颐，乃献所谓孔安国传者。其书凡五十八篇，为四十六卷。其三十三篇与郑同，二十五篇，又多于郑。今案伏生所传者:《尧典》一，合今《舜典》，而无篇首二十八字。《皋陶谟》二，合今本《益稷》。《禹贡》三,《甘誓》四,《汤誓》五,《盘庚》六,《高宗肜日》七,《西伯戡黎》八,《微子》九,《牧誓》十,《洪范》十一,《金縢》十二,《大诰》十三,《康诰》十四,《酒诰》十五,《梓材》十六,《召诰》十七,《洛诰》十八,《多士》十九,《无逸》二十,《君奭》二十一,《多方》二十二,《立政》二十三,《顾命》二十四，合今本《康王之诰》。《费誓》二十五,《吕刑》二十六,《文侯之命》二十七,《秦誓》二十八。加后得《泰誓》则二十九。郑分《盘庚》为三,析《康王之诰》于《顾命》,又分《泰誓》为三,得多五篇，为三十四。所谓逸十六篇者，其目见于《正义》。郑又分其《九共》为九篇:则《舜典》一,《汩作》二,《九共》九篇十一,《大禹谟》十二,《益稷》十三,《五子之歌》十四,《胤征》十五,《汤诰》十六,《咸有一德》十七,《典宝》十八,《伊训》十九,《肆命》二十,《原命》二十一,《武成》二十二,《旅獒》二十三,《冏命》二十四，共为五十八篇。晚出孔《书》，于二十九篇内无《泰誓》，而析《尧典》之下半为《舜典》,《皋陶谟》之下半为《益稷》,《盘庚》分三篇凡三十三。其多出之二十五篇:则《大禹谟》一,《五子之歌》二,《胤征》三,《仲虺之诰》四,《汤诰》五,《伊训》六,《太甲》三篇九,《咸有一德》十,《说命》三篇十三,《泰誓》三篇十六,《武成》十七,《旅獒》十八,《微子之命》十九,《蔡仲之命》二十,《周官》二十一,《君陈》二十二,《毕命》二十三,《君牙》二十四,《冏命》二十五，合之三十三篇，共五十八。后又加《舜典》篇首二十八字，即今通行之《尚书》矣。郑之逸十六篇，为此本所无。孔《书》与郑异，而《序》则同。《正义》:“马、郑之徒，百篇之序，总为一卷。孔以各冠其篇首；亡篇之序即随其次，居见存者之间。”案汉时伪造《尚书》者，尚有张霸之《百两》篇。《儒林传》谓其采《左氏传》及《书叙》，则《书叙》亦张霸所为矣。予案东晋晚出之伪《书》，既已不仇；张霸《百两》篇之伪，当时即破；即博士所读后得《泰誓》，亦伪迹显然。马融疑之，极为有见；见今《泰誓》及《左》襄三十一年《疏》。然则博士以二十八篇为备，说盖不诬。安有所谓百篇之《书》？更安有所谓百篇之《序》？然则逸十六篇，盖亦难信。郑玄、马融、王肃之徒，乃并以《书序》为孔子作，见《正义》。岂不谬哉？然其说亦有所本。案《璇玑钤》谓“孔子求得黄帝玄孙浠魁之书，迄于秦穆公，凡三千二百四十篇。定可以为世法者百二十篇。以百二篇为《尚书》，十八篇为《中侯》”。此盖张霸之伪所由托，而亦古文家百篇之说所由昉。纬说荒怪，诚难尽凭。然谓孔子删《书》，只取二十八篇，则其说可信，谓《尚书》一类之书，传于后代者，必只二十八篇，则未必然。何者？《逸书》散见古书者甚多。《尹吉》见《礼记·缁衣》。《高宗》见《坊记》。《夏训》见《左》襄四年。《伯禽》《康诰》见定四年。《相年》见《墨子·尚同》。《禹誓》见《兼爱》《明鬼》。《武观》《官刑》见《非乐》。《大战》《揜诰》见《尚书大传》。《大戊》见《史记·殷本纪》。《丰刑》见《汉书·律历志》。又《书序》所有之《九共》《帝告》《说命》《泰誓》《嘉禾》《臩命》六篇，亦见《大传》。详见《新学伪经考》。岂能尽指为伪物？《史记》谓古者《诗》三千余篇，说者亦多疑之。然今《佚诗》散见群书者亦甚多；谓孔子删《诗》为三百五篇则可，谓《诗》止三百五篇，亦未必然也。盖孔门所传之《诗》《书》为一物，固有之《诗》《书》，又为一物。孔子所删，七十子后学奉为定本者，《诗》止三百五篇，《书》只二十八篇；原有之《诗》《书》，则固不止此。抑此三百五篇、二十八篇者，不过孔子删定时所取之数，固未必无所取义；然必谓在此外者，即与此三百五篇、二十八篇，大相悬殊，亦属决无之理。故删定时虽已刊落，讲论之际，仍未尝不诵说及之。门人弟子，乃各著所闻于传。此今古籍中佚诗佚书之所以多也。然则所谓以百二篇为《尚书》，十八篇《中侯》者，得毋二十八篇之外，又有数十百篇，虽不及二十八篇之美善，而亦胜于其余之三千余篇，故孔子于删定二十八篇之后，又特表异之于其余诸篇邪？必因此谓《书》有百篇，而訾博士所传为不备，则过矣；然并谓其不足齿于传说所引之逸书，则亦未是。经与传之相去，本不甚远。后得《泰誓》，诚不能遽比之于经，固不妨附益于传。此其所以伪迹虽显，而博士仍附之于经以为教，非真识不如马融也。东晋晚出之古文《书》，虽属伪造，亦多有古书为据。

逸十六篇，未知是否此类，抑或真为古之逸书，要其亡佚，则固可惜矣。

东晋晚出之伪《孔传》,唐孔颖达作《正义》,原有疑词。然此后迄无人提及。宋吴棫作《书稗传》,乃始疑之。《朱子语录》,于此书亦尝致疑。明梅鷟作《尚书考异》，乃明斥其伪。然所论证，尚不甚确。清阎若璩作《古文尚书疏证》,一一从客观方面，加以证明，而此书之伪乃定。然尚未得其主名。迨丁晏作《尚书余论》，乃证明其为王肃所造焉。初学欲明此一重公案者，宜读阎、丁两家之书。一为用考证方法攻击伪书，言之成理最早之作，一则累经考究后之定论也。此书虽属伪造，亦多有古书为据，为之一一抉其出处者，则为惠栋之《古文尚书考》。

晚《书》之伪既明，考索汉儒书说之事斯起。其中搜辑旧说，为之作疏者，凡有两种:(一)江声《尚书集注音疏》,(二)孙星衍《尚书今古文注疏》是也。江书早出，搜采未全。孙书较备。其时今古文之派别，尚未大明，误以司马迁为古文，实为巨谬。然其搜辑颇备，学者于今古文派别，自能分明，作材料看可也。段玉裁《古文尚书撰异》，左袒古学，立说颇偏。王鸣盛《尚书后案》,则专为郑氏一家之学。然二书钩校搜采，俱颇详密，亦可参稽。其后今古学之派别渐明，乃有分别古今，及搜考今文之事。攻击古文最力者，为魏源之《书古微》。驳诘颇为骏快,而立说亦或不根,与其《诗古微》同。搜采今文经说者，为陈乔枞《今文尚书遗说考》。

《尚书》中《禹贡》一篇，为言地理最古之书，历来注释者独多。盖不徒有关经学，抑且有关史部中之地理矣。胡渭《禹贡锥指》一书，搜考最博。初学可先读一过。因读此一书，即可见古今众说之崖略也。惟其书兼搜并蓄，初非专门之学。若求确守汉学门户者，则焦循《禹贡郑注释》、成蓉镜《禹贡班义述》最好。

《尚书》《春秋》，同为古史。所谓左史记言，右史记事；言为《尚书》，事为《春秋》是也。然既经孔子删修，则又自成其为经，而有孔门所传之经义。经义史事，二者互有关系，而又各不相干。必能将其分析清楚，乃能明经义之旨，而亦可见史事之真。否则纠缠不清，二者皆病矣。今试举尧、舜禅让之事为例。尧、舜禅让之事，见于《孟子》《大传》《史记》者，皆以为廓然公天下之心。然百家之说，与此相反者，不可胜举。究何所折衷哉？予谓九流之学，其意皆在成一家言，本非修订古史；而春秋、战国时所传古事，亦实多茫昧之词。如今村夫野老之说曹操、诸葛亮、李世民、赵匡胤，但仿佛知有此人耳,其事迹则强半附会也。事实既非真相,功罪岂有定评?百家著书,乃各就己意,取为证佐。此犹后人谓“六经皆我注脚”,原不谓经意本如此也。尧、舜禅让之事，百家异说，姑措勿论。即就儒书考辨，如綦之不得其死，见《癸巳类稿·綦证》。及共工、欢兜、鲧，皆在四岳之列，见宋翔凤《尚书略说》。其事亦实有可疑。然则《孟子》《大传》《史记》所传,盖非其事之真相,特孔门之经说耳。托之空言，不如见之行事，借史事以发挥己意，后人亦时有之。如苏轼以李斯狂悖，归罪荀卿，谓“其父杀人报仇，其子必且行劫”。岂真好为是深文哉,心疾夫高言异论之徒,聊借此以见意也。姚鼐驳之,谓“人臣善探其君之隐,一以委曲变化从世好者,其为人尤可畏”,意亦犹此。然则《孟子》《大传》《史记》之言，当径作经义读，不必信为史事。此所谓各不相干者也。然古代史籍，既已不传。欲知其事，固不得不就百家之说，披沙拣金，除去其主观之成分以求之，此则又所谓互有关系者矣。欲除去主观之成分，固非通知其书之义例不可，此则读书之所以贵方法也。今更就真书二十八篇，各示其概要如下：

《尧典》包今本《舜典》，惟须除去篇首二十八字。 此篇记尧、舜之事。首记尧所行之政。次记尧举舜，命之摄政，及舜摄政后所行事。又次记尧之终，舜之践位，及舜践位后所行之政。终于舜之死。《大学》引此篇，谓之《帝典》，盖以其兼包尧、舜之事也。逸十六篇别立《舜典》之目已非。伪孔即割此篇下半为《舜典》，则《尧典》记尧事不终矣。此篇关涉历法、巡守、刑法，可考古代典制。

《皋陶谟》包今本《益稷》。 此篇记禹、皋陶、伯益之事。《史记》云:“禹即位，举皋陶，授之政，皋陶卒，又以政任益。”盖皋陶、伯益之于禹，犹舜之于尧，禹之于舜也。

《禹贡》 此篇记禹治水之事。先分述九州，次总叙名山大川，又次记五服贡赋之制。地志书之可信者，当以此为最古矣。近人或谓此篇必非禹作，遂目为伪。然传书者本未云《尧典》必尧时史官作,《禹贡》必禹自撰也。此等辨伪之法，几于无的放矢矣。参看《论读子之法》。

《甘誓》 此篇记启伐有扈战于甘之誓辞。《墨子》谓之《禹誓》。古人蒙祖父之号者甚多，不足疑也。

《汤誓》 此篇为汤伐桀时誓辞。

《盘庚》今本分为三篇。 此篇为盘庚自河北徙河南时诰下之辞。《史记》谓在盘庚即位后,《序疏》引郑注,谓在盘庚相阳甲时。此篇可考古者“询国迁”之制。篇中屡以乃祖乃父,及我高后将降不祥,恐喝其下,可见殷人之尚鬼。

《高宗肜日》 此篇记武丁祭成汤,有“飞雉升鼎耳而呴,祖己训王”之词。

《西伯戡黎》 此篇记文王灭黎,祖伊恐,奔告于纣之事。可见灭黎一役,于商、周兴亡,关系甚大。

《微子》 此篇记纣太师少师劝微子去纣之语。

《牧誓》 此篇为武王与纣战于牧野时之誓辞。篇中庸、蜀、羌、髳、微、泸、彭、濮人云云,可考武王所用之兵。

《洪范》 此篇记箕子告武王以天锡禹之《洪范》九畴,乃我国最古之宗教哲学书也。说虽近乎迷信,然讲古代之哲学宗教者,不能离术数。古代之术数,实以此篇为统汇。此篇所陈之数,与《易》数亦相通。故宋后《易》学之讲《图书》者,又有“演范”一派。欲考古代哲学宗教者,不容不究心也。

《金縢》 此篇记武王有疾,周公请以身代,及雷风示变之事。案《史记》谓克殷后二年,武王病,周公请以身代。武王有瘳,后而崩。成王幼,周公摄政。二叔及武庚叛,周公东伐之,二年而毕定。初成王少时,亦尝病。周公亦请以身代,而藏其策于府。成王亲政后,人或谮周公,周公奔楚。王发府,见策,乃泣,反周公。周公卒,成王葬之不以王礼。于是有雷风之异。成王开金縢,得周公欲代武王之说,乃以王礼改葬之。今文家说皆如此,可看《今文尚书经说考》。郑玄则谓管叔流言,周公避居东国,待罪以须君之察己。成王不悟,尽执其族党。逮有雷风之异,乃感悟,迎周公归,归而摄政焉。见《诗·豳》谱及《七月》《鸱鸮》《东山》序疏,及《礼记·明堂位》疏。案郑说殊不近情。盖此篇“秋大熟”以下,与上文非记一时之事,而郑误合之也。孙星衍之说如此。

《大诰》 此篇为周公东征时诰辞。篇中之“王”,郑以为周公摄政践王位自称,伪孔以为代成王立言。于古代摄政之制,颇有关系。

《康诰》 此篇为封康叔诰辞。多涉刑法,可考古代典制。

《酒诰》 此篇亦诰康叔,可见当时沬邦酗酒之甚,及周治之刑法之严。

《梓材》 此篇诰康叔以为政之道。

《召诰》 此篇记周、召二公，卒营洛邑之事。

《洛诰》 此篇为洛邑成后，周公告戒成王之语。

《多士》 此篇为成周既成，迁殷民，诰之之辞。

《无逸》 此篇亦周公告戒成王之语。篇中历举殷代诸王及文王享国长短。共和以前，古史年代之可考者，以此为最可据矣。《尧典》记舜之年，适足百岁，即不可信。

《君奭》 此篇为周公摄政时告召公之语。篇中多引殷及周初贤臣，可考古代史事。

《多方》 此篇为成王灭奄后，归诰多方之语。

《立政》 此篇为周公致政后告成王之语。述当时官名甚多，亦可考古代典制。

《顾命》合今本《康王之诰》。 此篇记成王殁康王立之事，可考古代大丧及即位之礼。所述陈列器物，亦可考古代重器。

《费誓》 此篇为伯禽伐淮夷誓辞。

《吕刑》 此篇记穆王改定刑法之事。言古代刑法者，以此篇为最完具。

《文侯之命》 此篇《史记》以为城濮战后，周襄王命晋文公之辞，《书序》以为平王命晋文侯之辞。《书序》与今文说不合，即此可见。

《秦誓》 此篇为秦穆公胜晋后誓众之辞。秦文之可考者，当以此及《石鼓文》《诅楚文》为最古矣。《石鼓文》昔人多以为周宣王作，非是。近人王国维、马衡考定为秦时物，说较可信。马作见《北京大学国学季刊》第一册。

附论《逸周书》

今之《逸周书》，《汉志》列之书家。说者因以为孔子删《书》之余，其实非《书》之伦也。特以此说相沿已久，后人编甲部书者，亦多收之。《清正续经解》尚然。又有入之乙部者；然古代经子而外，实无所谓史，亦未安也。故附论之于此。就鄙见，此书入子部兵家最妥。

此书《汉志》只称《周书》。《说文》祘字下引之始称逸。所引见今本典篇。然此语疑非许君原文。《隋志》系之汲冢。后人有信之者，有辨之者，亦有调停其说，谓此书汉后久晦，得汲冢本乃复明者。《四库提要》云："《晋书·武帝纪》及《荀勖束皙传》，载汲郡人不准所得《竹书》七十五篇，具有篇名，无所谓《周书》。杜预《春秋集解后序》载汲冢诸书，亦不列《周书》名。"则辨之者是也。《汉志》七十一篇。师古注：存者四十五。然《史通》言"《周书》七十一章，上自文武，下终灵景"，不言有阙。则唐时所传，盖有两本。故《唐志》以《汲冢周书》十卷，与孔晁注《周书》八卷并列。师古所见，盖即孔晁注八卷本，不全。知几所见，则蒙汲冢名之十卷本，无阙也。今本篇目，凡得七十。陈振孙《书录解题》，谓"此书凡七十篇，叙一篇，在其末"。则今本篇名，较之《汉志》，并未阙少。盖即知几所见之本。然篇名具存，而书则已阙十一篇矣。至孔晁注则今仅存四十二篇，较师古所见，又阙其三焉。

蔡邕《明堂月令论》，谓《周书》七十一篇，《月令》第五十三，篇数与《汉志》合，篇第亦同今本，似今本确为《汉志》之旧。然《汉志》自注曰："周史记。"师古引刘向曰："周时诰誓号令也。"今本非诰誓号令者，实居其半。序固举全书悉指为周史记，但观本文，则无以明之。序与书颇不合，不足信也，诸篇文体，有极类《尚书》者，如《商誓》《祭公》两篇是。亦有全不类《尚书》，而类周、秦诸子，且极平近者。如《官人》《太子晋》两篇是。又有可决为原书已亡，而后人以他书补之者，如《殷祝》篇是。谓其不可信，则群书所征引，今固多散见各篇之中。谓为可信，则群书所征引，为今本所无者，亦复不少。朱右曾本辑之。诿为尽在亡篇之中，似亦未安也。朱右曾曰："此书虽未必果出文、武、周公之手，要亦非秦、汉人所能伪托。何者？庄生有言：圣人之法，以参为验，以稽为决，一二三四是也。周室之初，箕子陈畴，周官分职，皆以数纪。大致与此书相似。"今此书亡篇中有《箕子》，安知其不与《洪范》相出入。《克殷》《度邑》两篇，为《史记·周本纪》所本。《世俘》篇记武王狩禽及征国、服国、俘馘、俘宝玉之数，迹似残虐。然与《孟子》所言"周公相武王，灭国者五十，驱虎豹犀象而远之"隐相符合。孟子自述所见《武成》，固亦有"血流漂杵"之语。是此书确可称为《尚书》之类也。然如《武称》《允文》《大武》《大明武》《小明武》《武顺》《武穆》《武纪》诸篇，则明明为兵家言。《文传》后半，文字极类《管子》。《开塞》为商君之术，参看论《商君书》。亦已见本篇中。又《汉书·食货志》：王莽下诏，谓"《乐语》有五均"。今《乐语》已亡，而五均之别，实见本书之《大聚》，五均者，抑并兼之政，亦《管子》轻重之伦也。吾国之兵家言，固多涉及治国。其记周事之篇特多者，著书托古，古人类然。亦或诚有所祖述。今《六韬》即如此，岂能附之书家乎。然则此书入之子部兵家，实最妥也。

此书隶之书家，虽拟不于伦。然全书中涉及哲理及论治道治制之处，皆与他古书相类。文字除数篇外，皆朴茂渊雅，决非汉后人所能为。所述史迹，尤多为他书所不见，实先秦旧籍中之瑰宝矣。

此书传本，讹谬甚多。卢抱经始有校本。其后陈逢衡有《逸周书补注》，朱右曾有《逸周书集训校释》。

《度训》第一、《命训》第二、《常训》第三、《文酌》第四　据《序》，自此至《文传》，皆文王之书。《度训》欲以弼纣，《命训》《常训》《文酌》所以化民。然序实不足信，不拘可也。此数篇之意，大约言法度原于天理，必能遵守法度，乃可以和众而聚人。一切赏罚教化之事，皆合群所必须，而亦无不当准诸天然之理者也。理极精深，文颇难解。

《籴匡》第五　此篇述成岁、俭岁、饥岁行事之异，可见古者视岁丰耗，以制国用之规。

《武称》第六、《允文》第七、《大武》第八、《大明武》第九、《小明武》第十　此五篇皆兵家言，甚精。

《大匡》第十一　此篇言荒政。

《程典》第十二　此篇记文王被囚，命三卿守国，诰以治国之道。

《程寤》第十三、《秦阴》第十四、《九政》第十五、《九开》第十六、《刘法》第十七、《文开》第十八、《保开》第十九、《八繁》第二十　此八篇亡。

《酆保》第二十一、《大开》第二十二、《小开》第二十三、《文儆》第二十四、《文传》第二十五　以上五篇，为文王受命作丰邑后事。《酆保》为命公卿百官之语。大、小《开》皆开示后人之语。《文儆》《文传》则文王自知将死，诰太子发之语也。

《柔武》第二十六、《大开武》第二十七、《小开武》第二十八、《宝典》第二十九　据序，自二十六至四十六，皆武王之书。此四篇为武王即位后，与周公讲论治国之道。其以武名篇者，我国兵家言，固多涉及政治也。

《酆谋》第三十、《寤儆》第三十一　此两篇皆谋伐商之事。

《武顺》第三十二、《武穆》第三十三　前篇言军制，后篇言军政，亦兵家言之精者。

《和寤》第三十四、《武寤》第三十五、《克殷》第三十六、《世俘》第三十七　此四篇记武王克商之事，事迹多可与他书互证，或补其不备。《世俘》篇原第四十，朱本移前，与《克殷》相次。

《大匡》第三十八、《文政》第三十九　此两篇记武王在管之事。上篇东隅之侯，受赐于王，王诰之。下篇管蔡以周政开殷人。

《大聚》第四十　此篇记武王克殷后，问周公以徕民之道，述治制甚详。

《箕子》第四十一《耆德》第四十二　《耆德》,《序》作《考德》。此两篇亡。

《商誓》第四十三　誓读为哲。此篇记武王告商诸侯之语。先称商先哲王，次数纣之恶，终述己意，极与书类。

《度邑》第四十四　此篇记武王、周公图建洛邑之事，较《史记》为详。

《武儆》第四十五、《五权》第四十六　此两篇记武、成相继之事。《武儆》篇盖记立成王为太子，而残缺，只寥寥数语。《五权》为武王疾笃告周公之辞。

《成开》第四十七　据序，自此至五十九，为成王、周公之书。此篇为成王元年，周公开告成王之语。

《作雒》第四十八　此篇记周公克殷后，营建洛邑之事。

《皇门》第四十九　此篇记周公会群臣于皇门，诰诫之之语。

《六戒》第五十　此篇亦周公陈戒成王之辞。

《周月》第五十一、《时训》第五十二、《月令》第五十三　序云："周公正三统之义，作《周月》。辨二十四气之应，以明天时，作《时训》。制十二月赋政之法，作《月令》。"今《月令》篇亡，《时训》记二十四气之应，与《戴记·月令》同。盖《戴记·月令》实合此书之《时训》《月令》二篇为一也。《周月》篇末，言"夏数得天，百王所同"。周虽改正以垂三统，"至于敬授民时，巡守祭享，犹自夏焉"。文体与前不类；且此为儒家学说，盖后人以儒书窜人也。《崇文总目》有《周书·月令》一卷，则《月令》在宋时有单行本。

《谥法》第五十四　此篇历记谥法，谓周公葬武王时作。案《戴记》言"古者，生无爵，死无谥"，又言"死谥为周道"，则谥确始于周时。然以为周公作，则亦未必然也。

《明堂》第五十五　与《小戴记·明堂位》篇略同。

《尝麦》第五十六　此篇记成王即政，因尝麦求助于臣。篇中多涉黄帝、少昊、五观之事，可以考史。又云："命大正正《刑书》九篇。"案《左》文十八年，季文子言周公制周礼，"作《誓令》曰：毁则为贼，掩贼为藏。窃贿为盗，盗器为奸。主藏之名，赖奸之用，为大凶德，有常无赦，在九刑不忘。"昭六年叔向诏子产书，亦曰："周有乱政而作九刑。"则九刑确为周时物。得毋即此《刑书》九篇邪？《周礼》司刑《疏》引郑《书注》，以五刑五加流、宥、鞭、扑、赎为九刑。

《本典》第五十七　此篇记成王问，周公对，盖与上篇相承。

《官人》第五十八　此篇记周公告成王以观人之术。文极平顺。

《王会》第五十九　此篇记八方会同之事。列举四夷之名甚多，考古之瑰宝也。

《祭公》六十　此篇记祭公谋父诲穆王之语，文体亦极似《尚书》。

《史记》第六十一　此篇记穆王命戎夫主史，朔望以闻，借以自镜。说如可信，则史官记注之事，由来已久；而人君之知读记注，亦由来已久矣。篇中历举古之亡国，多他书所不详，亦考古之资也。

《职方》第六十二　同《周官·职方》。

《芮良夫》第六十三　此篇记厉王失道，芮伯陈谏之辞。

《太子晋》第六十四　此篇记晋平公使叔誉于周。太子晋时年十五，叔誉与之言，五称而叔誉五穷。叔誉惧，归告平公，反周侵邑。师旷不可。请使，与子晋言，知其不寿，其后果验。颇类小说家言。

《王佩》第六十五　此篇言王者所佩在德，故以为名。皆告诫人君之语。

《殷祝》第六十六　此篇记汤胜桀践天子位事。与周全无涉，与下篇亦绝不类。《御览》八十三引《书大传》略同。盖原书已亡，妄人意此书为《尚书》之类，遂取《大传》之涉殷事者补之也。

《周祝》第六十七　此篇盖亦陈戒之语。以哲学作成格言，极为隽永。

《武纪》第六十八　此篇亦兵家言。

《铨法》第六十九　此篇言用人之道。

《器服》第七十　此篇言明器，可考丧礼。

仪礼　礼记　大戴礼记　周礼

《周礼》《仪礼》《礼记》，今日合称《三礼》。案高堂生所传之《礼》，本止十七篇，即今《仪礼》，是为《礼经》。《周礼》本称《周官》，与孔门之《礼》无涉。《礼记》亦得比于传耳。然今竟以此三书并列；而《周礼》一书，且几驾《仪礼》而上之；其故何耶？

案《汉书·艺文志》谓"礼自孔子时而不具。汉兴，鲁高堂生传《士礼》十七篇。讫孝宣世，后仓最明。戴德、戴圣、庆普，皆其弟子。三家立于学官。《礼古经》者，出于淹中。及孔氏学七十篇当作十七篇。文相似。多三十九篇，及《明堂》《阴阳》《王史氏》之记。所见多天子诸侯卿大夫之制。虽不能备，犹瘉仓等推士礼而致于天子之说"。刘歆讥太常博士，"国家将有大事，若立辟雍，封禅，巡守之仪，则幽冥而莫知其原"。此为古学家求《礼》于十七篇以外之原因，盖讥今学家所传为不备也。主今学者曰：今十七篇中，惟《冠》《昏》《丧》《相见》为士礼，余皆天子、诸侯、卿大夫之制。谓高堂生所传独有士礼，乃古学家訾謷之辞，不足为今学病也。其说良是。然谓十七篇即已备一切之礼，则固有所不能。《逸礼》三十九篇，群书时见征引，注疏中即甚多。信今学者悉指为刘歆伪造，似亦未足服人。然谓高堂生所传十七篇，真乃残缺不完之物，则又似不然也。此其说又何如耶？

予谓孔门所传之《礼经》为一物；当时社会固有之《礼书》，又为一物。孔门传经，原不能尽天下之礼：亦不必尽天下之礼。以所传之经，不能尽天下之礼，而诋博士，其说固非；然必谓博士所传以外，悉为伪物，则亦未是也。邵懿辰云：《周官》大宗伯，举吉、凶、宾、军、嘉五礼，其目三十有六。后人以此为《周礼》之全。实仅据王朝施于邦国者言之，诸侯卿大夫所守，不及悉具，亦揭其大纲而已。古无以吉、凶、宾、军、嘉为五礼者，乃作《周官》者特创此目，以括王朝之礼；而非所语于天下之达礼也。天下之达礼，时曰丧、祭、射、乡、冠、昏、朝、聘。与《大戴礼经》篇次悉合。见后。《礼运》亦两言之，特乡皆误为御耳。后世所谓《礼书》者，皆王朝邦国之礼，而民间所用无多。即有之，亦不尽用。官司所掌，民有老死不知不见者，非可举以教人也。孔子所以独取此十七篇者，以此八者为天下之达礼也。邵说见《礼经通论》，此系约举其意。案此说最通。礼原于俗，不求变俗，随时而异，随地而殊；欲举天下所行之礼，概行制定，非惟势有不能，抑亦事可不必。故治礼所贵，全在能明其义。能明其义，则“礼之所无，可以义起”，原不必尽备其篇章。汉博士于经所无有者，悉本诸义以为推，事并不误。古学家之訾之，乃曲说也。推斯义也，必谓十七篇之外，悉皆伪物，其误亦不辨自明矣。然此不足为今学家病，何也？今学家于十七篇以外之礼，固亦未尝不参考也。

何以言之？案今之《礼记》，究为何种书籍，习熟焉则不察，细思即极可疑。孔子删定之籍，称之曰经；后学释经之书，谓之为传，此乃儒家通称。犹佛家以佛所说为经，菩萨所说为论也。其自著书而不关于经者，则可入诸儒家诸子。从未闻有称为记者。故廖平、康有为皆谓今之《礼记》，实集诸经之传及儒家诸子而成，其说是矣。然今《礼记》之前，确已有所谓《记》，丧服之《记》，子夏为之作传，则必在子夏以前。今《礼记》中屡称“《记》曰”，《疏》皆以为《旧记》。《公羊》僖二年传亦引“《记》曰：唇亡则齿寒”。则《记》盖社会故有之书，既非孔子所修之经，亦非弟子释经之传也。此项古籍，在孔门传经，固非必备，故司马迁谓《五帝德》《帝系姓》，儒者或不传。而亦足为参考之资。何者？孔子作经，贵在明义。至于事例，则固有所不能该。此项未尽之事，或本诸义理，以为推致，或酌采旧礼，以资补苴，均无不可。由前之说，则即后仓等推士礼而至于天子之法，亦即所谓“礼之所无，可以义起”；由后之说，则《仪礼正义》所谓“凡记皆补经所不备”是也。诸经皆所重在义，义得则事可忘，《礼经》固亦如此；然礼须见诸施行，苟有旧礼以供采取参证，事亦甚便。此礼家先师，所以视《记》独重也。然则所谓《礼记》者，其初盖礼家裒集经传以外之书之称，其后则凡诸经之传，及儒家诸子，为礼家所采者，亦遂概以附之，而举蒙记之名矣。然则经传以外之书，博士固未尝不搜采；刘歆讥其“因陋就寡”，实乃厚诬君子之辞矣。今《礼记》中之《奔丧》《投壶》，郑皆谓与《逸礼》同，则《逸礼》一类之书，二戴固非不见也。

至于《周礼》则本为言国家政制之书。虽亦被礼之名，而实与《仪礼》之所谓礼者有别。故至后世，二者即判然异名。《周礼》一类之书，改名曰“典”，《仪礼》一类之书，仍称为“礼”。如《唐六典》及《开元礼》是也。《周礼》究为何人所作，说者最为纷纭。汉时今学家皆不之信，故武帝谓其“渎乱不验”，何休以为六国阴谋之书。惟刘歆信为周公致太平之迹。东汉时，贾逵、马融、郑兴、兴子众皆治之。而郑玄崇信尤笃。汉末郑学大行，此经遂跻《礼经》之上。

后人议论，大抵不出三派：（一）称其制度之详密，谓非周公不能为。（二）訾其过于烦碎，不能实行，谓非周公之书。（三）又有谓周公定之而未尝行；或谓立法必求详尽，行之自可分先后；《周官》特有此制，不必一时尽行；以为调停者。今案此书事迹，与群经所述，多相龃龉，自非孔门所传。其制度看似精详，实则不免矛盾。如康有为谓实行《厨官》之制，则终岁从事于祭，且犹不给是也。见所著《官制议》。故汉武谓其"渎乱不验"，何休指为六国阴谋，说实极确。"渎乱"即杂凑之谓，正指其矛盾之处；"不验"则谓所言与群经不合也。古书中独《管子》所述制度，与《周官》最相类。《管子》实合道、法、纵横诸家之言，固所谓阴谋之书矣。故此书与儒家《礼经》，实属了无干涉，亦必非成周旧典。盖系战国时人，杂采前此典制成之。日本织田万曰："各国法律，最初皆惟有刑法，其后乃逐渐分析。行政法典，成立尤晚。惟中国则早有之，《周礼》是也。《周礼》固未必周公所制，然亦必有此理想者所成，则中国当战国时，已有编纂行政法典之思想矣。"见所著《清国行政法》。此书虽属渎乱，亦必皆以旧制为据。刘歆窜造之说，大昌于康有为，而实始于方苞。苞著《周官辨》十篇，始举《汉书·王莽传》事迹为证，指为刘歆造以媚莽，说诚不为无见。然窜乱则有之；全然伪撰，固理所必无；则固足以考见古制矣。此书虽属虚拟之作，然孔子删定六经，垂一王之法，亦未尝身见诸施行。当二千余年前，而有如《周官》之书，其条贯固不可谓不详，规模亦不可谓不大。此书之可贵，正在于此。初不必托诸周公旧典，亦不必附合孔门《礼经》。所谓合之两伤，离之双美矣，必如郑玄指《周官》为经礼，《礼经》为曲礼，见《礼器》"经礼三百，威仪三千"注。一为周公旧典，足该括夫显庸创制之全；一则孔子纂修，特掇拾于煨烬丛残之后。则合所不必合，而其说亦必不可通矣。

《仪礼》篇次，大、小《戴》及刘向《别录》，各有不同。今本之次，系从《别录》，然实当以《大戴》为是。依《大戴》之次，则一至三为冠昏，四至九为丧祭，十至十三为射乡，十四至十六为朝聘，十七丧服，通乎上下。且此篇实传，故附于末也。

篇名	大戴	小戴	别录
《士冠礼》	一	一	一
《士昏礼》	二	二	二
《士相见礼》	三	三	三

《乡饮酒礼》	十	四	四
《乡射礼》	十一	五	五
《燕礼》	十二	十六	十六
《大射仪》	十三	七	七
《聘礼》	十四	十五	八
《公食大夫礼》	十五	十六	九
《觐礼》	十六	十七	十
《丧服经传》	十七	九	十一
《士丧礼》	四	八	十二
《既夕礼》	五	十四	十三
《士虞礼》	六	十五	十四
《特牲馈食礼》	七	十三	十五
《少牢馈食礼》	八	十一	十六
《有司彻》	九	十二	十七

礼之节文，不可行于后世，而其原理则今古皆同。后世言礼之说，所以迂阔难行；必欲行之，即不免徒滋纷扰者，即以拘泥节文故。故今日治礼，当以言义理者为正宗，而其言节文者，则转视为注脚；为欲明其义，乃考其事耳。然以经作史读，则又不然。礼原于俗，故读古礼，最可考见当时社会情形。《礼经》十七篇，皆天下之达礼，尤为可贵。如冠、昏、丧、祭之礼，可考亲族关系、宗教信仰；射、乡、朝、聘之礼，可考政治制度、外交情形是也。而宫室、舟车、衣服、饮食等，尤为切于民生日用之事。后世史家，记载亦罕，在古代则以与礼经相关故，钩考者众，事转易明。说本陈澧，见《东塾读书记》。尤治史学者所宜究心矣。

至治《周礼》之法，则又与治《礼经》异。此书之所以可贵，乃以其为政典故，前已言之。故治之者亦宜从此留意。《周官》六官，前五官皆体制相同；惟冬官阙，以《考工记》补之。案古代工业，大抵在官，除极简易，及俗之所习，人人能自制者。制度与后世迥异。今可考见其情形者，以此书为最详，亦可宝也。《周礼》有冬官补亡一派。其说始于宋俞庭椿之《周礼复古编》，谓五官所属，在六十以外者皆羡，乃割裂之以补冬官。其说无据，不足信也。

今《礼记》凡四十九篇。《正义》引《六艺论》曰："戴德传《记》八十五篇，则《大戴礼》是也；戴圣传《记》四十九篇，此《礼记》是也。”《经典释文·叙录》引刘向《别录》：“《古文记》二百四篇。”又引陈邵《周礼论序》：“戴德删《古礼》二百四篇为八十五篇，谓之《大戴礼》；戴圣删《大戴礼》为四十九，是为《小戴礼》。后汉马融、卢植考诸家同异，附戴圣篇章，去其繁重，及所叙略，而行于世，即今《礼记》是也。”《隋志》则谓“戴圣删《大戴》为四十六，马融足《月令》《明堂位》《乐记》为四十九”。今案《汉志》：礼家，《记》百三十一篇。班氏自注，“七十子后学者所记也”。案其中实有旧记，此说未尽合，见前。此为今学。又《明堂阴阳》三十三篇，《王史氏》二十一篇。此即所谓“《礼古经》出淹中，多三十九篇，及《明堂阴阳》《王史氏》记”者。见前。更加《古封禅群祀》二十二篇，凡二百七。如《隋志》说，《月令》《明堂位》《乐记》三篇，为马融、卢植后加，则正二百四也。此外礼家之书：《曲台后仓》，乃汉师所撰。《中庸说》《明堂阴阳说》皆说。《周官经》《周官传》别为一书，与礼无涉。《军礼司马法》为班氏所入。《封禅议对》《汉封禅群祀》《议奏》皆汉时物。故惟《古封禅群祀》可以相加也。然此二百四篇中，百三十一篇，实为今学，不得概云古文记。然《乐记正义》又引刘向《别录》，谓《礼记》四十九篇。《后汉书·桥玄传》：“七世祖仁，著《礼记章句》四十九篇。”仁即班氏《儒林传》所谓小戴授梁人桥仁季卿者。《曹褒传》“父充，治《庆氏礼》。褒又传《礼记》四十九篇。庆氏学遂行于世”。则《礼记》四十九篇，实小戴、庆氏之所共，抑又何耶？案陈邵言：马融、卢植去其繁重，而不更言其篇数，明有所增亦有所去，而篇数则仍相同。今《礼记》中，《曲礼》《檀弓》《杂记》，皆分上下，实四十六篇。四十六加八十五，正百三十一。然则此百三十一篇者，固博士相传之今学，无所谓删《古记》二百四篇而为之也。或谓今之《大戴记》《哀公问》《投壶》皆全同《小戴》。苟去此二篇，篇数即不足八十五，安得谓小戴删取大戴乎？不知今之《大戴记》，无传授可考，前人即不之信。《义疏》中即屡言之。虽为古书。必非《大戴》之旧。然语其篇数，则出自旧传，固不容疑也。

《礼记》为七十子后学之书，又多存礼家旧籍。读之，既可知孔门之经义，又可考古代之典章，实为可贵。然其书编次错杂，初学读之，未免茫无头绪。今更逐篇略说其大要。

《曲礼》上第一、下第二　此篇乃杂记各种礼制，明其委曲者，故称《曲礼》。凡礼之节文，多委曲繁重。然社会情形，由此可以备睹。欲考古代风俗者，此实其好材料也。

《檀弓》上第三、下第四　此篇虽杂记诸礼，实以丧礼为多。檀弓，《疏》云六国时人。以仲梁子是六国时人，此篇有仲梁子故。然“檀弓”二字，特取于首节以名篇，非谓此篇即檀弓所记。或谓檀弓即仲弓，亦无确证也。

《王制》第五　此篇郑氏以其用“正”决狱，合于汉制；又有“古者以周尺”“今以周尺”之言，谓其出于秦、汉之际。卢植谓汉文令博士诸生所作。案《史记·封禅书》：“文帝使博士诸生刺取六经作《王制》。”今此篇中固多存诸经之传，如说制爵禄为《春秋》传，巡守为《书》传。卢说是也。孔子作六经，损益前代之法，以成一王之制，本不专取一代。故经传所说制度，与《周官》等书述一代之制者，不能尽符。必知孔子所定之制，与历代旧制，判然二物，乃可以读诸经。若如郑注，凡度制与《周官》不合者，即强指为夏、殷，以资调停。则愈善附会而愈不可通矣。细看此篇《注疏》便知郑氏牵合今古文之误。此自治学之法当然，非有门户之见也。

《月令》第六　此篇与《吕览·十二纪》《淮南·时则训》大同。《逸周书》亦有《时训》《月令》二篇。今其《月令》篇亡，而《时训》所载节候，与此篇不异，盖此实合彼之两篇为一篇也。蔡邕、王肃以此篇为周公作，盖即以其出于《周书》。郑玄则以其令多不合周法；而太尉之名，九月授朔之制，实与秦合，指为出于《吕览》。然秦以十月为岁首，已在吕不韦之后，则郑说亦未可凭。要之古代自有此等政制，各家同祖述之，而又颇以时制改易其文耳。

《曾子问》第七　此篇皆问丧礼丧服，多可补经所不备。

《文王世子》第八　此篇凡分五节。见《疏》。可考古代学制，刑法，世子事父之礼，王族与异姓之殊。此篇多古文说。

《礼运》第九、《礼器》第十　此两篇颇错杂，然中存古制及孔门大义甚多。如《礼运》首节，述大同之治，实孔门最高理想。“夫礼之初”一节，可考古代饮食居处进化情形。下文所论治制，亦多非春秋、战国时所有，盖皆古制也。《礼器》云：“因名山以升中于天，因吉土以享帝于郊。”昊天上帝与五方帝之别，明见于经者，惟此一处而已。论礼意处，尤为纯美。

《郊特牲》第十一　此篇在《礼记》中最为错杂。大体论祭祀，而冠昏之义，皆错出其中。

《内则》第十二　此篇皆家庭琐事，而篇首云“后王命冢宰，降德于众兆民”，令宰相以王命行之，可见古代之政教不分。所记各节，尤可见古代卿大夫之家生活之情况也。

《玉藻》第十三　此篇多记服饰。一篇之中，前后倒错极多，可见《礼记》编次之杂。因其编次之杂，即可见其传授之久也。

《明堂位》第十四　此篇记周公摄王位，以明堂之礼朝诸侯，与《周书·明堂》篇略同。篇中盛夸鲁得用王礼。又曰“君臣未尝相弑也，礼乐刑法政俗，未尝相变也”，郑玄已讥其诬。此篇盖鲁人所传也。

《丧服小记》第十五、《大传》第十六　此两篇为记古代宗法最有条理之作。盖因说丧服而及之。

《少仪》第十七　郑云：“以记相见及荐羞之小威仪，故名。”少小二字古通也。

《学记》第十八　此篇皆论教育之法，涉学制者甚少。篇首即云：“君子如欲化民成俗，其必由学乎。”又曰：“古之王者，建国君民，教学为先。”下文又云：“能为师，然后能为长，能为长，然后能为君，故师也者，所以学为君也。”此篇盖皆为人君说法，然其论教育之理则极精。

《乐记》第十九　此篇凡包含十一篇，见《疏》。论乐之义极精。《荀子》《吕览》诸书论乐者，多与之复，盖相传旧籍也。

《杂记》上第二十、下第二十一　此篇杂记诸侯以下至士之丧事。

《丧大记》第二十二　此篇记人君以下，始死、小敛、大敛及殡葬之礼。

《祭法》第二十三　此篇记虞、夏、商、周四代之祀典，极有条理。

《祭义》第二十四、《祭统》第二十五　此两篇皆论祭祀。《祭义》中孔子与宰我论鬼神一段，可考古代之哲学。此外曾子论孝之语，及推论尚齿之义，皆可见古代伦理，以家族为之本。故修身，齐家，治国，平天下，义可一贯也。

《经解》第二十六　此篇论《诗》《书》《乐》《易》《礼》《春秋》之治，各有得失。六艺称经，此为最早矣。下文论礼之语，颇同《荀子》。

《哀公问》第二十七、《仲尼燕居》第二十八、《孔子闲居》第二十九　此三篇文体相类，盖一家之书也。《哀公问》篇前问政后问礼。《仲尼燕居》篇记孔子为子张、子贡、子游说礼乐。《孔子闲居》篇则为子夏说诗。皆反复推论，词旨极为详尽。

《坊记》第三十　此篇论礼以坊民，列举多事为证。

《中庸》第三十一　此篇为孔门最高哲学。读篇首云“天命之谓性，率性之谓道，修道之谓教”三语可见。惟中间论舜及文、武、周公一节，暨“凡为天下国家有九经”一节，太涉粗迹，疑亦他篇简错也。

《表记》第三十二　郑云：“此篇论君子之德，见于仪表者，故名。”

《缁衣》第三十三　以上四篇，文体相类。《释文》引刘瓛云：“《缁衣》为公孙尼子作。”《隋书·音乐志》谓《中庸》《表记》《坊记》《缁衣》，皆取《子思子》，《乐记》取《公孙尼子》。今案《初学记》引《公孙尼子》：“乐者，审一以定和，比物以饰节。”《意林》引《公孙尼子》：“乐者，先王之所以饰喜也。”皆见今《学记》；《意林》引《子思子》十余条，一见于《表记》，再见于《缁衣》；则《隋志》之言信矣。

《奔丧》第三十四　此篇记居于他国，闻丧奔归之礼。郑云：此篇与《投壶》皆为逸礼，见《疏》。

《问丧》第三十五、《服问》第三十六、《闲传》第三十七、《三年问》第三十八　此四篇皆释丧礼之义，及丧服轻重所由，实亦《仪礼》之传也。

《深衣》第三十九　此篇记深衣之制。深衣为古者天子达于庶人之服，若能深明其制，则其余服制，皆易明矣。

《投壶》第四十　此篇记投壶之礼，为古人一种游戏。

《儒行》第四十一　此篇记孔子对哀公，列举儒者之行。与《墨子·非儒》《荀子·非十二子》等篇对看，可见当时所谓儒者之情形。

《大学》第四十二　此篇论学以治国之理。与《学记》篇合看，可见古代学与政相关。

《冠义》第四十三、《昏义》第四十四、《乡饮酒义》第四十五、《射义》第四十六、《燕义》第四十七、《聘义》第四十八　此六篇皆《仪礼》之传。但读《礼经》诸篇，殊觉其干燥无味。一读其传，则觉妙绪环生。此吾所以云今日治礼，当以言义理者为主，言节文者为注脚也。

《丧服四制》第四十九　此篇亦《丧服》之传也。

今之《大戴记》，虽未必为戴德之旧，然其中有若干篇，则确为大戴所有。如许慎《五经异义》引《盛德记》，已谓为今《戴礼》说是也。此书《隋志》作十三卷。司马贞言亡四十七篇，存者三十八篇。今存者实三十九篇，盖由《夏小正》一篇，尝摘出别行之故。《中兴书目》《郡斋读书志》谓存者四十篇，则因其时《盛德记》已析为两故也。此书《盛德》篇中论明堂之处，古书征引，皆称为《盛德》篇，不知何时析出，别标明堂之名。宋时诸本篇题，遂或重七十二，或重七十三，或重七十四，四库校本仍合之，篇题亦皆校正，具见《四库书目提要》。

此书《哀公问》《投壶》两篇，篇名及记文，皆同《小戴》，已见前。此外尚有同《小戴》及诸书处，具见下。盖戴德旧本阙佚，后人取诸书足成之也。《汉志》所载《曾子》十八篇、《孔子三朝记》七篇，今多存此书中。不知为大戴之旧，抑后人所为。记本纂次古籍，以备参稽，患其阙不患其杂。此书虽非大戴原本，然所采皆古籍，其功用亦与《礼记》无殊。史绳祖《学斋占毕》，谓宋时尝以此书与《小戴》并列，称十四经，诚无愧色，非如以《周书》与《尚书》并列之拟于不伦也。旧《注》存者十四篇。王应麟《困学纪闻》谓出卢辩，事见《周书》，说盖可信。

《王言》第三十九　此书今自三十八篇以上皆亡。此篇记孔子闲居，曾子侍，孔子告以王天下之道，亦颇涉治制。此篇与《家语》大同小异。

《哀公问五仪》第四十　此篇记孔子告哀公人有五等，与荀子、家语略同。

《哀公问于孔子》第四十一　此篇同《小戴·哀公问》。《家语》亦袭之，而分《大昏》《问礼》两篇。

《礼三本》第四十二　此篇略同《荀子·礼论》。

四十三至四十五阙。

《礼察》第四十六　此篇同《小戴·经解》及贾谊《新书》。

《夏小正》第四十七　此篇与《周书·周月》篇大同。《小戴记·礼运》："孔子曰：吾得夏时焉。"郑注：谓夏时存者有《夏小正》。则此篇确为古书也。《北史》：魏孝武释奠太学，诏中书舍人卢景宣讲《大戴礼·夏小正》，则南北朝时，此篇确在本书中。《隋志》：《夏小正》一卷，戴德撰，则隋时有别行本矣。

《保傅》第四十八　此篇与《汉书·贾谊传疏》同。《新书》分为《傅职》《保傅》《容经》《胎教》四篇。案此本古制，谊盖祖述之也。

《曾子立事》第四十九、《曾子本孝》第五十、《曾子立孝》第五十一、《曾子大孝》第五十二、《曾子事父母》第五十三、《曾子制言》上第五十四、中第五十五、下第五十六、《曾子疾病》第五十七、《曾子天圆》第五十八《汉书·艺文志》有《曾子》十八篇。朱子曰：世称《曾子书》，取《大戴》十篇充之。晁公武《郡斋读书志》，陈振孙《书录解题》，皆云《曾子》二卷十篇，具《大戴》。盖《汉志》原书之亡久矣。《立事》《制言》《疾病》三篇，皆恐惧修省之意，与他书载曾子之言，意旨相合。《大孝》篇同《小戴·祭义》。《立孝》《事父母》意亦相同。《天圆》篇："单居离问于曾子曰：天圆而地方者，诚有之乎？曾子曰：如诚天圆而地方，则是四角之不掩也。"近人皆取之，为我国早知地圆之证。然天圆地方，本以理言，犹言天动地静。然天动地静，亦以理言也。非以体言。古代天文家，无不言地圆者，亦不待此篇为证也。下文论万有皆成于阴阳二力，万法皆本于阴阳。颇同《淮南子·天文训》。《事父母》篇："若夫坐如尸，立如齐；弗讯不言，言必齐色；此成人之善者也，未得为人子之道也。"或谓《小戴·曲礼》上篇"若夫坐如尸，立如齐"，实与此篇文同，而下文脱去。郑注读夫如字，乃即就脱文释之也。

《武王践阼》第五十九　此篇记师尚父以《丹书》诏武王，武王于各器物皆为铭，以自儆。前半亦见《六韬》。

《卫将军文子》第六十　此篇记卫将军文子问子贡以孔子弟子孰贤，子贡历举颜渊、冉雍诸人以对。子贡见孔子，孔子又告以伯夷、叔齐诸贤人之行。略同《家语弟子行》。

《五帝德》第六十二、《帝系》第六十三　前篇略同《史记·五帝本纪》，后篇盖同《世本》。案《五帝本纪》既谓"轩辕之时，神农氏世衰，诸侯相侵伐，弗能征"，又谓"炎帝欲侵陵诸侯"，其词未免矛盾。黄帝与炎帝战于阪泉，蚩尤战于涿鹿。据《索隐》引皇甫谧，《集解》引张晏说，二者又皆在上谷。事尤可疑。今此篇只有与炎帝战于阪泉之文，更无与蚩尤战于涿鹿之说，炎帝姜姓蚩尤，九黎之君。《书·吕刑》伪孔传，《释文》引马融说，《战国·秦策》高诱注。苗民亦九黎之君，《小戴记·缁衣疏》引《吕刑》郑注。此苗民为九黎之君之贬称，非谓人民也。三苗亦姜姓，得毋炎帝、蚩尤实一人，阪泉、涿鹿实一役耶？此等处，古书诚只字皆至宝也。

《劝学》第六十四　此篇略同《荀子》。后半又有同《荀子·宥坐》篇处。

《子张问入官》第六十五　论官人之道，略同《家语》。

《盛德》第六十六　此篇前半论政治，后半述明堂之制。略同《家语·五刑》《执辔》二篇。

《千乘》第六十七　此篇论治国之道，有同《王制》处。此下四篇及《小辨》《用兵》《少闲》，《困学纪闻》谓即《孔子三朝记》。

《四代》第六十八、《虞戴德》第六十九、《诰志》第七十　此三篇亦论政治。

《文王官人》第七十一　此篇同《逸周书》。

《诸侯迁庙》第七十二、《诸侯衅庙》第七十三　此两篇亦《逸礼》之类。后篇在《小戴·杂记》中。

《小辨》第七十四　此篇戒“小辨破言，小言破义，小义破道”，发明“主忠信”之旨。

《用兵》第七十五　此篇言人生而有喜怒之情，兵之作，与民之有生以俱来。圣人利用而弭乱，乱人妄用以丧身。与《吕览》《淮南》之说相似，实儒家论兵宗旨所在也。参看论彼二书处。

《少间》第七十六　此篇论分民以职之道，与法家消息相通。

《朝事》第七十七　同《小戴·聘义》《周官·典命》《大行人》。

《投壶》第七十八　同《小戴》而少略。

《公冠》第七十九　此篇述诸侯冠礼，后附成王汉昭祝辞。《士冠礼》：“公侯之有冠礼，夏之末造也。”可见公冠礼自古有之，特以非达礼故，孔子定礼经，不取之耳。然仍在二《戴记》中。解此，可无訾今文家所传之不备，亦不必尽斥古文家之《逸礼》为伪造也。

《本命》第八十、《易本命》第八十一　此两篇为古代哲学，推究万物原本一切以数说之。但其中又有论及男女之义处，又有一段同《丧服四制》，盖古代伦理，亦原本哲学，故连类及之也。

礼之为物，最为繁琐。欲求易明，厥有二法：（一）宜先通其例。通其例，则有一条例为凭。可以互相钩考，不至茫无把握矣。看凌廷堪《礼经释例》最好。（二）宜明其器物之制。江永《仪礼释宫注》、任大椿《深衣释例》二书最要。器物必参看实物，动作必目验实事，乃更易明。古物不可得，则宜看图。张皋文《仪礼图》最便。动作可以身演，阮元发其议，陈澧尝行之，见《东塾读书记》。可法也。若喜考究治政制度者，则《周礼》重于《仪礼》。其中荦荦大端，如沈彤之《周官禄田考》，王鸣盛之《周礼军赋说》等，皆可参阅。《考工记》关涉制造，戴震有《考工记图》，阮元又有《车制图考》。《考工记》于各种工业最重车。

三礼旧《疏》皆好。清儒新疏，《仪礼》有胡培翚之《正义》，《周礼》有孙诒让之《正义》，惟《礼记》无之。然古书皆编次错杂，任举一事，皆散见各处，钩稽非易，通贯自难。实当以类相从，另行编次。朱子之《仪礼经传通解》，即准此例而作。江永之《礼书纲目》，沿用其例；而后起更精，多足订正《通解》之失，不可不一阅也。若宋陈祥道之礼书，则该贯古今，更为浩博。清秦蕙田《五礼通考》，盖沿其流。卷帙太繁，非专门治礼者，但资翻检足矣。

《礼记》之注，以宋卫湜《礼记集说》，搜采为最多。宋以前诸儒之说《礼记》者，今日犹可考见，皆赖此书之存也。清杭世骏《续礼记集说》，搜采逮于清初，亦称浩博。然卷帙太巨，且中多空论，未免泛滥无归。初学欲求简明，读清朱彬《礼记训纂》却好。此书参考博，而颇能反之于约也。《大戴记》久讹舛。清卢文弨、戴震始厘正其文字。其后汪照有《大戴礼注补》，孔广森有《大戴礼记补注》，王聘珍有《大戴礼记解诂》。

易

言《易》之书，不外理、数两派。汉之今文家言理者也。今文别派京氏，及东汉传古文诸家，言数者也。晋王弼之学，亦出汉古文家，然舍数而言理；宋邵雍、刘牧之徒，则又舍理而求诸数。惟程颐言理不言数。古今《易》学之大别，如此而已。

汉今文《易》立于学官者四家，施、孟、梁丘及京氏是也。《汉书·儒林传》谓"要言《易》者，本之田何"。据《传》所载：田何传王同、周王孙、丁宽、齐服生，王同传杨何。即司马谈所从受《易》者，见《太史公自序》。丁宽传田王孙，田王孙传施雠、孟喜、梁丘贺。授受分明，本无异派也。然《传》又云："丁宽至洛阳，复从周王孙受古谊。"周王孙与宽，同学于田何，安所别得古谊，而宽从受之，已不免矛盾矣。《贺传》又云："从京房受《易》。房者，杨何弟子也。房出为齐郡太守，贺更事田王孙。"《房传》云："受《易》梁人焦延寿。焦延寿云：尝从孟喜问《易》。房以为延寿《易》即孟氏学。翟牧白生孟喜授《易》者。不肯，皆曰：非也。"则纠纷弥甚。案《喜传》："得《易》家候阴阳灾变书，诈言师田生且死时，枕喜膝独传喜。同门梁丘贺疏通证明之，曰：田生绝于施雠手中，时喜归东海，安得此事。博士缺，众人共荐喜，上闻喜改师法，遂不用喜。"则喜盖首为异说，以变乱师法者。然《京房传》言："成帝时刘向校书，考《易》说，以为诸家皆祖田何。杨叔、丁将军，大谊略同；惟京氏为异党。延寿独得隐士之说，托之孟氏，不相与同。”则又似孟氏之学，本无异说，而为京房所依托者。今案京氏易学，专言灾异，实出于中叶以后；丁宽当景帝时，安得有此。刘向谓为伪托，说盖可信。梁丘贺初学于京氏，丁宽更问于田王孙，盖亦造作之词也。汉古文《易》传于后者为费氏，《传》云：“费氏《易》无章句，徒以《彖》《象》《系辞》十篇，《文言》解说上、下《经》。”则其学亦应举大谊，不杂术数。然郑玄、荀爽皆传《费氏易》者，其学顾多言象数，实与京氏为同党。何哉？盖古文易又有高氏。高氏亦无章句，而传言其专言阴阳灾异，正与京氏同。盖汉初《易》家，皆仅举大谊，不但今文如此，即初出之《费氏古文》，亦尚如此。其后术数之学寖盛，乃一切附会经义。不徒今文之京氏然，即古文之高氏亦然矣。东汉传费氏《易》者，盖特用其古文之经。《汉志》云：刘向以中古文《易经》校施、孟、梁丘《经》，或脱去“无咎”“悔亡”，惟费氏《经》与古文同。当时盖有费氏《经》优于施、孟、梁丘《经》之说。至其说，则久非费氏之旧。此所以王弼亦治费氏《易》，而其说顾与郑、荀诸家判然不同也。孟《易》嫡传，厥惟虞氏。然《三国志·虞翻传注》载翻奏，谓“前人通讲，多玩章句，虽有秘说，于经疏阔”。此实虞氏叛孟氏之明证。今所传孟氏易说，盖亦非孟氏之旧矣。

东汉《易学》，至王弼而一变。弼学亦出费氏。然与郑、荀等大异。能举汉人象数之说，一扫而空之。盖还费氏以《彖》《象》《系辞》说《经》之旧。不可谓无廓清摧陷之功也。自是以后，郑、王之学并行，大抵河北主郑，江南行王。至唐修《五经正义》用王氏，而郑《易》亦亡。唐李鼎祚作《周易集解》，独不宗王，而取汉人象数之说，所搜辑者三十余家。后人得以考见汉《易》者，独赖此书之存而已。

至于宋代，则异说又兴，宋儒言《易》，附会《图》《书》。其学实出陈抟，而又分二派：一为刘牧之《易数钩隐》，以九为《河图》，十为《洛书》。一为邵雍，说正相反，后邵说盛行，而刘说则宗之者颇希。程颐独指邵说为《易》外别传，所著《易传》，专于言理。朱子学出于颐，所作《易本义》，亦不涉图学。而卷首顾附以《九图》。王懋竑谓考诸《文集》《语类》，多相牴牾，疑为后人依附。然自此《图》附于《本义》后，《图》《书》之学又因之盛行者数百年。至于明末，疑之者乃渐多。至清胡渭作《易图明辨》，而图书为道家之物，说乃大明。疑《图》

《书》者始于元陈应润。应润著《爻变义蕴》，始指先天诸《图》为道家修炼之术。明、清之际，黄宗羲著《易学象数论》，宗羲弟宗炎著《图书辨惑》，毛奇龄亦著《图书原舛编》，而要以胡氏书为最详核。以此书与惠栋之《明堂大道录》并读，颇可考见古今术数之学之大略也。自此以后，汉《易》大兴，舍宋人之象数，而言汉人之象数矣。

从来治《易》之家，言理者则诋言数者为诬罔，言数者则诋言理者为落空。平心论之，皆非也。汉儒《易》说，其初盖实止传大义；阴阳灾异之说，不论今古文，皆为后起，已述如前。宋人之图，实出道家，在儒家并无授受。经清儒考证，亦已明白。然谓汉初本无象数之说，《图》《书》亦无授受之征，则可；谓其说皆与《易》不合，则不可。西谚云："算帐只怕数目字。"汉宋象数之说，果皆与《易》无关，何以能推之而皆合乎？参看《论淮南子》。盖古代哲学，导源宗教，与数、术本属一家。其后孔门言《易》，庸或止取大义。然为三代卜筮之书之《易》，则固未尝不通于数术。吾侪今日，原不必执言但考孔门之《易》，而不考三代卜筮之旧《易》；且亦不能断言孔门之《易》，决不杂象数之谈；即谓孔门之《易》，不杂象数，而数显易征，理藏难见；今者《易》义既隐，亦或因数而易明也。然则象数之说，在《易》学虽非正传，固亦足资参证矣。惟此为专门之学，非深研古代哲学者，可以不必深究。

《易》为谁作，及其分篇若何，颇有异说。《汉志》："《易经》十二篇，施、孟、梁丘三家。"师古曰："上、下《经》及《十翼》，故十二篇。"十翼者：《易正义》云"上、下《彖》，上、下《象》，上、下《系》，《文言》《说卦》《杂卦》"是也。然《法言·问神》，谓"《易》损其一"；《论衡·正说》，谓孝宣时河内女子得《逸易》一篇；《隋志》亦述其事，而又云得三篇。案今《系辞》中，屡有"系辞"字，皆指《卦辞》《爻辞》言之。《太史公自序》引今《系辞》之文，谓之《易大传》，据《释文》，王肃本《系辞》实有传字。今《系辞》中多有"子曰"字，明系后学所为，王肃本是也。《说卦》《序卦》《杂卦》盖亦非汉初所有，故《隋志》以为三篇后得。然则今本以《卦》《爻辞》及《彖》《象》合为上下二篇，盖实汉师相传旧本。《汉志》谓施、孟、梁丘经即十二篇，其说盖误。《志》载各家《易传》皆二篇，惟丁氏八篇，亦与十二篇不合。施、孟、梁丘《章句》，亦皆二篇，亦其一证也。然自东汉以后，皆以分十二篇者为古本。《三国志·高贵乡公纪》博士淳于俊谓郑氏合《彖》《象》于经。宋吕祖谦如其说，重定之。朱子作《本义》，即用其本。明时修《五经大全》，以《本义》析入《程传》。后士子厌《程传》之繁，就其本刊去《程传》，遂失《本义》原次。清修《周易折中》，用宋咸淳吴革刻本，仍分为十二篇焉。

伏羲“画卦”，见于《系辞》，故无异说。至“重卦”则说者纷纷。王弼以为伏羲自重，郑玄以为神农，孙盛以为夏禹，史迁以为文王。《卦辞》《爻辞》：郑学之徒，以为文王作；马融、陆绩之徒，以《卦辞》为文王，《爻辞》为周公作。至《十翼》则并以为孔子作，无异论。并见《正义八论》。今案《系辞》为传，《说卦》等三篇后得，已见前。既云后得，则必不出孔子。《史记·孔子世家》云：“孔子晚而喜《易》，序《彖》《系》《象》《说卦》《文言》。”序之云者，次序之谓。犹上文所谓“序《书传》”。初不以为自作。《汉志》乃云：“孔氏为名《彖》《象》《系辞》《文言》《序卦》之属十篇。与以《卦辞》《爻辞》为文王周公作者，同一无确据而已。要之《易》本卜筮之书，其辞必沿之自古，纵经孔子删定，亦不必出于自为；疑事无质，不必凿言撰造之人可也。”《周礼》：“大卜三易：一曰《连山》，二曰《归藏》，三曰《周易》。”杜子春以《连山》为伏羲，《归藏》为黄帝。郑玄则谓夏曰《连山》，殷曰《归藏》，周曰《周易》，然郑以《卦》《爻辞》并为文王作，则不以《连山》《归藏》为有辞也。

读《易》之法，可分精粗二者言之。若求略通易义，可但观王《注》、程《传》，以《易》本文与周、秦诸子互相钩考。可用惠氏《易微言》之法。若求深造，则象数之说，亦不可不通，说已见前。惟仍须与哲学之义不背，不可堕入魔障耳。清儒治汉《易》者，以元和惠氏为开山，武进张氏为后劲。江都焦氏，则为异军苍头。初学读《易》者，即从此三家入手可也。汉儒《易》学，自唐修《五经正义》后久微。惠氏乃以李鼎祚《集解》为主，参以他种古书，一一辑出；其书有《周易述》二十一卷、《易汉学》八卷、《易例》二卷。《九经古义》中，涉《易》者亦不少。《明堂大道录》一书，实亦为《易》而作；《书目答问》入之礼家，非也。惠氏书多未成，《周易述》一种，其弟子江藩有《补》四卷。汉儒《易》学，各有家法。惠氏搜辑虽勤，于此初未能分别，至张氏乃更有进。张氏之书，有《周易虞氏义》九卷、《虞氏消息》二卷、《易礼》二卷、《易事》二卷、《易言》二卷、《易候》一卷，又有《周易郑氏义》二卷、《荀氏九家义》一卷、《易义别录》十四卷。始分别诸家，明其条贯，而于虞氏尤详；亦以《集解》存诸家说，本有详略之不同也。焦氏书曰《周易章句》十二卷、《易通释》十二卷、《易图略》

八卷。焦氏不墨守汉人成说，且于汉儒说之误者，能加以驳正；《通释》一书，自求条例于《易》，立说亦极精密，诚精心之作也。予谓三家书中，惠氏之《明堂大道录》，及其《周易述》中所附之《易微言》，及焦氏之《易通释》三种，尤须先读。《明堂大道录》，举凡古代哲学与术数有关之事，悉集为一编，可作古代宗教哲学史，读一过，则于此学与古代社会，究有何等关系，已可了然。《易微言》将《易经》中哲学名词，一一逐条抄出，更附以他种古书，深得属辞比事之法。《易通释》则统合全书，求其条例，皆治学最善之法也。学者循其门径，不第可以读《易》，并可读古代一切哲学书矣。

春　秋

《春秋》一书，凡有三《传》。昔以《公羊》《穀梁》为今文，《左氏》为古文。自崔适《春秋复始》出，乃考定《穀梁》亦为古文。

《春秋》之记事，固以《左氏》为详。然论大义，则必须取诸《公羊》。此非偏主今学之言也。孟子曰："其事则齐桓晋文，其文则史，其义则丘窃取之矣。"若如后儒之言，《春秋》仅以记事，则孟子所谓义者安在哉？太史公曰："《春秋》文成数万，其指数千。"今《春秋》全经，仅万七千字，安得云数万。且若皆作记事之书读，则其文相同者，其义亦相同。读毛奇龄之《春秋属辞比事表》，已尽《春秋》之能事矣。安得数千之指乎？《春秋》盖史记旧名，韩起适鲁，见《易象》与《鲁春秋》，见《左》昭二年。孟子曰："晋之《乘》，楚之《梼杌》，鲁之《春秋》，一也。"而《晋语》司马侯谓羊舌肸习于《春秋》，《楚语》申叔论传大子，曰教以《春秋》，盖《乘》与《梼杌》为列国异名，而《春秋》则此类书之通名也。《墨子》载周《春秋》记杜伯事，宋《春秋》记祐观辜事，燕《春秋》记庄子仪事。亦皆谓之《春秋》。孔子修之，则实借以示义。《鲁春秋》之文，明见《礼记·坊记》。孔子修之，有改其旧文者，如庄七年"星陨如雨"一条是也。有仍而不改者，如昭十二年"纳北燕伯于阳"一条是也。故子女子曰："以《春秋》为《春秋》。"闵元年。《传》曰："定哀多微辞。主人习其读而问其传，则未知己之有罪焉尔。"定元年。封建之时，文网尚密，私家讲学，尤为不经见之事；况于非议朝政，讥评人物乎。圣人"义不讪上，知不危身"，托鲁史之旧文，传微言于后学，盖实有所不得已也，曷足怪哉。

《易》与《春秋》，相为表里。盖孔门治天下之道，其原理在《易》，其办法则在《春秋》也。今试就元年春王正月一条，举示其义。案传曰："元年者何？君之始年也。春者何？岁之始也。王者孰谓？谓文王也。曷为先言王而后言正月？王正月也。何言乎王正月？大一统也。公何以不言即位？成公，意也。"何君《解诂》曰："《春秋》变一为元。元者，气也。无形以起，有形以分；造起天地，天地之始也。故上无所系，而使春系之也。不言公言君者，所以通其义于王者。《春秋》托新王受命于鲁，故因以录即位。明王者当继天奉元，养成万物；春者，天地开辟之端，养生之首，法象所出，四时本名也。文王，周始受命之王。天之所命，故上系天端。方陈受命，制正月，故假以为王法。不言谥者，法其生，不法其死，与后王共之，人道之始也。统者，总系之辞。王者始受命，改制，布政施教于天下，莫不一一系于正月，故云政教之始。即位者，一国之始。政莫大于正始：故《春秋》以元之气，正天之端；以天之端，正王之政；以王之政，正诸侯之即位；以诸侯之即位，正境内之治。诸侯不上奉王之政，则不得即位，故先言正月而后言即位。政不由王出则不得为政，故先言王而后言正月也。王者不承天以制号令则无法，故先言春而后言王。天不深正其元，则不能成其化，故先言元而后言春。五者同日并见，相须成体；乃天人之大本，万物之所系，不可不察也。"案中国古代哲学，最尊崇自然力。此项自然力，道家名之曰"道"，儒家谓之曰"元"。参看《论读子之法》。《春秋》"元年春王正月"之"元"，即《易》"大哉乾元，万物资始，乃统天"之"元"。为宇宙自然之理，莫知其然而然，只有随顺，更无反抗。人类一切举措，能悉与之符，斯为今人所谓"合理"。人类一切举措而悉能合理，则更无余事可言，而天下太平矣。然空言一切举措当合理甚易，实指何种举措为合理则难；从现在不合理之世界，蕲至于合理之世界，其间一切举措，一一为之拟定条例，则更难。《春秋》一书，盖即因此而作。故有据乱、升平、太平三世之义。二百四十年之中，儒家盖以为自乱世至太平世之治法，皆已毕具。故曰："《春秋》曷为终乎哀十四年，曰备矣。"曰："拨乱世，反之正，莫近于《春秋》。"曰"万物之散聚，皆在《春秋》"也。物、事古通训。春秋之为书如此。其所说之义，究竟合与不合，姑措勿论。而欲考见孔子之哲学，必不能无取乎是，则正极平易之理，非怪迂之谈矣。

《公羊》一书，自有古学后，乃抑之与《左》《穀梁》同列，并称《三传》。其实前此所谓《春秋》者，皆合今之《经》与《公羊传》而言之，崔适《春秋复始》，考证甚详；其实诸经皆然，今之《仪礼》中即有传，《易》之《系辞传》亦与经并列。今之所谓《春秋经》者，乃从《公羊》中摘出者耳。汉儒言《春秋》者，于齐、鲁，自胡毋生，于赵，自董仲舒。今仲舒书存者有《春秋繁露》；何氏《公羊解诂》系依胡毋生条例。今学家之书传于后者，当以此为最完矣。伏生书传，阙佚更甚于《繁露》。《韩诗》仅存外传。此外今学家经说，更无完全之书。清儒之治今学，其始必自《春秋》入，盖有由也。《繁露》凌曙有注。康有为《春秋董氏学》条理极明，可合看。清儒疏《公羊》者，有孔广森之《通义》，及陈立之《义疏》。陈书校胜于孔，以孔于今古文家法，实未明白也。

董子曰："《诗》无达诂，《易》无达占，《春秋》无达辞。"①盖文字古疏今密，著书之体例亦然。孔子作《春秋》，为欲借以示义，原不能无义例。然欲如后人之详密，则必不能。若必一一磨勘，则三《传》之例，皆有可疑；过泥于例，而背自古相传之义，非所宜也。然初学治《春秋》，必先略明其例，乃觉自有把握，不至茫无头绪，特不当过泥耳。欲明《公羊》条例者，宜读刘逢禄《公羊何氏释例》、崔适《春秋复始》两书。

《穀梁》虽亦古学，然其体例，实与《公羊》为近。《公羊》先师有子沈子，《穀梁》亦有之。其大义虽不如《公羊》之精；然今《公羊》之义，实亦阙而不完；凡有经无传者皆是。《穀梁》既有先师之说，亦足以资参证也。范宁《集解自序》于《三传》皆加诋諆。谓"当弃所滞，择善而从。若择善靡从，即并舍以求宗，据理以通经"，此自晋人治经新法，已开啖、赵《三传》束阁之先声矣。范《注》屡有驳《传》之处，如隐九年、庄元年、僖八年、十四年、哀二年皆是。杨《疏》亦屡有驳《注》之处，见僖四年及文二年。僖元年"护莒拏"一事，《注》既驳《传》，《疏》又驳《注》。杨士勋《疏》称宁别有《略例》百余条，今皆不见。盖已散入《疏》中？清儒治此经者，柳兴宗《穀梁大义述》、许桂林《穀梁释例》两书最好。

至《左氏》一书，则与《公羊》大异。孔子之修《春秋》，必取其义，说

---

① 编者按：董仲舒《春秋繁露》卷三《精华》作"春秋无达辞"。"春秋无达例"之语似出宋陆佃《陶山集》卷十二《答崔子方秀才书》。

已见前。今《左氏》一书，则释《春秋》之义者甚少。或有经而无传，或有传而无经。庄二十六年之传全不释经。夫传以解经，既不解经，何谓之传？故汉博士谓“左氏不传《春秋》”。杜预谓其“或先经以起事，或后经以终义，或依经以辨理，或错经以合异”。乃曲说也。《汉书·刘歆传》：“初《左氏传》多古字古言，学者传训诂而已。及歆治《左氏》，引《传》文以解《经》，转相发明，由是章句义理备焉。”此语实最可疑。《传》本释《经》，何待歆引。曰“歆引以解”，则《传》之本不释《经》明矣。故信今学者，以此经为刘歆伪造。谓“太史公《报任安书》：左丘失明，厥有《国语》。云左丘不云左丘明，下文左丘明无目，明字乃后人所加。《论语》“左丘明耻之”一章，出古《论》，齐鲁《论》皆无之，见崔适《论语足征记》。云《国语》不云《左氏传》，则本有《国语》而无《左氏传》，有左丘而无左丘明。今之《左传》，盖刘歆据《国语》所编；今之《国语》，则刘歆编《左传》之余也”。其说信否难定。要之《左氏》为史，《春秋》为经；《春秋》之义，不存于《左氏》；《左氏》之事，足以考《春秋》，则持平之论矣。《左氏》《国语》为一家言，人人知之，其书与《晏子春秋》亦极相似。所记之事，既多重复；且《左氏》时有君子曰，《晏子春秋》亦有之，盖皆当时史记旧文也。《史记·十二诸侯年表》：“孔子西观周室，论史记旧闻，兴于鲁，而次《春秋》。七十子之徒，口受其传说。为有所刺讥褒讳贬损之文辞，不可以书见也。鲁君子左丘明，惧弟子人人异端，各安其意，失其真，故因孔子史记，具论其语。成《左氏春秋》。”说甚游移。具论其语，为论孔子传指，抑论史记旧闻？云成《左氏春秋》，则此书果为左氏一家言？抑孔子所修《春秋》之传乎？《汉志》曰：“仲尼思存前圣之业，以鲁周公之国，礼文备物，史官有法，故与左丘明观其史记，据行事，仍人道，因兴以立功，败以成罚，假日月以定历数，借朝聘以正礼乐。有所褒讳贬损，不可书见，口授弟子。弟子退而异言。丘明恐弟子各安其意以失其真，故论本事而作传，明夫子不以空言说经也。”说较明白。然褒讳贬损，果失其真，论其本事何益？今《公羊》固非全不及事，特本为解经，故其述事但取足以说明经意而止耳。然则弟子固非不知本事，安有所谓空言说经者，而有待于左丘明之论乎。故“《左氏》不传《春秋》”，说实至确。惟《公》《穀》述事，既仅取足以解经，语焉不详。生当今日，而欲知《春秋》之本事，则《左氏》诚胜于二《传》。此则不徒以经作史读者不可不究心；即欲求《春秋》之义者，本事亦不可昧，《左氏》固仍必读之书也。传必释经，儒家通义。故汉儒治此者，郑众、贾逵、服虔、许惠卿等，皆引《公》《穀》之例以释之。至杜预，乃自立体例，谓“专修丘明之《传》以释《经》。《经》之条贯，必出于《传》;《传》之义例，总归于凡”。于是《左氏》一书，始离《公》《穀》而独立矣。今学说六经，皆以为孔子之制作，古学家乃推诸周公。杜预以“凡五十为周公垂法，史书旧章。仲尼从而明之。其书、不书、先书、故书、不言、不称、书曰之类，乃为孔子变例”。而六经出周公之说，益完密矣。杜预亦古学之功臣也。《释例》一书，已散入《疏》中，仍别有单行之本。此可考见杜氏一家之学耳。不独非《春秋》义，即汉儒治《左氏》者，亦不如此也。欲考杜以前《左氏注》，可看洪亮吉《春秋左传诂》，李贻德《贾服注辑述》两书。《左氏》之专用杜义，亦唐定《正义》后始然。前此主贾、服诸家者，与杜相攻颇甚。刘炫规过，尤为有名。今之孔《疏》，往往袭刘规过之词，转以申杜。刘文淇《旧疏考证》将今疏中袭用旧《疏》者，一一考出，颇足考见孔《疏》以前之旧《疏》也。

《左氏》一书，本只可作史读。故杜氏治此，即于史事极详。《释例》而外，又有《世族谱》《盟会图》《长历》，以考年月事迹世系。后儒治此，亦多注重史事，其中最便考索者，当推马骕《左传事纬》，顾栋高《春秋大事表》两书。《事纬》系纪事本末体，读左氏时参检之，可助贯串。《大事表》一书，将全书事迹，分门别类，悉列为表，若网在纲，有条不紊，尤必须一读，不独有裨于读《左》，兼可取其法以读他书耳。惟以《左氏》作史读，亦有不可不知者两端:（一）则《左氏》记事，多不可信。前人论者已多，无待赘述。（二）则《左氏》记事，亦有须参证《公》《穀》，乃能明白者。《公》《穀》述事，本为解经，故其所述，但取足说明经义而止，前已言之。《左氏》则不然。故其记事之详，十倍《公》《穀》，且皆校为可信。如邲之战：据《公羊》，楚庄王几于堂堂之阵，正正之旗；而据《左氏》，则先以和诳晋，继乃乘夜袭之，实不免于谲诈。《公羊》之说，盖杂以解经者之主观矣。然《左氏》云：“晋人或以广队，不能进，楚人惎之脱扃少进，马旋，又惎之拔旆投衡，乃出。顾曰：吾不如大国之数奔也。”当交战之时，而教敌人以遁逃，以致反为所笑，殊不近情。故有训惎为毒，以惎之断句者。然如此，则晋人顾曰之语，不可解矣。必知《公羊》“还师以佚晋寇”之说，乃知庄王此役，虽蓄谋以败晋军，而初不主于杀戮；故其下得教敌人以遁逃。然则“晋之余师不能军，宵济亦终夜有声”之语，盖亦见庄王之宽大。杜注谓讥晋师多而其将师不能用，殆非也。此则非兼考《公羊》，不能明史事之真，并不能明《左氏》者矣。举此一事，余可类推。世之不信《公羊》者，每谓其不近情理；其实言《春秋》而不知《公羊》之条例，其事乃真不近情理。即如《春秋》所记，诸侯盟会，前半皆寥寥数国，愈后而其国愈多。若拨弃《公羊》之义，即作为史事读，岂春秋诸国，其初皆不相往来者乎？

宋人之治《春秋》，别为一派。其端实启于唐之啖助、赵匡。二人始于三《传》，皆不置信，而自以意求之经文。啖、赵皆未尝著书。其弟子陆淳，著《春秋集传纂例》《春秋微旨》，皆祖述啖、赵之说。宋儒之不守三《传》，亦与啖、赵同；而其用意则又各异。宋儒所著之书，以孙复之《春秋尊王发微》、胡安国之《春秋传》为最著。孙《书》专主尊攘，盖亦北宋时势始然。胡《传》本经筵进讲之书，时直南宋高宗，故尤发挥大复仇之义，欲激其君以进取。意有所主，不专于说经也。明初颁诸经于儒学，皆取宋人之注；以胡氏学出程氏，遂取其书。学者乃并三《传》而称为四《传》焉。宋人讲《春秋》者，多近空谈；既未必得经之意，于史事亦鲜所裨益。非研究宋学者，可以不必措意。

论语　孟子　孝经　尔雅

《诗》《书》《礼》《易》《春秋》，乃汉人所谓《五经》。《论语》《孝经》，汉人皆以为传。《孝经》虽蒙经名，亦在传列。《孟子》在儒家诸子中，《尔雅》则汉人所辑之训诂书也。自宋代以此诸书，与《五经》《三传》及《小戴礼记》合刻，乃有“十三经”之名；朱子取《礼记》中之《大学》《中庸》，以配《论语》《孟子》，乃又有“四书”之名。经与传之别，自西汉专门之学亡后，实已不能深知；今日研究，传且更要于经，说见前。亦不必更严其别也。今就此诸书，略论其读法如下。

“四书”之名，定自朱子；悬为令申，则始元延祐。然《汉志》《礼记》之外，有《中庸说》二篇；《隋志》有戴颙《中庸说》二卷，梁武帝有《中庸讲疏》一卷；则《礼记》外有别行之本，由来已久。《大学》唐以前无别行本，而《书录解题》有司马光《〈大学〉、〈中庸〉广义》各一卷；亦在二程之前。王安石最尊《孟子》，司马光、晁公武却非议之，未免意气用事。宋《礼郑韵略》所附条式，元祐中即以《论》《孟》试士，则尊《孟》亦不始朱子矣。又朱子所定《四书》，以《大学》《论语》《孟子》《中庸》为次。后人移《中庸》于《大学》之后，则专以卷帙多少论耳。

朱子于四书皆有注，乃一生精力所萃。其于义理，诚有胜过汉儒处，不可不细读也。欲窥宋学之藩者，读此四书之《注》亦甚好。朱子注四书，《大学》分经传，颠倒原次;《中庸》虽无颠倒，分章亦不从郑氏，故皆谓之章句。《论》《孟》则聚众说，为之注解，故称“集注”。朱子注此四书之意，别著《或问》以发明之;然其后于集注又有改定,而《或问》于《大学》外未及重编。故《或问》与《四书注》，颇多牴牾;《文集》《语类》中，有言及注四书之意者，亦不能尽合。不得据《或问》以疑四书之《注》也。

《论语》有鲁《论》齐《论》及古《论》之别。鲁《论》篇次与今本同。齐《论》别有《问王》《知道》二篇。二十篇中，章句亦颇多于鲁《论》。古《论》云出孔壁，分《尧曰》后半“子张问”以下，别为一篇，故有两子张。篇次亦不与齐、鲁《论》同。张禹受鲁《论》于夏侯建。又从庸生王吉受齐《论》。择善而从，号曰张侯《论》”。已乱齐、鲁之别；郑玄就鲁《论》篇章，考之齐、古为之注，则并齐、鲁、古三者之别而泯之矣。魏何晏集诸家之说，并下己意为《集解》,盛行于世;即今《十三经注疏》所采之本也。梁时皇侃为之作《疏》。宋邢昺《疏》即系据皇《疏》删其支蔓，附以义理者。梁《疏》后亡佚，迄清代乃得之日本焉。古《论》云有孔安国注，今见《集解》所引，盖亦王肃所伪，其后此注亦亡；清时，歙县鲍氏，云得其书于日本，重刻之，则又六朝以来伪物也。《论语》一书，皆记孔子及孔门弟子言行。说颇平易可信。书系杂记，无条理。《正义》篇篇皆言其总旨及章次，殊属不必也。清儒作新疏者，有刘宝楠《论语正义》。

《孟子》一书，存儒家大义实多。他姑勿论，民贵君轻之义，非《孟子》即几于泯没不传。此外道性善，明仁义，亦皆孔门大义，至可宝贵。康有为谓孟子传孔门大同之义，荀卿只传小康，合否今姑勿论，要其为书，则远出荀卿之上。非他儒书所得比并。真孔门之马鸣龙树矣。又《孟子》书中，存古经说甚多。其言《春秋》处，今人已多知之;言《尚书》处，则知者较鲜。予案《万章上》篇，言尧、舜禅让事，无一不与《书大传》合者，盖今文书说，亦民贵君轻之大义也。若无此义，则《尧典》一篇，诚乃极无谓之物矣。古有赵岐注，颇无味。阮氏《校勘记》指其注“摩顶放踵”处，与《文选注》所引不合，疑亦有窜乱也。疏题宋孙奭，实邵武士人所伪，已见前。清儒作新疏者，有焦循《正义》，博而精。

《孝经》一书，无甚精义。姚际恒《古今伪书考》以为伪书。然其书在汉时，实有传授，且《吕览》既已引之，则姚说未当。此书无甚精义，而汉儒顾颇重之者，汉时社会宗法尚严，视孝甚重。此书文简义浅，人人可通，故用以教不能深造之人。如后汉令期门羽林之士通《孝经》章句是也。《纬书》云："志在《春秋》，行在《孝经》。"《六艺论》云："孔子以六艺题目不同，指意殊别，恐道离散，后世莫知根原，故作《孝经》以总会之。"可见汉人重此之心理。此书亦有今古两本。今文注出郑玄，传自晋荀昶；古文出于刘炫，多闺门章四百余字。唐《开元御注》用今文，元行冲为之作疏。宋邢昺《疏》即以元《疏》为蓝本。清儒治此者，有皮锡瑞《孝经郑注疏》。此书无甚深义，一览可也。孔门言孝之义，长于《孝经》者甚多。

《尔雅》乃训诂书，后人亦附之于经。其实非也。张楫上广雅表：谓"周公著《尔雅》一篇。《释文》以为释诂。今俗所传二篇，或言仲尼所增，或言子夏所益，或云叔孙通所补，或云沛郡梁文所考"，要之皆无确据。予案古人字书，共有三种:（一）四言或三七言韵语，自《史籀》篇以下皆然。王国维说。乃古人识字之书，与今私塾教学僮读《三字经》《千字文》同法。此事盖沿之自古，予别有论。（二）以字形分部，如今之字典，始于许慎之《说文解字》。（三）《尔雅》，今之词典也，此本钞撮以备查检，后人相传，亦必有增改，无所谓谁作。今此书训诂，几全同毛《传》，《释乐》同《周官・大司乐》，九州异《禹贡》而同《周官》，则古学既出后之物。《释兽》中狻麑即狮子，出西域；鹔鸠出北方沙漠；翠生郁林；鳒鳑出乐浪、潘国；魵虾出秽邪头国；皆非战国前所有。明为后人增益。正如《神农本草经》有汉郡县名耳。此书专治小学者宜熟读之，否但粗加涉猎，随时查检即可。清儒新疏，有郝懿行《义疏》、邵晋涵《正义》两种。

论读子之法

吾国书籍，分为经、史、子、集四部；而集为后起之物，古代只有经、史、子三者。经、子为发表见解之书，史为记载事物之书，已见前。逮于后世，则子亡而集代兴。集与子之区别：集为一人之著述，其学术初不专于一家；子为一家之学术，其著述亦不由于一人。勉强设譬，则子如今之科学书，一书专讲一种学问；集如今之杂志，一书之中，讲各种学问之作皆有也。

子书之精者，讫于西汉。东汉后人作者，即觉浅薄。然西汉子书之精者，仍多祖述先秦之说；则虽谓子书之作，讫于先秦，可也。然远求诸西周以前，则又无所谓子。然则子者，春秋、战国一时代之物也。其故何邪？

予谓专家之学兴而子书起，专家之学亡而子书讫。春秋、战国，专家之学兴起之时也。前乎此，则浑而未分；后乎此，则又裂而将合。故前此无专家之学，后此亦无专家之学也。请略言之：

诸子之学之起原，旧说有二：（一）出《汉志》，谓其原皆出于王官。（一）出《淮南·要略》，谓皆以救时之弊。予谓二说皆是也。何则？天下无无根之物；使诸子之学，前无所承，周、秦之际，时势虽亟，何能发生如此高深之学术。且何解于诸子之学，各明一义，而其根本仍复相同邪。见下。天下亦无无缘之事；使非周、秦间之时势有以促成之，则古代浑而未分之哲学，何由推衍之于各方面，而成今诸子之学乎。此犹今人好言社会主义，谓其原出于欧洲之马克思等可；谓由机械发明，生财之法大变，国民生计，受外国之侵削，而国内劳动资本阶级，亦有划分之势，因而奋起研究者多，亦无不可也。由前则《汉志》之说，由后则《淮南》之说也。各举一端，本不相背。胡适之撰《诸子不出于王官论》，极诋《汉志》之诬，未免一偏矣。

人群浅演之时，宗教哲学，必浑而不分；其后智识日进，哲学乃自宗教中蜕化而出。吾国古代，亦由是也。故古代未分家之哲学，则诸子之学所同本；而未成哲学前之宗教，则又古代不分家之哲学之根原也。必明乎此，然后于诸子之学，能知其源；而后读诸子书，乃有入处。

宇果有际乎？宙果有初乎？此在今日，人人知非人智所逮，哲学家已置诸不论不议之列。然此非古人所知也。今人竞言“宇宙观”“人生观”，其实二者本是一事。何则？我者，宇宙间之一物。以明乎宇宙之真理，然后我之所以自处者，乃皆得其道矣。故古人之所研究，全在哲学家所谓宇宙论上也。

吾国古代之宇宙论，果如何乎？曰：古之人本诸身以为推。见夫人之生，必由男女之合也，则以为物亦如此；而仰观俯察，适又有苍苍者天，与抟抟者地相对；有日月之代明；有寒暑之迭更；在在足以坚其阴、阳二元之思想。于是以为天地之生物，亦如是而已矣。故曰：“物本乎天，人本乎祖。”《礼记·郊特牲》。

然哲学所求之原因，必为“最后”，为“惟一”。求万物之原因，而得阴、阳二元，固犹非“一”；非“一”，则非其“最后”者也。然则阴、阳之原，又何物耶？夫谓万物厘然各别，彼此不能相通者，乃至浅之见；不必证以科学，而亦能知其非是者也。人日食菽饮水而后生，又或豢豕为酒以为食。方其未饮食时，菽自菽，水自水，豕自豕，酒自酒，人自人也；及其既饮食之后，则泯然不复见其迹焉。人三日不食则惫，七日不食则死。然则人与动植矿物异乎？不异乎？且也，“众生必死，死必归土。骨肉毙于下，荫为野土；其气发扬于上为昭明，焄蒿凄怆”。《礼记·祭义》。然则人与天地，是一乎？是二乎？古以天为积气所成。故谓万物厘然各别，彼此不能相假者，至浅之见；稍深思之，而即知其非是者也。此固不待证之以科学也；古之人亦知此也，乃推求万物之本原；乃以为天地万物，皆同一原质所成，乃名此原质曰“气”。

《易大传》曰：“精气为物，游魂为变。”“精”者，凝集紧密之谓。《公羊》庄十年：“觕者曰侵，精者曰伐。”《注》：“觕，粗也；精，犹密也。”是也。魂者，人气。盖同一气也，古人又以为有阴阳之分。阳者性动，轻清而上升；阴者性静，重浊而下降。《左》昭七年《疏》引《孝经说》曰：“魂，芸也。”芸芸，动也。《广雅·释天》：三气相接，剖判分离；轻清者上为天，重浊者下为地。其在于人，则阳气成神，是曰魂；阴气成形，是曰魄。故魂亦气也。上言气，下言魂，变词耳。“游”者，游散。韩注。构成万有之原质，循一定之律，而凝集紧密焉，则成人所知觉之物，是曰“精气为物”。循一定之律而分离游散焉，则更变化而成他物，是曰“游魂为变”而已矣。此其在人，则为生死。然非独人也，一切物之成毁，莫不如是；即天地亦然。故古人论天地开辟，亦以气之聚散言之。《易正义》八论引《乾凿度》“有太易，有太初，有太始，有太素。太易者，未见气；太初者，气之始；太始者，形之始；太素者，质之始”是也。职是故，古人乃以万物之原质即气。凝集之疏密，分物质为五类，是为“五行”。五行之序，以微著为渐。《尚书·洪范疏》所谓“水最微为一，火渐著为二，木形实为三，金体固为四，土质大为五”也。益以〔一〕有形无形，〔二〕有质无质，〔三〕同是有质也，而刚柔大小不同，为分类之准；犹今物理学分物为气体、液体、固体也。然则宇宙间一切现象，无所谓有无，亦无所谓生死，只是一气之变化而已。气之变化，无从知其所以然，只可归之于一种动力。然则此种动力，乃宇宙之根原也。故曰“易不可见，乾坤或几乎息”也。《易·系辞》。

故此种动力，古人视为伟大无伦。《易》曰：“大哉乾元；万物资始，乃统天。”《公羊》何注曰：“春秋以元之气，正天之端。天不深正其元，则不能成其化。”《老子》曰：“有物混成，先天地生；寂兮寥兮，独立而不改，周行而不殆；可以为天下母。吾不知其名，字之曰道。”皆指此种动力言之。夫如是，则天地亦遵循自然之律而动作而已；非能贵于我也，更非能宰制我也。大而至于天地，小而至于蚊虻，其为一种自然之质，循自然之律而变化，皆与我同也。故曰：“天地与我并生，万物与我为一。”《庄子》。然则中国古代之哲学，殆近于机械论者也。

此等动力，固无乎不在，是之谓“神”。《易·系辞》曰：“神无方而易无体。”盈天地之间皆是，则不能偏指一物为神，故无体。又曰：“阴阳不测之谓神。”盈天地之间皆是，自然无论男女雌雄牝牡皆具之；男女雄雌牝牡皆具之，则无复阴阳之可言矣。又曰：“惟神也，故不疾而速，不行而至。”又曰：“无思也，无为也，寂然不动，感而遂通天下之故；非天下之至神，其孰能与于此？”言其充塞乎宇宙之间，故无从更识其动相。亦指此等动力言之也。此等动力，既无乎不在，则虽谓万物皆有神可也，虽谓物即神可也。故曰：“鬼神之为德，其盛矣乎。体物而不可遗。”《礼记·中庸》。神即物，物即神，则孰能相为役使？故曰“吹万不同，使其自已；咸其自取，怒者其谁”也。《庄子·齐物论》。然则中国古代之哲学，又可谓之无神论，谓之泛神论也。

此等哲学思想，为百家所同具。至东周以后，乃推衍之于各方面，而成诸子之学焉。盖其时世变日亟，一切现象，皆有留心研究之人。而前此一种哲学，入于人人之心者既深，自不免本之以为推。其原既同，则其流虽异，而仍必有不离其宗者在。此周、秦诸子之学，所以相反而相成也。今试略举数端以明之：古代哲学，最尊崇自然力。既尊崇自然力，则只有随顺，不能抵抗。故道家最贵“无为”。所谓“无为”者，非无所事事之谓，谓因任自然，不参私意云耳。然则道家之所谓“无为”，即儒家“为高必因丘陵，为下必因川泽”之意；亦即法家“绝圣弃智”，专任度数之意也。自然之力，无时或息。其在儒家，则因此而得“自强不息”之义焉。其在道家之庄、列一派，则谓“万物相刃相劘，其行如驰”，“一受其成形，不亡以待尽”，因此而得委心任运之义焉。自然力之运行，古人以为如环无端，周而复始。其在道家，则因此而得“祸福倚伏”之义；故贵“知白守黑，知雄守雌”。其在儒家，则因此而得穷变通久之义，故致谨于治制之因革损益。其在法家，则因此而得“古今异俗，新故异备”之义；而商君等以之主张变法焉。万物虽殊，然既为同一原质所成，则其本自一。夫若干原质凝集而成物，必有其所以然，是之谓“命”；自物言之则曰“性”。性与生本一字，故告子曰“生之谓性”，而孟子驳之以“白之为白”也。“性命”者，物所受诸自然者也。自然力之运行，古人以为本有秩序，不相冲突。《礼记·礼运》曰：“事大积焉而不苑，并行而不缪，细行而不失；深而通，茂而有间；连而不相及也，动而不相害也。”《中庸》曰：“万物并育而不相害，道并行而不相悖。”皆极言天然之有秩序，所谓顺也。人能常守此定律，则天下可以大治；故言治贵“反诸性命之情”，故有“反本”“正本”之义。儒家言尽性可以尽物，道家言善义生者可以托天下，理实由此。抑《春秋》之义，正次王，王次春；言“王者欲有所为，宜求其端于天”；而法家言形名度数，皆原于道，亦由此也。万物既出于一，则形色虽殊，原理不异。故老贵“抱一”，孔贵“中庸”。抑宇宙现象，既变动不居，则所谓真理，只有变之一字耳。执一端以为中，将不转瞬而已失其中矣。故贵“抱一”而戒“执一”，贵“得中”而戒“执中”。“抱一”“守中”，又即“贵虚”“贵无”之旨也。“抱一”者，抱无一可抱之一。“得中”者，得无中可得之中。然则一切现象正惟相反，然后相成。故无是非善恶之可言，而“物伦”可齐也。夫道家主因任自然，而法家主整齐划一，似相反矣。然所谓整齐划一者，正欲使天下皆遵守自然之律，而绝去私意；则法家之旨，与道家不相背也。儒家贵仁，而法家贱之。然其言曰：“法之为道，前苦而长利；仁之为道，偷乐而后穷。”则其所攻者，乃姑息之爱，非儒家之所谓仁也。儒家重文学，而法家列之五蠹。然其言曰：“糟糠不饱者，不务粱肉；短褐不完者，不待文绣。”则亦取救一时之急尔。秦有天下，遂行商君之政而不改，非法家本意也。则法家之与儒家，又不相背也。举此数端，余可类推。要之古代哲学之根本大义，仍贯通乎诸子之中。有时其言似相反者，则以其所论之事不同，史谈所谓“所从言之者异”耳。故《汉志》谓其“譬诸水火，相灭亦相生”也。必明乎此，然后能知诸子学术之原；而亦能知诸子以前，古代哲学之真也。

诸子中惟墨家之学为特异。诸家之言，皆似无神论、泛神论，而墨家之言“天志”“明鬼”，则所谓“天”所谓“鬼”者，皆有喜怒欲恶如人。故诸家之说，皆近机械论，而墨子乃独非命。予按墨子之志，盖以救世，而其道则出于禹。《淮南·要略》云：“墨子学儒者之业，受孔子之术。以为其礼烦扰而不悦，厚葬靡财而贫民，服伤生而害事；服上盖夺“久”字。故背周道而用夏政。”孙星衍《墨子后叙》，因此推论墨学皆原于禹，其说甚辩。予按古者生计程度甚低，通国之内，止有房屋一所，名之曰明堂。说本阮氏元，见《揅经室集·明堂论》。为一切政令所自出。读惠氏栋《明堂大道录》可见。《汉志》云：“墨家者流，盖出于清庙之守，茅屋采椽，是以贵俭；养三老五更，是以兼爱；选士大射，是以尚贤；宗祀严父，是以右鬼；顺四时而行，是以非命；以孝视天下，是以尚同。”茅屋采椽，明堂之制也。养三老五更，学校与明堂合也。选士大射，后世行于泮宫；然选士本以助祭，其即在明堂宜也。宗祀严父，清庙明堂合一之制也。顺四时而行，盖《礼记·月令》《吕览·十二纪》《淮南·时则训》所述之制，所谓一切政令，皆出明堂也。明堂既与清庙合，以孝视天下，说自易明。《论语》：“子曰：禹，吾无间然矣。菲饮食，而致孝乎鬼神；恶衣服，而致美乎黻冕，卑宫室，而尽力乎沟洫。”“致孝乎鬼神”，“致美乎黻冕”，则宗祀严父之说也。“卑宫室”，则茅屋采椽之谓也。《礼记·礼运》：“孔子曰：我欲观夏道，是故之杞；而不足征也，吾得夏时焉。”所谓夏时者，郑注以《夏小正》之属当之，而亦不能质言。窃以《月令》诸书所载，实其遗制。夏早于周千余岁，生计程度尚低，政治制度亦简，一切政令皆出明堂，正是其时。周之明堂，即唐、虞之五府，夏之世室，殷之重屋，乃祀五帝之所。《史记·五帝本纪》索隐引《尚书·帝命验》。五帝者：东方青帝灵威仰，主春生；南方赤帝赤熛怒，主夏长；西方白帝白招拒，主秋成；北方黑帝汁光纪，主冬藏；而中央黄帝含枢纽，则寄王四时；以四时化育，亦须土也。盖以天地万物，同为自然之力所成，乃进化以后之说。其初则诚谓有一天神焉，“申出万物”，“阴骘下民”；继又本“卑者亲视事”之义，造为所谓五帝，以主四时化育；而昊天上帝耀魄宝，则“居其所而众星拱之”而已。君德之贵无为，其远源盖尚在此。夫学说之变迁，必较制度为速。以孔子之睿智，岂尚不知五行灾变之不足凭；然其删定六经，仍过而存之者，则以其沿袭既久，未可骤废故也。然则夏之遗制，犹存于周之明堂，正不足怪。墨子所取之说，虽与诸家异，又足考见未进化时之哲学矣。墨子救世之志，诚可佩仰。然其学不久即绝，亦未始不由于此。以是时哲学业已大进，而墨子顾欲逆行未进化时之说故也。

诸子派别:《史记·太史公自序》述其父谈之论，分为阴阳、儒、墨、名、法、道德六家。《汉志·诸子略》，益以纵横家、杂家、农家、小说家为十家，其中去小说家为九流。此外兵家、数术、方技，《汉志》各自为略，而后世亦入子部。案兵家及方技，其为一家之学，与诸子十家同。数术与阴阳家，尤相为表里。《汉志》所以析之诸子之外者，以本刘歆《七略》，《七略》所以别之者，以校书者异其人，《七略》固书目，非论学术派别之作也。十家之中，阴阳家为专门之学，不易晓。小说家无关宏旨。九流之学，皆出王官，惟小说家则似起民间。《汉志》所谓“街谈巷议，道听途说者之所造，闾里小知者之所及”也。《庄子·外物》篇:“饰小说以干县令，其于大达亦难矣。”《荀子·正名》篇:“故知者论道而已矣，小家珍说之所愿皆衰矣。”所谓“饰小说”及“小家珍说”，似即《汉志》之小说家。盖九流之学，源远流长，而小说则民间有思想，习世故者之所为；当时平民，不讲学术，故虽偶有一得，初不能相与讲明，逐渐改正，以蕲进于高深；亦不能同条共贯，有始有卒，以自成一统系，故其说蒙小之名，而其书乃特多。《汉志》小说家之《虞初周说》，至九百四十二篇，《百家》至百三十九卷是也。其说固未尝不为诸家所采，如《御览》八百六十八引《风俗通》，谓“城门失火，殃及池鱼。”本出《百家书》是。然徒能为小说家言者，则不能如苏秦之遍说六国，孟子之传食诸侯；但能饰辞以干县令，如后世求仕于郡县者之所为而已。墨家上说之外，更重下教。今《汉志》小说家有《宋子》十八篇，实治墨学者宋钘所为，盖采小说家言特多也。古之所谓小说家者如此；后世寄情荒怪之作，已非其伦；近世乃以平话尸小说之名，则益违其本矣。农家亦专门之学，可暂缓。纵横家《鬼谷子》系伪书。其真者《战国策》，今已归入史部。所最要者，则儒、墨、名、法、道及杂家六家而已。儒家之书，最要者为《孟子》，又《礼记》中存儒家诸子实最多，今皆已入经部。

存于子部者惟一《荀子》。此书真伪，予颇疑之。然其议论，固有精者；且颇能通儒法之邮，固仍为极要之书也。墨家除《墨子》外，更无传书。《晏子春秋》虽略有墨家言，而无甚精义。名家《经》及《经说》见《墨子》；其余绪论，散见《庄子》《荀子》及法家书中。法家:《商君书》精义亦少，间有之，实不出《管》《韩》二子之外。道家又分二派:(一)明“欲取姑与”“知雄守雌”之术，《老子》为之宗；而法家之《管》《韩》承其流。(二)阐“万物一体”“乘化待尽”之旨，其说具于《庄子》。《列子》书晚出，较《庄子》明白易解，然其精深，实不逮《庄子》也。而杂家之《吕览》《淮南》，兼综九流，实为子部瑰宝。《淮南王书》虽出西汉，然所纂皆先秦成说，精卓不让先秦诸子也。兵家精义，略具《荀子·议兵》，《吕览》之《孟秋》《仲秋》二纪，《淮南·兵略》及《管子》中言兵法诸篇。医经经方，亦专门之学，非急务。然则儒家之《荀》，墨家之《墨》，法家之《管》《韩》，道家之《老》《庄》，杂家之《吕览》《淮南》，实诸子书中最精要者；苟能先熟此八书，则其余子部之书，皆可迎刃而解；而判别其是非真伪，亦昭昭然白黑分矣。读此八书之法:宜先《老》，次《庄》，次《管》《韩》，次《墨》，次《荀》，殿以《吕览》《淮南》。先《老》《庄》者，以道家专言原理，为诸家之学所自出也；次《管》《韩》者，以法家直承道家之流也；次《墨》，以见哲学中之别派也；《荀子》虽隶儒家，然其书晚出，于诸家之学，皆有论难，实兼具杂家之用；以之与《吕览》《淮南》，相次并读，可以综览众家，考见其异同得失也。

读诸子书者，宜留意求其大义。昔时治子者，多注意于名物训诂，典章制度，而于大义顾罕研求。此由当时偏重治经，取以与经相证；此仍治经，非治子也。诸家固亦有知子之大义足贵，从事表章者。然读古书，固宜先明名物制度；名物制度既通，而义乃可求。自汉以后，儒学专行，诸子之书，治之者少；非特鲜疏注可凭，抑且乏善本足据，校勘训释，为力已疲。故于大义，遂罕探讨。善夫章太炎之言曰:“治经治子，校勘训诂，特最初门径然。大略言之:经多陈事实，诸子多明义理。校勘训诂而后，不得不各有所主。故贾、马不能理诸子，而郭象、张湛不能治经。”《与章行严论墨学第二书》，见《华国月刊》第四期。胡适之亦谓“治古书之法有三:(一)校勘，(二)训诂，(三)贯通。清儒精于校勘训诂，于贯通工夫，尚有未逮”。见所著《中国哲学史大纲》上卷第一篇。诚知言之选也。今诸子之要者，经清儒校勘训释之后，近人又多有集解之本，初学披览，已可粗通。若求训释更精，及以其所述制度，互相比较，并与群经所述制度相比较，制度以儒家为详，故以诸子所述制度与经比较尤要。则非初学所能。故当先求其大义。诸家大义，有彼此相同者，亦有相异者。相同者无论矣，即相异者，亦仍相反而相成。宜深思而求其会通；然后读诸子书，可谓能得其要。至于校勘疏解，偶有所得，亦宜随时札记，以备他日之精研。读书尚未终卷，即已下笔千言；诋排先儒，创立异说。此乃时人习气，殊背大器晚成之道，深愿学者勿效之也。凡人著书，有可速成者，有宜晚出者。创立新义，发前人所未发；造端宏大，欲求详密，断非一人之力所能；只可姑引其端，而疏通证明，则望诸异人，或俟诸后日。此可早出者也。此等新义之发明，恒历数百千年而后一见。乃时会为之，非可强求；亦决非人人可得。至于校勘考证之学，正由精详，乃能得阐。必宜随时改订，以求完密；苟为未定之说，不可轻出误人。今人好言著书，而其所谈者，皆校勘考证之事，此则私心期期以为不可者也。

读古书固宜严别真伪，诸子尤甚。秦、汉以后之书，伪者较少，辨别亦较易，古书则不然。古书中之经，治者较多，真伪已大略可睹，子又不然也。然近人辨诸子真伪之术，吾实有不甚敢信者。近人所持之术，大要有二：（一）据书中事实立论，事有非本人所能言者，即断为伪。如胡适之摘《管子·小称》篇记管仲之死，又言及毛嫱、西施，《立政》篇辟寝兵兼爱之言，为难墨家之论是也。（二）则就文字立论，如梁任公以《老子》中有偏将军、上将军之名，谓为战国人语；见《学术讲演集》评胡适之《中国哲学史大纲》。又或以文字体制之古近，而辨其书之真伪是。予谓二法皆有可采，而亦皆不可专恃。何则？子为一家之学，与集为一人之书者不同，前已言之。故读子者，不能以其忽作春秋时人语，忽为战国人之言，而疑其书之出于伪造；犹之读集者，不能以其忽祖儒家之言，忽述墨家之论，而疑其文非出于一人。先秦诸子，大抵不自著书。今其书之存者，大抵治其学者所为；而其纂辑，则更出于后之人。书之亡佚既多；辑其书者，又未必通其学。即谓好治此学；然既无师授，即无从知其书之由来，亦无从正其书之真伪；即有可疑者，亦不得不过而存之矣。不过见讲此类学术之书共有若干，即合而编之，而取此种学派中最有名之人，题之曰某子云耳。然则某子之标题，本不过表明学派之词，不谓书即其人所著；与集部书之标题为某某集者，大不相同。集中记及其人身后之事，及其文词之古近错出，固不足怪。至于诸子书所记事实，多有讹误，此似诚有可疑；然古人学术，多由口耳相传，无有书籍，本易讹误。而其传之也，又重其义而轻其事，如胡适之所摘庄子见鲁哀公，自为必无之事。然古人传此，则但取其足以明义，往见者果为庄子与否，所见者果为鲁哀公与否，皆在所不问。岂惟不问，盖有因往见及所见之人，不如庄子及鲁哀公之著名，而易为庄子与鲁哀公者矣。然此尚实有其事。至如孔子往见盗跖等，则可断并其事而无之。不过作者胸中有此一段议论，乃托之孔子、盗跖耳，此则所谓“寓言”也。此等处若据之以谈史实，自易谬误；然在当时，固人人知为“寓言”。故诸子书中所记事实，乖谬者十有七八，而后人于其书，仍皆信而传之。胡适之概断为当时之人，为求利而伪造；又讥购求者之不能别白，亦未必然也。误之少且小者，后人或不能辨；今诸子书皆罅漏百出，谬误显然，岂有概不能辨之理。设事如此，行文亦然。今所传五千言，设使果出老子，则其书中偏将军，上将军，或本作春秋以前官名，而传者乃以战国时之名易之。此则如今译书者，于书中外国名物，易之以中国名物耳。虽不免失真，固与伪造有别也。又古人之传一书，有但传其意者，有兼传其词者。兼传其词者，则其学本有口诀可诵，师以是传之徒，徒又以是传之其徒；如今瞽人业算命者，以命理之书口授其徒然。此等可传之千百年，词句仍无大变。但传其意者，则如今教师之讲授，听者但求明其意即止；迨其传之其徒，则出以自己之言；如是三四传后，其说虽古，其词则新矣。故文字气体之古近，亦不能以别其书之古近也，而况于判其真伪乎。今各家学术，据其自言，皆有所本。说诚未必可信。《淮南子·修务训》已言之。然亦不能绝无关系。如管夷吾究但长于政事，抑兼长于学问，已难质言。即谓长于学问，亦终不似著书之人。然今《管子·戒》篇载流连荒亡之说，实与孟子引晏子之言同;《梁惠王下》篇。《晏子春秋》亦载之;则此派学术，固出于齐;既出于齐，固不能断其与管仲无关也。中、小《匡》篇所述治制，即或为管仲之遗。其他自谓其学出于神农、黄帝者视此。《孟子》“有为神农之言者许行”，梁任公谓其足为诸子托古之铁证。其意谓许行造作言语，托之神农也。然此语恐非如此解法。《礼记·曲礼下》篇:“医不三世，不服其药。”《疏》引又说云:“三世者:一曰黄帝针灸;二曰神农本草;三曰素女脉诀，又云夫子脉诀。”然则“神农本草”四字，乃一学科之名。今世所传《神农本草经》，非谓神农氏所作之《本草经》；乃谓神农本草学之经，犹今言药物学书耳。世多以其有后世郡县名，而訾其书非神农氏之旧，误矣。《月令》：季夏之月，“毋发令以妨神农之事”。此“神农”二字，决不能作神农氏解。然则诸书所引神农之教，如“一男不耕，或受之饥；一女不织，或受之寒”云云，亦非谓神农氏之教，乃谓神农学之说矣。“有为神农之言者”，为当训治，与《汉书·武纪》“丞相绾奏所举贤良方正，或治申、商、韩非、苏秦、张仪之言”，句法相同。《汉志》论农家者流曰“鄙者为之，以为无所事圣王，欲使君臣并耕”，正许行之说；初非谓其造作言语，托之神农也。夫神农、黄帝、管仲，诚未必如托之者之言；然其为此曹所托，亦必自有其故；此亦考古者所宜究心矣。要之古书不可轻信，亦不可抹煞。昔人之弊，在信古过甚，不敢轻疑；今人之弊，则又在一概吐弃，而不求其故。楚固失之，齐亦未为得也。

明乎此，则知诸子之年代事迹，虽可知其大略，而亦不容凿求。若更据诸子中之记事以谈古史，则尤易致误矣。盖古书之存于今，而今人据为史料者，约有数种：(一）史家所记，又可分为四种：《尚书》，一也。《春秋》，二也。《国语》，三也。孔子所修之《春秋》，虽为明义而作，然其原本则为记事之书。《左氏》真伪未定，即真，亦与《国语》同类也。世系，四也。此最可信。(二）私家纪事之作。其较翔实者，如孔门之《论语》；其务恢侈者，则如《管子》大、中、小《匡》三篇是也。前者犹可置信，后者则全不足凭矣。古代史家所记之事，诚亦未必尽信。然较诸私家传说，则其谨严荒诞，相去不啻天渊。试取大、中、小《匡》三篇一读便见。此三篇中，《大匡》前半篇及《小匡》中“宰孔赐祚”一段，盖后人别据《左氏》一类之书补入，余则皆治法学者传述之辞也。(三）诸子中之记事，十之七八为寓言；即或实有其事，人名地名及年代等，亦不可据；彼其意，固亦当作寓言用也。据此以考事实，苟非用之十分谨慎，必将治丝益棼。夫诸子记事之不可尽信如此；而今人考诸子年代事迹，顾多即以诸子所记之事为据；既据此假定诸子年代事迹，乃又持以判别诸子之书之信否焉，其可信乎？一言蔽之，总由不知子与集之异，太重视用作标题之人，致有此误也。

吾谓整治诸子之书，仍当着重于其学术。今诸子书亟待整治者有二：(一）后人伪造之品，窜入其中者。(二）异家之言，误合为一书者。盖诸子既不自著书；而其后学之著书者，又未尝自立条例，成一首尾完具之作；而其书亡佚又多，故其学术之真相，甚难窥见。学术之真相难见，则伪品之窜入自易，异家之误会亦多。夫真伪混淆，则学说湮晦；异家错处，则流别不明。此诚足为治诸子学之累，故皆急宜拣剔。拣剔之法，仍宜就其学术求之，既观其同，复观其异；即其同异，更求其说之所自来，而求其所以分合之由。如是，则诸子之学可明；而诸子之学之根源，及其后此之兴替，亦可见矣。此法今人必讥其偏于主观，然考校书中事实及文体之法，既皆不足恃，则仍不能不出于此也。

旧时学者，于吾国古书，往往过于尊信；谓西方学术，精者不出吾书。又或曲加附会，谓今世学术，皆昔时所已有。今之人则适相反，喜新者固视国故若土苴；即笃旧者，亦谓此中未必真有可取；不过以为旧有之物，不得不从事整治而已。此皆一偏之见。平心论之：社会科学之理，古人皆已引其端；其言之或不如后世之详明，而精简则远过之。截长补短，二者适足相偿也。且古代思想，恒为后世学术风俗之原；昧乎其原，则于其流终难深晓。诸子为吾国最古之学；虽其传久晦，而其义则已于无形中蒸为习尚，深入于人人之心。不知此者，其论世事，纵或持之有故，终不免隔河观火之谈。且真理古今不异，苟能融会贯通，心知其意，古书固未必不周今用；正可以今古相证而益明也。惟自然科学，中国素不重视；即有发明，较诸今日，亦浅薄已甚，稍加疏证，不过知古代此学情形如何，当作史材看耳。若曲加附会，侈然自大，即不免夜郎之诮矣。

读诸子者，固不为研习文辞。然诸子之文，各有其面貌性情，彼此不能相假；亦实为中国文学，立极于前。留心文学者，于此加以钻研，固胜徒读集部之书者甚远。中国文学，根柢皆在经史子中，近人言文学者，多徒知读集，实为舍本而求末，故用力多而成功少，予别有论。即非专治文学者，循览讽诵，亦足以祛除鄙俗，涵养性灵。文学者美术之一；爱美之心，人所同具；即不能谓文学之美，必专门家乃能知之，普通人不能领略也。诸子之文，既非出于一手，并非成于一时。必如世俗论文者之言，谓某子之文如何，固近于凿，然其大较亦有可言者。大约儒家之文，最为中和纯粹。今荀子虽称为儒，其学实与法家近，其文亦近法家。欲求儒家诸子之文，莫如于《小戴记》中求之，前已论及。道家《管》《老》一派，文最古质。以其学多传之自古，其书亦非东周时人所撰也。见后。《庄子》文最诙诡，以当时言语程度尚低，而其说理颇深，欲达之也难，不得不反复曲譬也。法家文最严肃。名家之文，长于剖析；而法家论事刻核处，亦实能辨别豪芒。以名法二家，学本相近也。《墨子》文最冗蔓，以其上说下教，多为愚俗人说法，故其文亦随之而浅近也。大约《墨子》之文，最近当时口语。纵横家文最警快，而明于利害，《战国策》中，此等文字最多；诸子中亦时有之；说术亦诸家所共习也。杂家兼名、法，合儒、墨，其学本最疏通，故其文亦如之，《吕览》《淮南》，实其巨擘。而《吕览》文较质实，《淮南》尤纵横驰骋，意无不尽，则时代之先后为之也。要之言为心声，诸子之学，各有专门，故其文亦随之而异，固非有意为之；然其五光十色，各有独至之处，则后人虽竭力摹仿，终不能逮其十一矣。以今语言之，则诸子之文，可谓“个性”最显著者，欲治文学者，诚不可不加之意也。

老　子

道家之书，后世为神仙家所依托，固已全失其本真；即反诸魏、晋之初，谈玄者率以《老》《庄》并称，实亦已非其朔。若循其本，则《汉志》所谓道家者流，其学实当分二派：一切委心任运，乘化以待尽，此一派也。现存之书，《庄》《列》为其代表，秉要执本，清虚以自守，卑弱以自持，此一派也。现存之书，以《老子》为最古。此二派，其崇尚自然之力同；然一因自然力之伟大，以为人事皆无可为，遂一切放下；一则欲因任之以致治，善用之以求胜，其宗旨固自不同。夷考汉人之言，多以黄、老连称，罕以老、庄并举。案今《列子书》第一篇《天瑞》,引《黄帝书》二条,黄帝之言一条。第二篇为《黄帝》篇，引老聃之言一条。第六篇《力命》引老聃谓关尹之言一条,《黄帝书》一条。而《天瑞》篇所引《黄帝书》,有一条与今《老子书》同。“谷神不死,是谓玄牝，玄牝之门，是谓天地之根。绵绵若存，用之不勤”。《列子》原未必可信，然十之七八，当系采古书纂辑而成，必非晋人杜撰；然则“黄老”者，乃古代学派之名，其学远托诸黄帝；而首传其说者，则老子也。今观《老子书》，文体甚古。全书多作二四言韵语，乃未有散文前之韵文。间有长句及散句，盖后来所加。又全书之义，女权皆优于男权。案今《周易》首乾,而《殷易》先坤,见《礼记·礼运》“吾得坤乾焉”郑注，此亦吾国男女权递嬗之遗迹。然殷时女权，实已不盛。吾别有考。《老子》全书，皆称颂女权，可见其学必始于殷以前，托诸黄帝，固未必可信。然据《礼记·祭法》，严父配天，实始于禹；则夏时男权已盛，老子之学，必始五帝时矣。盖旧有此说，口耳相传，至老子乃诵出其文也。书中无男女字，但称牝牡；亦可征其时代之早。近人如梁任公，以其书中有偏将军、上将军之名；又谓“师之所处，荆棘生焉，大兵之后，必有凶年”等语，似系见过长平等大战者，遂疑为战国时书。胡适之摘其“民之饥，以其上食税之多”，“天之道，损有余而补不足，人之道则不然，损不足以奉有余”等语，谓为反对东周后之横征暴敛，引《硕鼠》等诗为证，皆非也。偏将军、上将军等语，不足为《老子书》出战国后之证，前已辩之。“师之所处，荆棘生焉，大兵之后，必有凶年”，凡战事皆然，何必长平等大战？《老子》一书，皆发挥玄理之语，非对一时政治立言；又观其文体之古，即知其书非出周代，亦不得引风诗为证也。

《老子》全书之旨，可以两言括之：(一)曰治国主于无为，(一)曰求胜敌当以卑弱自处而已。吾国古代哲学，近于机械论，前已言之。既近机械论，则视一切社会现象，皆有自然之律，运行乎其间，毫厘不得差忒，与研究自然科学者之视自然现象同；彼其视自然之力，至大而不可抗也，故只有随顺，断无可违逆之，使如吾意之理。欲违逆之使如吾意，即所谓“有为”；一切随顺天然之律，而不参以私意，则即所谓“无为”也。凡治事者，最贵发见自然之律而遵守之；而不然者，姑无论其事不能成，即使幸成焉，其反动之力，亦必愈大，此老子所以主张治国以无为为尚也。至其求胜敌之术，所以主于卑弱者，则因其以自然力之运行为循环之故。所谓“道之动曰反”也。自然力之运行，既为循环，则盛之后必继以衰，强之后必流于弱，乃无可逃之公例，故莫如先以卑弱自处，此皆老子应事之术也。至其空谈原理之语，宗旨亦相一贯。盖所谓治国当主无为，胜敌必居卑弱者，不外遵守天然之律而已。古代哲学之宇宙论，以为万物同出一原，前文亦已言及；万物同出一原，则现象虽殊，原理自一。此形形色色之现象，老子喻之以“器”；而未成万物前之原质，则老子喻之以“朴”。其曰“朴散而为器”者，犹曰原质分而为万物耳。夫同一原质，断未有不循同一定律者；至其散而为万物，则有难言者矣。《老子》一书，反复推阐，不外谓朴散为器之后，仍当遵守最初之原理。其曰“见素”，欲见此也；其曰“抱璞”，欲抱此也；其曰“守中”，以此为中也；其曰“抱一”，以此为一也。又其言曰：“有无相生，难易相成，长短相较，高下相倾。”又曰：“天下皆知美之为美，斯恶矣；皆知善之为善，斯不善矣。”欲举天下对待之境，一扫而空之。亦以此等相对之名，皆“朴散为器”而始有；返诸其初，则只浑然之一境也。此其“绝圣弃智”“圣人不死，大盗不止”之说所由来，而亦庄周“齐物”之理所由立。百家之学，其流异，其原固无不同；然其流既异，即不得因其原之同，而泯其派别也。老子全书之宗旨如此，由前总论所述，已可见之。然《老子》书解者最多，而其附会曲说亦最甚；故不惮词费，更申言之。要之古书中语，具体者多，抽象者少。此自言语巧拙，今古不同使然。读书固贵以意逆志，不可以词害意；世之误解《老子》者，多由泥其字面，误取譬之词，为敷陈之论，有以致之也。又古书中“自然”字，“然”字当作成字解，不当作如此解。如《老子》“功成事遂，万物皆谓我自然”；《淮南子·原道训》：“万物固以自然，圣人又何事焉”是也。

《老子》书注者极多，最通行者，为河上公注，王弼注，吴澄注三种。河上公注为伪物，前人已言之。王弼注刻本虽晚出，然陆德明《经典释文》，为作音训；又《列子》引《黄帝书》一条，与《老子》同者，张湛即引弼注注之，皆与今本相符，可证其非伪物。吴澄注多以释理与道家言相证，虽非本旨，亦尚无金丹黄白，如涂涂附之谈。予谓《老子》书并不难解，读者苟具哲学常识，凡研究中国古哲学及佛书者，必须先有现在哲学常识。此层最为紧要，否则研究中国哲学者，易致貌似玄妙，而实无标准。研究佛学者，更易流于迷信。即不看注，义亦可通；而一看注，则有时反至茫昧。初学读此书，可但涵咏本文，求其义理。诸家之注，一览已足，不必深求也。

欲求《老子》之义于本文，姚鼐《老子章义》，却可一览。《老子》原书，本无《道经》《德经》之分，分章更系诸家随意所为；读者但当涵咏本文，自求条理，若一拘泥前人章句，则又滋纷纠矣。姚氏此书，即以前人分章为不然，以意重定；虽不必执其所定者为准，然其法自可用也。

古书“经”“传”恒相辅而行，大抵文少而整齐有韵者为“经”，议论纵横者为“传”。盖经为历世相传，简要精当之语；“寡其辞，协其音”，所以便诵读；而传则习其学者发挥经意之书也。《老子》书理精词简，一望而可知为经；其学之传授既古，后学之发挥其义者自多。据《汉志》：道家有《老子邻氏经传》四篇、《老了傅氏经说》二十七篇、《老子徐氏经说》六篇、刘向《说老子》四篇，盖皆《老子》之传。惜其书皆不传。然解释《老子》之词，散见于诸子中者仍不少。近人长沙杨树达，尝汇辑之而成《老子古义》一书，中华书局出版。极可看。焦竑《老子翼》三卷，辑《韩非》以下解《老子》者六十四家，采摭可谓极博，然亦宋以后说为多，初学可暂缓。

庄　子

《庄子》与《老子》同属道家，而学术宗旨实异，前已言之。《庄子》之旨，主于委心任运，颇近颓废自甘；然其说理实极精深。中国哲学，偏重应用，而轻纯理；固以此免欧洲、印度哲学不周人用之诮，而亦以此乏究极玄眇之观。先秦诸子中，善言名理，有今纯理哲学之意者，则莫《庄子》若矣。《列子》宗旨与《庄子》大同。然其书似出后人纂辑，不免羼杂；精义亦不逮《庄子》之多。又据《庄子》末篇，则惠施之学，颇与庄子相近。然惠施学说，除此以外，无可考见；他书引惠子事，多无关哲理，如今《庄子》之有《说剑》篇耳。章太炎于先秦诸子中，最服膺《庄子》，良有由也。

今《庄子书》分内篇、外篇及杂篇。昔人多重内篇，然外篇实亦精绝，惟杂篇中有数篇无谓耳。分见后。

《庄子》注以郭象为最古，《世说新语》谓其窃诸向秀，据后人所考校，诚然。可参看《四库书目提要》。此注与《列子》张湛注，皆善言名理；似尚胜王弼之《易注》及《老子注》。兼可考见魏、晋人之哲学，实可宝也。四库所著录者，有宋褚伯秀《南华真经义海纂微》一百六卷。纂郭象、吕惠卿、林疑独、陈祥道、陈景元、王云、刘概、吴俦、赵以夫、林希逸、李士表、王旦、范元应十三家之说。《提要》谓宋以前解《庄子》者，梗概略具于是。又焦竑《庄子翼》八卷，体例与其《老子翼》同。虽《提要》议其不如彼书之精，然亦多存旧说也。近人注释，有郭庆藩《庄子集释》、王先谦《庄子集解》。郭氏书兼载郭象《注》及唐成玄英《疏》，更集众说，加以疏释，颇为详备。王氏书较郭氏为略，盖其书成于郭氏之后，不取重复，故但说明大意而止也。

《逍遥游》第一　此篇借物之大小不同，以明当境各足之义。盖世间之境，贫富贵贱，智愚勇怯，一若两端相对者然，语其苦乐，实亦相同。然世多以彼羡此，故借大小一端，以明各当其分；大者不必有余，小者不必不足，郭注所谓“以绝羡欲之累”也。“列子御风而行”一段，为《庄子》所谓逍遥者，其义主于“无待”。夫世间之物，无不两端相对待者，欲求无待，非超乎此世界之外不可，则其说更进矣。此篇文极诙诡，然须知诸子皆非有意为文。其所以看似诙诡者，以当时言语程度尚低，抽象之词已少；专供哲学用之语，更几于绝无；欲说高深之理，必须取譬于实事实物；而眼前事物，欲以说明高深之理极难，故不得不如是也。此等处宜探其意而弗泥其辞；苟能心知其意，自觉其言虽诙诡，而其所说之理，实与普通哲学家所说者无殊矣。至于世俗评文之家，竟谓诸子有意于文字求奇，其说更不足论。此凡读古书皆然。然《庄子》书为后人穿凿附会最甚，故于此发其凡。此篇引《齐谐》之言。所谓《齐谐》者，盖诚古志怪之书，而作此篇者引之。不然，初不必既撰寓言，又伪造一书名，而以其寓言托之也。然则此篇中诙诡之语，尚未必撰此篇者所自造；有意于文字求奇之说，不攻自破矣。

《齐物论》第二　论与伦古字相通。伦者类也，物必各有不同，然后可分为若干类，故伦字有不同之义。犹今人各种东西之种字耳。此篇极言世界上物，虽形形色色，各有不同，然其实仍系一物。盖"彼出于是，是亦因彼"，去彼则此之名不存，去此则彼之名亦不立；又宇宙之间，变化不已，此物可化为彼，彼物亦可变为此，此足见分别彼此，多立名目者，乃愚俗人之见矣。此篇宗旨，在"天地与我并生，万物与我为一"十二字；惠施"泛爱天地，万物一体"之说，见《天下》篇。亦由此理而出，实仍本于古代哲学，宇宙万物皆同一原质所成之观念也。亦可见先秦诸子之学，同出一原矣。

《养生主》第三　此篇言作事必顺天理，以庖丁解牛为喻；天者自然，理者条理。随顺天理，即随顺自然之条理也。人能知此理，则能安时处顺，使哀乐不入，而可以养生。

《人间世》第四　此篇言处世之道，贵于虚己。所谓"虚己"者，即无我之谓也；人而能无我，则物莫能害矣。物兼人为之事，及自然之力言。

《德充符》第五　此篇举兀者等事，见无我者之为人所悦，是为德充之符。

《大宗师》第六　郭注云："虽天地之大，万物之富，其所宗而师者无心也。"此篇盖发挥哲学中之机械论，夫举全宇宙而为一大机械，则人处其间，只有委心任运而已。故曰"天地大炉，造化大冶，惟所陶铸，无乎不可"也。

《应帝王》第七以上内篇。　此篇言应世之术，贵乎无所容心。其言曰，"至人之用心若镜，不将不迎，应而不藏"，乃全篇之宗旨也。盖言无我则能因物付物，是为应世之术。

《骈拇》第八　此篇言仁义非人性。伯夷、盗跖，虽善恶不同，而其为失本性则均。齐是非之论也。

《马蹄》第九　此篇言伯乐失马之性，圣人毁道德以为仁义，与上篇宗旨意同。

《胠箧》第十　此篇言善恶不惟其名惟其实，因欲止世之为恶者，而分别善恶，为恶者即能并善之名而窃之；夫善之名而为为恶者所窃，则世俗之所谓善者，不足为善，恶者不足为恶审矣。乃极彻底之论也。

《在宥》第十一　此篇言以无为为治，而后物各得其性命之情；戒干涉，主放任之论也。“性命”二字之义见前。

《天地》第十二　此篇为古代哲学中之宇宙论，极要。

《天道》第十三　此篇由哲学中之宇宙论，而推论治天下之道，见道德名法，皆相一贯而归本于无为。

《天运》第十四　此篇言仁义等之不足尚。

《刻意》第十五　此篇言虚无无为之贵。

《缮性》第十六　此篇言心之所欲，多非本真，故戒去“性”而从心，当反情性而复其初。

《秋水》第十七　此篇首设河伯、海若问答，亦齐物之旨。“夔怜蚿”一节，言人当任天而动。“孔子畏于匡”一节，言穷通由于时命，非人所能为。“庄子与惠子游濠梁”一节，言名学之理颇深；惟“庄子钓于濮水”“惠子相梁”两节粗浅。

《至乐》第十八　此篇言“无为为至乐，至乐者无乐”。因极言生死之同。“种有几”一段亦此义。郭注：有变化而无死生也。近人以牵合生物学，似非也。

《达生》第十九　此篇言生之来不能却，其去不可止；能遗世则为善养生；亦委心任运之论。

《山木》第二十　此篇言人之处世，材不材皆足婴患，惟乘道德而游者不然。所谓乘道德者，虚己之谓也；虚己则无计较利害之心，无计较利害之心，则物莫之能累矣。亦《人间世》《德充符》两篇之旨也。

《田子方》第二十一　此篇记孔子告颜回语，亦齐物之旨。老聃告孔子语，推论生物之原，由于阴阳二力，亦古代哲学中之宇宙论也。

《知北游》第二十二以上外篇。　此篇言“道”，亦古代哲学中宇宙论也。其言“无无”之义，已颇涉认识论矣。

《庚桑楚》第二十三　此篇文颇艰深，其大意谓一切祸福，皆心所造；故心无利害之念，则物自莫之能侵。所谓“寇莫大于阴阳，犹今言自然力。无所逃于天地之间，非阴阳贼之，心自使之”；“身若槁木，心若死灰，祸亦不至，福亦不来”也。其云“万物出乎无有；有不能以有为有，必出乎无有；而无有一无有。圣人藏于是”。阐无有之理尤精。此言一切万物，彼不能为此之原因，此亦不能为彼之原因。乃道家虚无无为之旨所从出也。

《徐无鬼》第二十四　此篇亦言为仁义，则必流于不仁义，道家所以贵道德而贱仁义者由此。末段亦涉及古代哲学中之宇宙论，文颇难解。

《则阳》第二十五　此篇亦言为仁义则必流于不仁不义，兼涉及宇宙论，与上篇同。篇末“莫为”“或使”之辩，即哲学中“有神”“无神”之争也。

《外物》第二十六　此篇为杂论。

《寓言》第二十七　此篇亦杂论，有与他篇重复处。

《让王》第二十八　此篇杂记让国之事，言惟轻天下重一身者，乃足以治天下;词意似浅。然道家所谓“养生”，其意实谓必如此之人，乃足以治天下，而非徒宝爱其身，欲求全其性命，即此可见。此义道家屡及之，如《吕览·贵生》,《淮南》中之《精神训》《诠言训》是。神仙家之窃取附会,而自托于道家者，其失不待辩而自明矣。

《盗跖》第二十九　此篇言君子小人，名异实同，莫如恣睢而求目前之乐。与《列子·杨朱》篇同义。其言富者之苦乐一节，颇可考见古代社会生计情形。

《说剑》第三十　此篇记庄子说止赵文王好剑之事，意义浅薄，与《庄子》全书了无关涉。且此事散见他书者甚多，所属之人亦各异。凡古代传说之事，固多如此。盖此事相传，一说以属庄子，故编《庄子》书者，遂以之辑入为一篇也。

《渔父》第三十一　此篇亦浅薄。

《列御寇》第三十二　此篇亦浅薄，而间有精论。

《天下》第三十三　此篇盖庄子之自叙，前总论，后分列诸家，可考见古代学术源流。论古代学术源流者，以《庄子》此篇、《淮南·要略》《太史公自序》《汉书·艺文志》四篇为最有条理。而四篇又各有胜处。《汉志》推论诸家之学所自出，可见其各有所本;《庄子》此篇则言道术始合而后分，可见诸家之学，虽各有所本，而仍同出一原，同出一原，谓其同根据于古代之哲学；各有所本，则言其以一种哲学，而推衍之于各方面。其义相反而相成。《淮南》论诸子之学，皆起于救时之弊，有某种弊，即有某种学;如方药然，各有主治，即各有用处。而《太史公自序》，则言诸家之学，各有所长，亦各有所短，其义亦相反而相成也。

列　子

此书前列张湛《序》，述得书源流，殊不可信。而云“所明往往与佛经相参，大同归于老庄”；“属辞引类，特与《庄子》相似。庄子、慎到、韩非、尸子、淮南子，玄示指归，多称其言”，则不啻自写供招。佛经初入中国时，原有以其言与老、庄相参者；一以为同，一以为异，两派颇有争论。湛盖亦以佛与老、庄之道为可通，乃伪造此书，以通两者之邮也。其云庄子、慎到等多称其言，盖即湛造此书时所取材。汪继培谓“后人依采诸子而稍附益之”，最得其实。然此固不独《列子》。凡先秦诸子，大都不自著书；其书皆后人采缀而成；采缀时，岂能略无附益，特其书出有早晚耳。故此书中除思想与佛经相同，非中国所固有者外，仍可认为古书也。篇首刘向校语，更不可信。凡古书刘向《序》，大都伪物。姚姬传惟信《战国策序》为真，予则并此而疑之。

注《庄子》书者甚多，《列子》则惟张湛一注，孤行于世。唐殷敬顺就张湛《注》作《释文》，本各为书。元、明以来刻本，皆以《释文》入《注》，二者遂混淆不辨。清汪继培得影宋钞本，又录《释文》单行本于《道藏》，据以参校，二者始各还其旧。此外参校之本尚多，实此书最善之本也。又有唐卢重元注，《唐·艺文志》以下，皆不著录。郑樵《通志》始及之。书有陈景元序，谓得之徐灵府。清秦恩复得之金陵道院，重刻之。然今所传《文子缵义》，亦出徐灵府，其书殊不可信，则此书恐亦非唐时物也。

此书大旨与《庄子》相类。精义不逮《庄子》之多，而其文较《庄子》易解，殊足与《庄子》相参证。读《庄子》不能解者，先读此书最好。其陈义有视前人为有进者。如《汤问》篇：“汤问于夏革，曰：古初有物乎？夏革曰：古初无物，今恶得物？后之人将谓今无物，可乎？汤问曰：然则物无先后乎？夏革曰：物之终始，初无极已。始或为终，终或为始，恶知其纪？自物之外，自事之先，朕所不知也。”案古人论宇宙原始者，率以为有气而后有形，有形而后有质，皆宇宙论中语。此则明人能知有，不能知无；时间之起讫，空间之际限，实非人所能知；人之所知，实以认识所及为限；已深入认识论之堂奥矣。盖佛学输入后始有之义也。

《天瑞》第一　此书为《列子》之宇宙论，与他古书所述大同，而文最明白易晓。

《黄帝》第二　此篇言气无彼我，彼我之分由形；任气而不牵于形，则与物为一；与物为一，则物莫能害。盖承上篇，言人所以自处之道也。

《周穆王》第三　此篇言造物与人之为“幻”无异，梦与觉无异，盖言真幻不别也；似亦已杂佛学之理矣。庄子物化之说，虽亦已起其端，然言之不如此篇之透彻。西极化人，即西域眩人，乃汉时事。《穆天子传》及《山海经》中涉及西域者，后人以其地理多合，信为古书；不知其正西域地理既明后，伪造之作也。观此篇所取材，而知其为魏、晋间物矣。

《仲尼》第四　此篇总旨，在“忘情任理”四字。“中山公子牟”一节，述公孙龙之学，颇有条理。其说必有所本，注文亦极明了，可宝也。今《公孙龙子》殊不易读。

《汤问》第五　此篇言空时间皆不可知。又言人所不知之事甚多，不可据其所知，以疑其所不知，乃极精之认识论也。

《力命》第六　此篇言力不胜命，今哲学中所谓定命论。又言凡事皆出于不得不然，今哲学中所谓机械论也。

《杨朱》第七　此篇为厌世之义。杨朱之学，除《孟子》称其为我外，他无可考；此书何从独有之？可知其伪。

《说符》第八　此篇言因果有必至之符，亦机械论。又言有术者或不能行，行之者不必有术，视学问事功，判然二物；又言人与物徒以智力相制，迭相食，见无所谓福善祸淫等天理，其理亦皆与机械论相通也。

荀　子

儒家孟、荀并称，然《荀子》书予极疑之。予疑《荀子》书，自读其非象刑之论始。盖儒家论刑，止有二义：（一）曰五刑，是为肉刑，见《书·吕刑》篇。（一）曰象刑，见《尧典》。今本分为《舜典》。象刑之说，见《书大传》，谓不残贼人之肢体，徒僇辱之而已。汉文《废肉刑诏》：“盖闻有虞氏之时，画衣冠、异章服以为戮而民弗犯。”即今文《书》说也。皆《书》说也。非象刑之论，与儒家之尚德化，根本不相容。及读《汉书·刑法志》，荀子之论具在，乃恍然有悟。盖汉时地方豪族，以及游侠之士，汉时去封建近，此等乃前此贵族及武士之遗也。势力极大。上扞国法，下陵小民；狱犴不平，职是之故。仁人君子，蒿目时艰，乃欲以峻法严刑，裁抑一切；此自救时之论，有激而云，而实行之者则王莽也。夫莽固事事托之于古者也。然则非象刑之论，盖亦不知何人所造，而托之荀子者矣。本此以推，则见其性恶之论，法后王之言，亦皆与儒家之义，不能并立。其论礼也，谓“人生不能无群，群而无分则争，争则乱，乱则离，离则弱，弱则不能胜物”。见《王制》篇。亦法家论法之语也。夫如后世之论，则诸经皆出荀卿。汪中《荀卿子通论》。案此篇所引诸经传源流，多不可信。董仲舒作书美荀卿，说出今所传《荀子》、刘向《叙》，他无征验。此《序》之伪，亦显而易见也。今姑不必深求。但使战国之末，儒家大师荀卿，其议论果如今《荀子》书所云，则在儒家中实为异军苍头；安得历先汉二百年，迄无祖述之书，亦无反驳之论哉？今《荀子》书同《韩诗外传》《二戴记》《说苑》《新序》处最多，亦有同《书大传》《春秋繁露》《公羊》《穀梁》《左氏》《国语》《楚辞》《礼纬》，《诗》毛氏《传》，《孔子家语》者；又有同《管》《韩》《庄》《列》诸子，《晏子春秋》《淮南王书》者。夫其同《说苑》《新序》，诚可诿为刘向校书中秘，已见是书。《大戴记》晚出，无传授，昔人即不之信；《小戴记》亦今古文杂；《穀梁》《左氏》《毛诗》皆晚出，姑勿论。其同《韩诗外传》《书大传》《公羊》《繁露》，何说之辞？谓诸儒袭《荀子》，则诸儒早见《荀子》书矣，何待刘向？谓其各不相袭，所本者同，又无解于《荀子》书中，与儒家持义根本不相容之处，他家皆无此论也。然则《荀子》者，乃较早出之《孔子家语》耳。其与诸书同处，正足证其书由抄袭而成；而较《荀子》晚出之书，则又转袭《荀子》者也。予之臆见如此，当否诚不敢自信。至于《荀子》之书当读，则初不因其真伪而异；因其书有甚精处，要必为先秦之传，固不必问其集自何人，题为何子也。

《荀子》书多精论，然颇凌杂无条理，今为料拣之。案《荀子》书宗旨，荦荦大者，凡有八端：曰“法后王”，见《不苟》《非相》《儒效》《王制》诸篇。曰主人治，见《王制》《君道》《致士》诸篇。曰群必有分，见《王制》《富国》诸篇。曰阶级不能无，见《荣辱》《富国》诸篇。曰性恶，见《荣辱》《性恶》诸篇。曰法自然，见《天论》《解蔽》诸篇。曰正名，见《正名》篇。此外攻击儒、墨、名、法，与权谋诸家之语，散见《非十二子》《儒效》《王霸》《君道》《议兵》《强国》《正论》《乐论》诸篇。要之《荀子》书于诸家皆有诘难；语其宗旨，实与法家最近；而又蒙儒家之面目者也。全书中最精者，为《天论》《正论》《解蔽》《正名》四篇。

《荀子》书《汉志》三十二篇。今《汉志》作“三十三”乃误字。隋、唐《志》皆十二卷。唐杨倞为之注，分为二十卷；于篇第颇有升降。今世通行者，为嘉善谢氏刻本，其校勘实出卢文弨。又有宋台州刻本，黎庶昌得之日本，刻入《古逸丛书》中。王先谦更取王念孙、俞樾诸家校释，又以台州本及卢氏取之未尽之虞、王合校本，与谢本相校，成《荀子集解》一书。采摭颇备，甚便观览。

《劝学》第一、《修身》第二、《不苟》第三　以上三篇，皆儒家通常之论。《不苟》篇“君子养心莫善于诚”一节，义与《礼记·中庸》篇通。又“君子位尊而志恭”一节，论法后王之义。

《荣辱》第四　此篇义亦主于修为，与前数篇同。“凡人有所一同”一节，谓人之行为，为生理所限，而生理受制于自然律，实性恶之说所本也。

《非相》第五　此篇只首节非相，盖以首节之义名篇也。与《论衡·看相》等篇参看，可见古者对于相人之术，迷信颇甚。

《非十二子》第六　此篇亦见《韩诗外传》，而止十子，无子思、孟轲。《荀子》书吾颇疑其为西汉末人所集。然其所取资，固不能尽伪。凡古伪书皆然。墨子学于孔子，说似不诬。见后。今其书《非儒》《公孟》《耕柱》诸篇，攻击儒家最烈。其中固有由宗旨不同处，然讥儒者贪于饮食，惰于作务，徒古其服及言而实无可取，颇与此篇所攻子张氏、子夏氏之贱儒合。此不得谓非儒者之病。盖儒者固自有其真，然徒党既多，不能无徒窃其名而无其实者。《礼记·儒行》记孔子之言曰：“今众人之命儒也妄常，以儒相垢病。”篇末又记哀公闻孔子之言，“终没吾世，不敢以儒为戏”。则当时耳儒之名而不知其义，以儒相诟病，以儒为戏者甚多；皆“贪于饮食，饰其衣冠”之贱儒，有以自取之也。颇疑此篇中攻子思、孟轲之语，为后人所造；详见鄙著《辨梁任公阴阳五行说之来历》。见《东方杂志》第二十卷第二十号。而其非子张、子夏氏之贱儒之语则真。但为先秦旧说耳，不必定出荀卿其人，且不必定出儒家，此义亦前已及之矣。

《仲尼》第七　此篇言“仲尼之门，五尺之竖子，羞称五霸”，与《春秋繁露·封胶西王》篇合。《汉书·董仲舒传》亦同。是今文家义也。夫董子者，“正其义，不谋其利，明其道，不计其功”者也；而此篇下文论擅宠于万乘之国，而无后患之术，几于鄙夫之谈，亦可见《荀子》书之杂矣。

《儒效》第八　此篇中有辟名家之论，亦及法后王之义。

《王制》第九　此篇中有述制度处，颇足与群经相考证。此外有论人治之语；有言法后王之义；又其言有群乃能胜物，而群不可无分，则为法家重度数之意，可与下篇参看。

《富国》第十　此篇言群不可无分，有分为富国之道，辟墨子之徒以不足为患，陈义颇精。

《王霸》第十一　此篇斥权谋。“礼之所以正国也”一节，与《礼记·经解》篇同。《礼论》篇“取绳墨诚陈”云云亦然。此数语法家论法，亦恒用之；亦可见《荀子》与法家相近也。《礼记》亦汉人集诸经之传及儒家诸子而成。见前。

《君道》第十二　此篇言人治，辟权谋。此篇杨注亡。

《臣道》第十三　此篇为儒家通常之义。

《致士》第十四　此篇论人治数语，与《王制》篇复。得众动天十六字，文体及意义，并与上下文不相蒙；下文论刑赏及师术，亦与致士无涉。盖多他篇错简，或本篇本杂凑而成，而取其一端以名篇也。

《议兵》第十五　此篇论用兵之理极精。《韩诗外传》《新序》《史记·礼书》《汉书·刑法志》皆载之。

《强国》第十六　此篇亦通常之论。

《天论》第十七　此篇言“吉凶由人不由天”。“事非人力所能为者，不以措意。”“人当利用自然。”“怪异不足畏。”“合众事乃能求得公例，徒据一偏则不能得。”乃《荀子》书中最精之论也。此篇驳老子、慎到、墨翟、宋钘。

《正论》第十八　此篇皆诘难当时诸家之论。第一节即驳法家。然第二节论汤、武非篡，义不如《孟子》之精，而持论实与法家相近。第三节驳象刑，则弥与儒家反矣。要之此书虽驳法家，然其思想实与法家近也。篇末驳子宋子，颇可借考宋牼学说。

《礼论》第十九　此篇有精语。然大体与《大戴礼·礼三本》《史记·礼书》同。又有同《穀梁》及《礼记·经解》《三年问》处。

《乐论》第二十　此篇同《礼记·乐记》，而多增入辟墨子语。《史记·礼书》亦同。案《史记》八《书》皆亡，盖后又取他书补之。可见《荀子》书中辟他家之语，有后来增入者。亦足为《非十二子》中辟子思、孟轲之语，为后人增入之一证也。又一段同《礼记·乡饮酒义》。此篇注亦亡。

《解蔽》第二十一　此亦《荀子》书极精者，足与《天论》篇媲美。伪《古文尚书》“人心惟危，道心惟微，惟精惟一，允执厥中”十六字，原出此篇。

《正名》第二十二　此篇论名学哲学极精。

《性恶》第二十三　案荀子性恶之论，为后人所訾。然此篇首句曰：“人之性恶，其善者伪也。”杨注曰：“伪，为也，矫也，矫其本性也。凡非天性而人作为之者，皆谓之伪。故为字人旁为，亦会意字也。”则伪非伪饰，其义瞰然。《礼论》篇：“故曰：性者，本始材朴也；伪者，文礼隆盛也。无性则伪之无所加，无伪则性不能自美。”《正名》篇：“心虑而能为之动，谓之伪；虑积焉，能习焉，而后成，谓之伪。”尤不啻自下界说。以为真伪之伪，而妄肆诋諆，真不必复辩矣。为之本义为母猴，盖动物之举动，有出于有意者，有不待加意者；其不待加意者，则今心理学家所谓“本能”也。其必待加意者，则《荀子》书所谓“心虑而能谓之动，虑积焉能习焉而后成”；杨注所谓“非天性而人作为之”者也。动物举动，多出本能。惟猿猴知识最高，出乎本能以外之行动最多，故名母猴曰为。其后遂以为人之非本能之动作之称。故为字之本义，本指有意之行动言之，既不该本能之动作，亦不涵伪饰之意也。古用字但主声，为、伪初无区别。其后名母猴曰为之语亡，为为母猴之义亦隐，乃以为为作为之为，伪为伪饰之伪。此自用字后起之分别，及字义之迁变尔。若拘六书之例言之，则既有伪字之后，非为伪饰，皆当作伪，其作为者，乃传形成声耳。然性恶之论，究与法家相近，而非儒家尚德化之义，则亦不容曲辨也。此篇本二十六，杨升。

《君子》第二十四　此篇言人君之事，无甚精义。本第三十一，杨升。

《成相》第二十五　此篇大体以三七言成文。俞樾谓相即《礼记·曲礼》“邻有丧，舂不相”之相，为古人乐曲之名，盖是也。《汉志》赋分四家，《成相杂辞》十一篇，与隐书并附于杂赋之末。此篇盖即所谓成相。而下《赋》篇，每先云“爰有大物”“有物于此”，极陈其物，然后举其名，盖即所谓隐书矣。或谓后世弹词文体，实出《成相》。此篇本第二十八，杨升。

《赋》第二十六　此篇之体，颇类《汉志》所谓隐书，已见前。然《汉志》亦有《孙卿赋》，不知其究谁指也。“天下不治，请陈佹诗”一节，文体与前不同。然末节文体与此同，《战国策·楚策》载之，亦谓之赋。盖“不歌而诵”，则皆谓之赋也。此篇本第二十二，杨降。

《大略》第二十七　此篇杂，杨云："弟子杂录荀卿之语。"案以下诸篇，多与他传记诸子同。

《宥坐》第二十八、《子道》第二十九、《法行》第三十、《哀公》第三十一、《尧问》第三十二　杨云："此以下皆荀卿及弟子所引记传杂事，故总推之于末。"《尧问》篇末一段，为他人论荀子之语，杨云："荀卿弟子之辞。"

晏子春秋

此书《汉志》八篇。《史记正义》引《七略》及隋、唐《志》皆七卷，盖后人以篇为卷，又合杂上下为一篇。《崇文总目》作十四卷，则每卷又析为二也。其书与经子文辞互异，足资参订处极多；历来传注，亦多称引，决非伪书。《玉海》因《崇文总目》卷帙之增，谓后人采婴行事为书，故卷帙颇多于前，实为妄说，孙星衍已辨之矣。前代著录，皆入儒家。柳宗元始谓墨氏之徒为之。晁公武《读书志》《文献通考·经籍考》，遂皆入之墨家。今观全书，称引孔子之言甚多；卷一景公衣狐白裘章，卷二景公冬起大台之役章，景公嬖妾死章。卷五晋欲攻齐，使人往观章，晏子居丧逊答家老章，皆引孔子之言，以为评论。卷三景公问欲善齐国之政章，则晏子对辞，称闻诸仲尼。卷五晏子使鲁，仲尼以为知礼。卷七仲尼称晏子行补三君而不有，亦皆称美晏子之言。又卷四曾子问不谏上不顾民以成行义者章，卷五曾子将行，晏子送之以言章，皆引曾子之事。晏子居丧逊答家老章，亦称曾子以闻孔子，又卷四叔向问齐德衰子若何章，卷五崔庆劫将军大夫盟章，晏子饮景公酒章，卷七景公饮酒章，皆引《诗》。引墨子之言者仅两条；卷三景公问圣王其行若何章，卷五景公恶故人章。诋毁孔子者，惟外篇不合经术者一至四四章耳。陈义亦多同儒家，而与墨异，以入墨家者非也。

全书皆记晏子行事。其文与《左氏》复者颇多。《左氏》之"君子曰"，究为何人之言，旧多异说。今观此书，引君子之言亦颇多。卷三庄公问威当世服天下章，卷五齐饥，晏子因路寝之役以振民章，景公夜从晏子饮章，晏子之晋睹齐累越石父章。卷六景公欲更晏子宅章，下皆有"君子曰"。卷五景公使晏子予鲁地章，则曰："君子于鲁，而后知行廉辞地之可为重名也。"则系当时史家记事体例如此。《左氏》

与此书，所本相同，所谓“各往往捃摭春秋之文以著书”也。《史记·十二诸侯年表》。然则《左氏》之“君子曰”，与经义无涉，概可见矣。

此书以孙星衍校本为最便。吴鼒覆刻元本，前有都凡，每篇有章次题目；外篇每章有定著之故，足以考见旧式，亦可贵也。

墨子

墨家宗旨：曰尚贤，曰尚同，曰兼爱，曰天志，曰非攻，曰节用，曰节葬，曰明鬼，曰非乐，曰非命，今其书除各本篇外，《法仪》则论天志；《七患》《辞过》为节用之说；《三辨》亦论非乐；《公输》阐非攻之旨；《耕柱》《贵义》《鲁问》三篇，皆杂记墨子之言。此外《经》上、下，《经说》上、下，大、小《取》六篇为名家言，今所谓论理学也。《备城门》以下诸篇，为古兵家言。墨翟非攻而主守，此其守御之术也。《非儒》《公孟》两篇，专诘难儒家，而《修身》《亲士》《所染》三篇，实为儒家言。《修身》《亲士》二篇，与《大戴礼》曾子五事相表里。《当决》与《吕氏春秋·当染》篇同。《吕氏春秋》亦多儒家言。因有疑其非《墨子》书者。予案《淮南·要略》，谓“墨子学儒者之业，受孔子之术，以为其礼烦扰而不悦，厚葬靡财而贫民，服伤而害事，故背周道而用夏政”，其说实为可据。见《辨梁任公阴阳五行说之来历》文。案《墨子·七患》篇引《周书》之解，实当作《夏箴》，见《孙氏闲诂》，又《公孟》篇墨子距公孟之辞曰：“子法周而未法夏也。”并墨子用夏道之证。今《墨子》书引《诗》《书》之辞最多。予昔尝辑之，然但及其引诗书之文，及其本文确为佚诗佚书者，其与今文家经说同处，未能编辑，故尚未能写定。百家中惟儒家最重法古，故孔子之作《六经》，虽义取创制，而仍以古书为据。《墨子》多引《诗》《书》既为他家所无；而其所引，又皆与儒家之说不背。即可知其学之本出于儒。或谓墨之非儒，谓其学“累世莫殚，穷年莫究”，安得躬道之而躬自蹈之。殊不知墨之非儒，仅以与其宗旨相背者为限，见下。此外则未尝不同。且理固有必不能异者。《公孟》篇：“子墨子与程子辩，称于孔子。程子曰：非儒。何故称于孔子也？子墨子曰：是亦当而不可易者也。今鸟闻热旱之忧则高，鱼闻热旱之忧则下，当此，虽禹、汤为之谋，必不能易矣。翟曾无称于孔子乎？”又《贵义》篇：“子墨子南游使卫，载书甚多。弦唐子见而怪之，曰：夫子教公尚过曰：揣世直而已；今夫子载书甚多，何也？子墨子曰。翟闻之：同归之物，信有误者，是以书多也。今若过之心者数逆于精微，同归之物，既已知其要矣，是以不教以书也。”然则墨子之非读书，亦非夫读之而不知其要；又谓已知其要者，不必更读耳。非谓凡人皆不当读书也。其“三表”之说，即谓上本之古圣王之事，而安得不读书。其称引《诗》《书》，又何怪焉？然则墨子之学，初出于儒，后虽立异，而有其异仍有其同者存，此三篇亦未必非《墨子》书矣。墨学与他家特异之处，及其长短，已见前。

墨家之书，《汉志》著录者，除《墨子》外，又有《尹佚》二篇、《田俅子》三篇、《我子》一篇、《随巢子》六篇、《胡非子》三篇。隋、唐《志》仅存《墨子》《随巢子》《胡非子》。《旧唐志》无《随巢子》。《宋志》则仅存《墨子》矣。《通志·艺文略》，《墨子》有《乐台注》。《晋书·隐逸传》载鲁胜《星辩注叙》，今其书皆不传。墨子上说下教，文最浅俗，说本易通。徒以传授久绝，治其书者亦鲜；书中既多古言古字，又包名家、兵家专门之言，遂至几不可读。清毕沅始为之校注。其后治《墨子》者，亦有数家，孙诒让乃集其成，而成《墨子间诂》。而其书始焕然大明。然名家言，在中国久成绝学。孙氏创通其说，阙憾犹多。近人得欧洲名学，以相印证，而其说又有进。梁启超《墨经校释》，胡适《中国哲学史大纲》上卷中，涉墨学者，皆可读也。予所知又有张之锐《新考正墨经注》，刻于河南，惜未得读。《学衡杂志》载永嘉李氏笠《定本墨子间诂校补序》，则似仅写定而未刊行也。

《亲士》第一、《修身》第二、《所染》第三　此三篇皆儒家言，已见前。《所染》篇上半与《吕氏春秋·当染》篇同，而下半绝异。或以其所引事多出墨子之后，疑其非《墨子》书，然某子之标题，本只以表明学派，非谓书即其人所著，则此等处正不足疑矣。

《法仪》第四　此篇为天志之说。

《七患》第五　此篇论节用之义，兼及守御。

《辞过》第六　孙云：“此篇与《节用》篇文意略同。《群书治要》引并入《七患》篇，此疑后人妄分，非古也。”

《三辩》第七　此篇为非乐之说。篇中载程繁之问，与墨子之答，辞不相涉。今案此篇本有阙文，墨子答程繁之辞，盖亦有阙也。

《尚贤上》第八、《尚贤中》第九、《尚贤下》第十　凡《尚贤》《尚同》等篇，文字皆极累重。盖墨子上说下教，强聒不舍，故其辞质而不文也。

《尚同上》第十一、《尚同中》第十二、《尚同下》第十三　三篇相复重，中最详，上最略。以中上二篇相校，显见上篇有阙。尚同以天为极则，说与《天志》相通。尚同之义，或有訾其近于专制者；然划灭异论固不可，而是非太无标准亦有害。战国时正值群言淆乱之际。所患者不在异论之不申，而在是非太无标准，令人无所适从；时势不同，未可以今人之见，议古人也。且彼固主选贤以为长矣，是尚同亦即同于贤者也，而又何訾焉。

《兼爱上》第十四、《兼爱中》第十五、《兼爱下》第十六　亦三篇相复重，而上篇最略。兼爱为墨家之根本义，读《墨子》书，当一切以是贯通之。

《非攻上》第十七、《非攻中》第十八、《非攻下》第十九　亦首篇最略，但言其不义；中下篇则兼言其不利，且多引古事。

《节用上》第二十、《节用中》第二十一、《节用下》第二十二　上篇校略，中篇校详，兼有及节葬之语。下篇亡。篇中欲限民昏嫁之年以求庶；以人力为生财之本，因节用而兼及之也。

《节葬上》第二十三、《节葬中》第二十四、《节葬下》第二十五　上中皆阙。节葬之说，亦见《节用中》篇及《非儒》，宜参看。此篇言墨子所制葬法与禹同，亦墨子用夏道之证。

《天志上》第二十六、《天志中》第二十七、《天志下》第二十八　亦三篇相复重。以兼爱为天志而非攻；又云："无从下之政上，必从上之政下，夫为政于天子。"则其义又与上同通也。

《明鬼上》第二十九、《明鬼中》第三十、《明鬼下》第三十一　上中皆阙。论理并无足取。但引古事及夏、商、周之书以实之。案《论语》言"禹致孝乎鬼神"；据《礼记·祭法》，则严父配天，实始于禹；《汉志》谓墨家"宗祀严父，是以右鬼"，鬼者人鬼，明鬼盖亦夏教也。

《非乐上》第三十二、《非乐中》第三十三、《非乐下》第三十四　中、下皆阙。非乐之旨，太偏于实利；而其道大觳，使人不堪，故多为诸家所难。

《非命上》第三十五、《非命中》第三十六、《非命下》第三十七　此篇谓言有三表。三表者，上本之古圣王之事，下察之百姓耳目之实，发为刑政，中百姓人民之利。今上篇之论，大致本之古圣王，中篇大致考之耳目之实，下篇则言为政也。然则其余分为三篇者，亦必有一区别；特今或偏亡，或编次混乱，遂不可见耳。非命之说，亦见《非儒》篇中，宜参看。

《非儒中》第三十八、《非儒下》第三十九　上篇亡。下篇所言，非其丧服及丧礼，以其违节葬之旨也。非其娶妻亲迎，以其尊妻侔于父，违尚同之义也。非其执有命，以神非命之说也。非其贪饮食，惰作务，以明贵俭之义也。非其循而不作，以与背周用夏之旨不合也。非其胜不逐奔，掩函弗射，以其不如非攻之论之彻底也。非其徒古其服及言；非其君子若钟，击之则鸣，弗击不鸣，以其无强聒不舍之风，背于贵义之旨也。盖墨之非儒如此，皆以与其宗旨不同者为限，原无害于其说之本出于儒矣。此外诋訾孔子之词，多涉诬妄，则诸子书述古事者类然；因其说出于传述，不能无误也。此诚不必皆墨子之言，亦不必遂非墨子之说。当时传其家之学者，或推衍师意而自立说；或祖述师言，存其意而易其辞，固不能一一分别。毕氏必辨为非墨子之言，殊可不必矣。非儒之论，亦见《耕柱》《公孟》二篇，宜参看。

《经上》第四十、《经下》第四十一、《经说上》第四十二、《经说下》第四十三、《大取》第四十四、《小取》第四十五　以上六篇，皆名家言。《经说》即释《经》者。鲁胜注《墨辩叙》谓"《墨辩》有上、下《经》,《经》各有说，凡四篇",盖即指此。大、小《取》之取,孙诒让谓即取譬之取,盖是;六篇惟《小取》篇较易解，余皆极难解，宜参看近人著述，已见前。

《耕柱》第四十六、《贵义》第四十七　此两篇皆杂记墨子之言，论明鬼、贵义、非攻、兼爱等事。又有难公孟子非儒之言，疑《公孟》篇简错也。

《公孟》第四十八　此篇多非儒之论,皆墨子与公孟子,旗鼓相当。多与《非儒》复者。间有杂记墨子之言，与非儒无涉者。

《鲁问》第四十九　此篇多非攻之论，亦及劝学、贵义、明鬼。

《公输》第五十　此篇亦言非攻。

《□□》篇第五十一　亡。

《备城门》第五十二、《备高临》第五十三、《□□》第五十四、《□□》第五十五、《备梯》第五十六、《□□》第五十七、《备水》第五十八、《□□》第五十九、《□□》第六十、《备突》第六十一、《备穴》第六十二、《备蛾传》第六十三、《□□》第六十四、《□□》第六十五、《□□》第六十六、《□□》第六十七、《迎敌祠》第六十八、《旗帜》第六十九、《号令》第七十、《杂守》第七十一　自《备城门》至此，凡二十一篇。今亡五十一、五十四、五十五、

五十七、五十九、六十、六十四、六十五、六十六、六十七共十篇。诸篇皆专门家言，不易晓。读一过，就其可考者考之可也。凡读古书，遇不能解者，亦仍须读一过，不得跳过；以单词只义，亦有用处。且绝学复明，往往自一二语悟入也。今《墨子》目录，为毕氏所定。孙氏据明吴宽钞本，以《备城门》为五十四，《备高临》为五十五，册末吴氏《手跋》云“本书七十一篇，其五十一至五十三、五十七、五十九至六十、六十四至六十七，篇目并阙”云云，是吴所据本，实如此也。

公孙龙子

正名之学，浅言之，本为人人所共知，亦为百家所同韪。盖欲善其事，必求名实相符，名实不符，事未有能善者；此固至浅之理，而亦不诤之论也。然深求之，则正有难言者。何者？名实之宜正为一事；吾之所谓名实者，果否真确，又为一事。前说固夫人所共喻，后说或皓首所难穷。使执正名之术以为治，而吾之所谓名实者，先自舛误，则南辕而北其辙矣。职是故，正名之学，遂分为二派。（一）但言正名之可以为治，而其所谓名实者，则不越乎常识之所知。此可称应用派，儒、法诸家是也。（一）则深求乎名实之原，以求吾之所谓名实者之不误，是为纯理一派，则名家之学是也。天下事语其浅者，恒为人人所共知；语其深者，则又为人人所共骇。此亦无可如何之事，故正名之理，虽为名家所共韪；而名家之学，又为诸家所共非。孔穿谓“言臧两耳甚易而实是，言臧三耳甚难而实非”；司马谈谓名家“专决于名而失人情”，皆以常识难学人也。夫学术至高深处，诚若不能直接应用；然真理必自此而明；真理既明，而一切措施，乃无谬误；此固不容以常人之浅见相难矣。今名家之书，传者极少。《墨经》及《经说》，皆极简质，又经错乱，难读。此外惟见《庄子·天下》《列子·仲尼》两篇，亦东鳞西爪之谈。此书虽亦难通，然既非若《墨经》之简奥；又非如《庄》《列》之零碎，实可宝也。《汉志》十四篇，《唐志》三卷，今仅存六篇，盖已非完帙，《通志》载陈嗣古、贾士隐两注，皆不传。今所传者，为宋谢希深注，全系门外语，绝无足观，读者如欲深求，当先于论理学求深造，然后参以名家之说散见他书者，熟读而深思之也。

《迹府》第一　此篇先总叙公孙龙之学术。次叙龙与孔穿辨难，与《孔丛子》略同。俞樾曰："《楚辞·惜诵》注，所履为迹，迹与跡同。下诸篇皆其言，独此篇是实学一事，故谓之迹。府者，聚也，言其事迹具此也。"见《俞楼杂纂》。

《白马论》第二　此篇言白马非马，他书称引者最多。

《指物论》第三　此篇言"物莫非指，而指非指"。"指也者，天下之所无也；物也者，天下之所有也"。案《庄子》"指穷于为。薪，火传也，不知其尽也"。历来注家，皆不得确解。今案《淮南·齐俗训》"至是之是无非，至非之非无是，此真是非也；若夫是于此而非于彼，非于此而是于彼者，此之谓一是一非也。此一是非，隅曲也；夫一是非，宇宙也"。言限于一时一地而言之，则是非如此，通于异时异地而言之，则又不然。《淮南子·氾论训》："今世之为武者则非文也，为文者则非武也；文武更相非，而不知时世之用也；此见隅曲之一指，而不知八极之广大也。故东向而望，不见西墙；南面而视，不睹北方；惟无所响者，则无所不通。"以隅曲诂指，与宇宙及八极对言；则隅曲当作一地方，指字当作一方向解。庄子"指穷于为"四字当断句，言方向迷于变化耳。此篇之"指"字，亦当如此解。言人之认识空间，乃凭借实物；天下只有实物，更无所谓空间；破常人实物自实物，空间自空间之谬想耳。

《通变论》第四　此篇言"二无一"，"羊合牛非马，牛合羊非鸡"，"青以白非黄，白以青非碧"。以同与。盖言统类之名，均非实有。

《坚白论》第五　此篇谓"视得白无坚，拊得坚非白"，盖辨观念与感觉不同。

《名实论》第六　此篇述正名之旨，乃名学之用也。其言曰"天地与其所产，物也；物以物其所物而不过焉，实也；实以实其所实而不旷焉，位也。位其所位焉，正也。以其所正，正其所不正"云云，其说甚精。浅言之，则法家"综核名实"之治；儒家"名不正则言不顺，言不顺则事不成"之说。深言之，则"天地位，万物育"之理，亦寓乎其中已。故知诋名家为诡辩之学者，实诬词也。

管　子

《管子》一书，最为难解，而亦最错杂。此书《汉志》列道家，《隋志》列法家。今通观全书，自以道、法家言为最多。然亦多兵家、纵横家之言，又杂儒家及阴阳家之语。此外又有农家言。《轻重》诸篇论生计学理，大率重农抑商，盖亦农家者流也。全书凡八十六篇，与《汉志》合，而亡其十。《四库提要》云:“李善注陆机《猛虎行》曰:江邃《释》引《管子》云:夫士怀耿介之心，不荫恶木之枝。恶木尚能耻之，况与恶人同处。今检《管子》，近亡数篇，恐是亡篇之内，而邃见之，则唐初已非完本矣。”又曰:“今考其文，大抵后人附会，多于仲之本书，其他姑无论。即仲卒于桓公之前，而篇中处处称桓公，其不出仲手,已无疑义矣。书中称《经言》者九篇,称《外言》者八篇,称《内言》者九篇，称《短语》者十九篇，称《区言》者五篇，称《杂》篇者十一篇，称《管子解》者五篇,称《管子轻重》者十九篇。意其中孰为手撰,孰为记其绪言，如语录之类；孰为述其逸事，如家传之类；孰为推其义旨，如笺疏之类，当时必有分别。观其五篇明题管子解者，可以类推。必由后人混而一之，致滋疑窦耳。”予案某子之标题，本只取表明其为某派学术，非谓书即其人所著。见前。《管子》之非出仲手,可以勿论。古书存者,大抵出于丛残缀辑之余,原有分别，为后人所混，亦理所可有。然古代学术，多由口耳相传，一家之学，本未必有首尾完具之书。而此书错杂特甚，与其隶之道法，毋宁称为杂家，则谓其必本有条理，亦尚未必然也。今此书《戒》篇有流连荒亡之语，与孟子述晏子之言同。又其书述制度多与《周官》合；制度非可虚造；即或著书者意存改革，不尽与故事相符，亦必有所原本。此书所述制度，固不能断为管子之旧，亦不能决其非原本管子；然则此书盖齐地学者之言，后人汇辑成书者耳。《法法》篇有“臣度之先王”云云，盖治此学者奏议，而后人直录之。尹注以臣为管子自称，恐非。亦可见其杂也。此书多古字古言，又其述制度处颇多，不能以空言解释,故极难治。旧传房元龄注,晁公武以为尹知章所记。《四库提要》云:“《唐书·艺文志》，元龄注《管子》不著录，而所载有尹知章注《管子》三十卷。则知章本未记名，殆后人以知章人微，元龄名重，改题之以炫俗耳。”其注极浅陋，甚至并本书亦不相参校，以致误其句读，即随误文为释。前人已多议之。明刘绩有《补注》。今通行赵用贤校本,亦已择要列入。清人校释,除王念孙《读书杂志》、俞樾《诸子评议》外，又有洪颐煊《管子义证》、戴望《管子校正》、章炳麟《管子余义》三书，然不可通者尚多也。

《牧民》第一、《形势》第二　此两篇皆道、法家言，此书以道、法家言为主。

凡属道、法家言者，以后即不复出。理精深而文简古。《形势》篇有解。

《权修》第三　此篇言用其民以致富强之术。此术谓之权。

《立政》第四　此篇凡八目，多关涉制度之言。其中九败有解。九败辟兼爱寝兵之说，可知为战国时物。

《乘马》第五　此篇为《管子》书中言制度者。篇中备述度地建国，设官分职，及赋民以业之法，可见古者立国之规模。而仍归其旨于无为，则道、法家言也。此篇难解。

《七法》第六　此篇为兵家言。"七法"及"四伤百匿"二目，言法为兵之本。"为兵之数"，言治兵之术。"沥陈"言用兵之术也。此篇但言胜一服百，而无兼并之谈，盖尚非战国时语。此篇亦难解。

《版法》第七　此篇言赏罚之道，亦难解。此篇有解。

《幼官》第八、《幼官图》第九以上《经言》。　此两篇为阴阳家言。盖本只有图，后又写为书，故二篇相复。两篇皆难解。

《五辅》第十　此篇言王霸在人，得人莫如利之，利之莫如政。文明白易解，然仍简质。

《宙合》第十一　此篇先列举若干句，下乃具释之。案《管子书》中如此者多，盖经传别行之体；今其解释有在本篇之内者，有仍别行者。其仍别行者，如有解诸篇是也。即在本篇之内者，如此篇是也。此篇篇首诸语，盖一气相承，而以末句名其篇。注分为十三目，非也。此篇极精深而难解。其言"宙合有橐天地其义不传"云云，可见古哲学中之宇宙论。

《枢言》第十二　理精而文简质难解。

《八观》第十三　此篇言觇国之法。文极质朴，却不难解。

《法禁》第十四　此篇言法禁。其论法制不议，与李斯主张焚书之理颇同。种种防制大臣之术。亦必三家分晋，田氏篡齐之后，乃有是言，殆战国时物也。以下三篇，文皆朴茂，却不难解。

《重令》第十五　此篇言安国在尊君，尊君在行令，行令在严罚，说极武健严酷。案古言法术有别。言法者主商君，言术者宗申子。见《韩非子·定法》篇。今《商君书》颇乏精义。法术家言之精者，皆在管、韩二家书中。如此篇等者，盖皆主商君之法家言也。

《法法》第十六　此篇颇杂。其言"斗士食于功，小人食于力"。即壹民于农战之意。又云“令未布而民为之，不可赏罚”云云，则意与上篇同。又云“民未尝可与虑始，而可与乐成功”，则商君变法之意。盖亦主商君之法家言也。篇中两云“故春秋之记，有臣弑其君，子弑其父者”。又云：“政者，正也；正也者，所以正定万物之命也。是故圣人精德立中以生正，明正以治国。”又云：“巧者能生规矩，不能废规矩而正方圆。虽圣人能生法，不能废法而必治国。”又云：“凡民从上也，不从口之所言，从情之所好，上之所好，民必甚焉。”又云：“贤人之行其身也，忘其有名也；王主之行其道也，忘其成功也。”皆与儒家言相近。论废兵数语，与上下皆不贯，疑下篇错简。篇中有“臣度之先王者”云云，疑直录后人奏议。见前。此篇盖杂凑而成也。

《兵法》第十七以上《外言》。　此篇为兵家言，文极简质。

《大匡》第十八、《中匡》第十九、《小匡》第二十　此三篇皆记管子之事。其中《大匡》上半篇及《小匡》“宰孔赐胙”一段，与《左氏》大同，余皆战国人语，述史事多颇谬。盖传述管子之事者之辞。自《大匡》后半篇以下，其事大略一贯。大中小盖犹言上中下；因篇幅繁重，分为三篇耳。《注》释《大匡》曰：“谓以大事匡君。”盖谬。此三篇述史事不甚可据；而中、小《匡》中关涉制度之处颇多，足资考证。

《王言》第二十一　亡。

《霸形》第二十二　此篇记管仲隰朋说桓公之事，多与他篇复。其文则战国时之文也。《霸言》篇说理颇精，而此篇无甚精义。疑原文已亡，而后人以杂说补之也。

《霸言》第二十三　此篇多纵横家及兵家言，其文亦战国时之文。

《问》第二十四　此篇列举有国者所当考问之事，可见古者政治之精密。文亦简质。

《谋失》第二十五　亡。

《戒》第二十六以上《内言》。　此篇与儒家言相似处最多。其文亦战国时之文也。

《地图》第二十七、《参患》第二十八、《制分》第二十九　此三篇皆兵家言。其文则战国时之文也。《参患》篇与晁错《言兵事书》多同，盖古兵家言而错引之。

《君臣上》第三十、《君臣下》第三十一　此两篇言君臣之道，道、法家言为多，间有似儒家言处。其文亦战国时人之文。

《小称》第三十二　此篇论敬畏民碞之理，文颇古质。末记管仲戒桓公勿用易牙、竖刁等事，与《戒》篇大同小异，与上文全不贯，盖亦他篇错简。

《四称》第三十三　此篇记桓公问有道无道之君及臣而管子对，文颇古质。

《正言》第三十四　亡。

《侈靡》第三十五　此篇极难解。且与侈靡有关之语少，而篇幅极长。盖亦杂凑而成也。末段章氏《管子余义》以为谶。

《心术上》第三十六、《心术下》第三十七　两篇皆言哲学，文颇简质。

《白心》第三十八　此篇亦言哲学，文简质难解。

《水地》第三十九　此篇文尚易解，语多荒怪；然颇有生物学家言，亦言古哲学者可宝之材料也。

《四时》第四十、《五行》第四十一　此两篇为阴阳家言。

《势》第四十二　此篇为道家言，文极简质。

《正》第四十三　此篇言道德法政刑相一贯之理。道家之精谊也。

《九变》第四十四以上《短语》。　此篇为兵家言，文尚易解。

《任法》第四十五、《明法》第四十六、《正世》第四十七　此三篇皆法家言，文皆明白易解。《明法》有解。

《治国》第四十八　此篇言重农贵粟之理，明白易解。

《内业》第四十九以上《区言》。　此篇盖言治心之法，故曰内业，多道家言，偶有与儒家言类处，又似有杂神仙家言处。文简质难解。

《封禅》第五十　《注》云："元篇亡，今以司马迁《封禅书》所载管子言补之。"

《小问》第五十一　此篇首节言兵，次节言牧民；此外皆记杂事，无甚精义，而颇涉怪迂。

《七臣七主》第五十二、《禁藏》第五十三　此两篇亦法家言，而甚杂。两篇各有一节为阴阳家言，与《幼官》《四时》《五行》相出入，盖亦他篇简错也。

《入国》第五十四　此篇言九惠之政，文甚明白。

《九守》第五十五　此篇言君人所当守。文简质，然易解。

《桓公问》第五十六　此篇言啧室之议，颇合重视舆论之意。文亦明白。

《度地》第五十七　此篇言建国之法，于治水最详。"冬作土功，夏多暴雨"云云，亦阴阳家言。先秦学术，虽不尚迷信；然哲学原出宗教，故各种学术，多与阴阳家言相杂也。

《地员》第五十八　此篇言地质及所宜之物，农家言也。专门之学，殊不易解。

《弟子职》第五十九　此篇记弟子事先生之礼，皆四言韵语。盖《曲礼》《少仪》之类，与《管子》书全无涉；亦可见《管子》书之杂也。此篇庄述祖有《集解》，别为单行本一卷。

《言昭》第六十、《终身》第六十一、《问霸》第六十二以上《杂》篇。《牧民解》第六十三　以上四篇皆亡。

《形势解》第六十四、《立政九败解》第六十五、《版法解》第六十六、《明法解》第六十七以上《管子解》。　以上四篇为解与原文别行者。文皆明白易晓。尹注疑为韩非《解老》之类，吾谓《解老》亦未必韩非所作，盖《老子》书本有此传耳。

《臣乘马》第六十八、《乘马数》第六十九、《问乘马》第七十、《事语》第七十一、《海王》第七十二、《国蓄》第七十三、《山国轨》第七十四、《山权数》第七十五、《山至数》第七十六、《地数》第七十七、《揆度》第七十八、《国准》第七十九、《轻重甲》第八十、《轻重乙》第八十一、《轻重丙》第八十二、《轻重丁》第八十三、《轻重戊》第八十四　以上皆《管子》中所谓《轻重》之篇。其中亡第七十及八十二两篇。诸篇文字，大致明白，而亦间有难解处。所言皆生计学理。大致可分为三端：（一）畜藏敛散，（二）盐铁山泽，（三）制民之产。盖法者正也；正之义必有取于平；而致民之不平，莫大贫富之悬隔。故法家欲以予夺贫富之权，操之于上。其言最与近世之所谓国家社会主义者近。此义未必可行于今，然不得以此议古人。盖今日之中国为大国，而古者则分为小邦；自汉以后，政治久取放任，而古代则习于干涉；国家之权力较大也。此盖东周以后，井田之制大坏，私人所营工商之业勃兴而后有之。吾国古代小国小部落并立，皆行共产之制。其后虽互相吞并，此制犹有存者。故有横征厚敛之暴君污吏，而无豪夺巧取之富人大贾。至春秋以后，其制乃大变。其说甚长，一时难遍疏举。欲知其略，可看《史记·货殖列传》及《汉书·食货志》。观其所引之事，及于越、梁二国，即可知其为战国时物矣。

《轻重己》第八十五以上《管子·轻重》。　此篇以《轻重》名，而皆阴阳家言，盖误入轻重也。

韩非子

刑名法术，世每连称，不加分别，其实非也。刑名之刑，本当作形，形者，谓事物之实状，名则就事物之实状，加以称谓之谓也。凡言理者，名实相应则是，名实不相应则非；言治者名实相应则治，不相应则乱。就通常之言论，察其名实是否相应，以求知识之精确，是为名家之学。操是术以用诸政治，以综核名实，则法家之学也。故"形名"二字，实为名法家所共审；而"名法"二字，亦可连称。"法术"二字，自广义言之，法盖可以该术，故治是学者，但称法家。若分别言之，则仍各有其义。法者，所以治民；术者，所以治治民之人。言法者宗商君，言术者祖申子。见本书《定法》篇。法家之学，世多以刻薄訾之。其实当东周之世，竞争既烈，求存其国，固不得不以严肃之法，整齐其民。且后世政治，放任既久；君主之威权不能逮下；民俗亦日益浇漓。故往往法令滋章，则奸诈益甚；国家愈多所兴作，官吏亦愈可借以虐民。在古代国小民寡，风气醇朴之时，固不如是。天下无政治则已，既有政治，即不能无治人者与治于人者之分；然同是人也，治于人者固须治，岂得谓治人者，即皆自善而无待于治？今世界各国，莫不以治人者别成一阶级为患。其所谓利，上不与国合，下不与民同。行政官吏然，民选立法之议会，亦未尝不然。世界之纷扰，由于治于人者之蠢愚者，固不能免；出于治人者之狡诈昏愚，嗜利无耻者，殆有甚焉。术家之言，固犹不可不深长思也。韩非谓言法者宗商君，言术者祖申子。今《申子》书已不传。世所传《商君书》，虽未必伪，然偏激太甚，而精义顾少，远不逮《管》《韩》二书。道、法二家，关系最切。原本道德之论，《管子》最精；发挥法术之义，《韩非》尤切。二书实名、法家之大宗也。

《韩非》书《汉志》五十五篇，《隋》、新旧《唐书》、《宋史志》二十卷，皆与今本符。《唐志》有尹知章注，今亡。今所传注之何犿，谓出李瓒。《太平御览》《事类赋》《初学记》诸书已引之，则其人当在宋前，然其注颇不备，且有舛误。何犿本刻于元至元三年，明赵用贤以宋本校之，知有缺脱。用贤刻本，与明周孔教大字本同。《四库》据周本著录，而校以赵本。然赵本实多误改。清吴鼒得朱乾道刻本，为赵本所自出。顾广圻为校，而鼒刻之。顾氏《识误》三卷，刻原书之后。顾氏而外，卢文弨、王念孙、俞樾，于是书亦有校识。长沙王先谦合诸家校释，编者按：校释者为王先慎。而成《韩非子集解》一书，实最便观览也。

《初见秦》第一　此篇见《战国策》，为张仪说秦惠王之词，盖编韩子者误入之。司马光以此讥非欲覆宋国，非也。

《存韩》第二　此篇载非说秦毋攻韩。次以李斯驳议，请身使韩。秦人许之。斯遂使韩，未得见，因上书韩王。盖编《韩子》者，存其事以备考也。

《难言》第三　此篇即《说难》之意。

《爱臣》第四　此篇言人君防制其臣之术，术家言也。

《主道》第五　此篇言人君当虚静无为，以事任人；可见法家言之原出于道。

《有度》第六　此篇言君当任法以御下，多同《管子·明法》篇。

《二柄》第七　此篇言刑德为制臣之二柄，不可失。又言人君不可以情借臣，当去好恶而任法。

《杨榷》第八　此篇言无为之旨，君操其名，而使臣效其形；去智巧，勿授人以柄。可见刑名法术，皆原于道。此篇十之九为四言韵语，盖法家相传诵习之词也。

《八奸》第九　此篇言人臣所以成奸者有八术，亦术家言。

《十过》第十　此篇无甚精义。

《孤愤》第十一　此篇言智能法术之士，与权奸不两立；智能法术之士恒难进，然权奸之利，实与人主相反，术家之精言也。

《说难》第十二　此篇先陈说之难，继言说之术，极精。

《和氏》第十三　此篇言法术为人臣士民所同恶，可见"法"之与"术"，虽名异而理实相通。

《奸劫弑臣》第十四　此篇言君以同是非说其臣，于是臣以是欺其上，而下不得尽忠，故必参验名实。次节言学者不知治乱之情，但言仁义惠爱，世主不察，故法术之士无由进。皆言用人之术，亦术家言也。末节"厉磷王"，《国策》《荀子》，皆作荀子答春申君书。

《亡征》第十五　此篇列举可亡之事，而曰："亡征者，非曰必亡，言其可亡也。"乃自下"亡征"二字之界说也。

《三守》第十六　（一）戒漏言，（二）戒假威，（三）戒不自治事而假手于人，亦术家言。

《备内》第十七　此篇言人臣之于君，非有骨肉之亲。故窥觇其君无已时；

而后妃太子，亦利君之死，故有因后妃太子以成其奸者。看似刻核，然于后世权奸宫闱之祸，若烛照而数计；其见理明，故其说事切也。大抵人类恶浊之性，恒人不甚乐道出，而法术家务揭举之，故常为世所訾；然其说理则甚精，而于事亦多验，固不可不措意矣。又言王良爱马，为其可以驰驱；勾践爱人，乃欲用以战斗；则法家刻酷之论矣。建国原以为民；欲保国者，有时原不能曲顾人民；然若全忘人民之利益，视若专供国家之用者然，则流连而忘本矣。此则法家之失也。

《南面》第十八　此篇言人君当任法以御臣，不可任甲以备乙，亦术家言也。末节言变法之理甚精。

《饰邪》第十九　此篇主明法以为治，戒信龟策，恃外援，可考见战国时迷信及外交情形。

《解老》第二十　此篇皆释《老子》之言，义甚精，然非必《老子》本意。盖治学问者，原贵推广其意，以应百事；韩婴之作《诗外传》即如此；凡古书之有传者，实皆如此也。

《喻老》第二十一　上篇释《老子》之意，此篇则举事以明之。

《说林上》第二十二、《说林下》第二十三　此篇列举众事，借以明义。《史记索隐》谓其多若林，故曰《说林》也。此可见古人“多识前言往行以畜其德”之义。

《观行》第二十四、《安危》第二十五、《守道》第二十六、《用人》第二十七、《功名》第二十八、《大体》第二十九　以上六篇，皆法术家言。大体篇亦及因任自然之旨，与道家言通。篇幅皆短。

《内储说上》第三十、《内储说下》第三十一、《外储说左上》第三十二、《外储说左下》第三十三、《外储说右上》第三十四、《外储说右下》第三十五　《内外储说》，皆言人主御下之术，乃法术家言之有条理者。其文皆先经后说，可见古者经传别行之体。

《难一》第三十六、《难二》第三十七、《难三》第三十八、《难四》第三十九　一至三皆述古事而难之；四则既难之后，更有难难者之语。剖析精微，可见法术家综核名实之道。

《难势》第四十　难任势为治之论。

《问辨》第四十一　非民以学议法，李斯焚书之理如此。

《问田》第四十二　此篇言法家不惮危身以婴暗主之祸。案战国之时，大臣跋扈，率多世禄之家。游说之士虽盛，然多出自疏远，能执国之柄者盖少。故韩非发愤屡言之，术家言之所由兴也。

《定法》第四十三　此篇言法与术之别。

《说疑》第四十四　此篇亦言人主御臣之术，多引古事以明之。

《诡使》第四十五　此篇言利与威与名，所以为治，然真能用之者少。

《六反》第四十六　此篇举奸伪无益之民六，谓其皆足以毁耕战有益之民。又辟轻刑。《商君书》之精义，已具于此及《五蠹》《饬令》《制分》三篇。

《八说》第四十七　此篇举匹夫之私誉，而为人主之大败者八事。又言法令必人人所能。古者人寡而物多，故轻利而易让；后世生计穷蹙，则不能。然天下无有利无害之事，但在权其大小。治国者不可恃爱。皆法术家之精论。

《八经》第四十八　（一）凡治天下，必因人情。人情有好恶，故赏罚可用。（二）力不敌众，智不尽物，与其用一人，不如用一国。故君当用人之智，而不自任其力。（三）言臣主异利。（四）言参伍之道。（五）言明主务周密。（六）言参听及言必责实之道。（七）言宠必在爵，利必在禄。（八）言功名必出于官法，不贵法外难能之行。亦法术家极精之论。

《五蠹》第四十九　此篇言圣王不期修古，不法常可；论世之事，因为之备。即商君变法之旨。又言文学非急务，取譬于糟糠不饱者不务粱肉；短褐不完者不待文绣。可见法术家言，虽刻核而重实利；然自为救时之论，非谓平世亦当如此也。篇末辟纵横之士，谓其徒务自利。此外大旨与上篇同。

《显学》第五十　此篇辟儒、墨，亦精。

《忠孝》第五十一　此篇非尚贤。

《人主》第五十二　此篇戒大臣太贵，左右太威，亦术家言。

《饬令》第五十三　此篇言人君任人当以功，而不可听其言。又主重刑厚赏，利出一孔。与《商君书·靳令》篇同。《商君书》亦有作《饬令》者。

《心度》第五十四　此篇言圣人之治民，不从其欲，期于利之而已。其说甚精，可见法家之治，虽若严酷，而其意实主于利民。而尤足为民治时代之药石。盖求利是一事，真知利之所在，又是一事；人民自主张其利益者，往往不知利之所在，欲求利而适得害。故先觉之言，不可不察也。

《制分》第五十五　此篇言相坐之法，亦商君所以治秦也。

商君书

《汉志》：法家，《商君书》二十九篇。《隋》、新旧《唐志》皆五卷。《通志》谓二十九篇亡其三，《直斋书录解题》谓二十八篇亡其一。严万里得元刻本，凡二十六篇，而中亡其二，实二十四篇。《史记·商君列传》："太史公曰：余读商君《开塞》耕战书，与其人行事相类。"《索隐》："案《商君书》：开谓刑严峻则政化开，塞谓布恩惠则政化塞，其意本于严刑少恩。又为田开阡陌，及言斩敌首赐爵，是耕战书也。"所释开塞之义，与今书《开塞》篇不合。晁公武谓司马贞未尝见其书，妄为之说。今案开塞耕战，盖总括全书之旨，或太史公时《商君书》有此名。非专指一两篇；《索隐》意亦如此；晁氏自误解也；《尉缭子·兵教下》："开塞，谓分地以限，各死其职而坚守。"此"开塞"二字古义。《索隐》庸或误释，然谓其未见《商君书》固非。或又以与《索隐》不合而疑今书为伪，亦非也。今《商君书》精义虽不逮《管》《韩》之多，然要为古书，非伪撰；全书宗旨，尽于"一民于农战"一语。其中可考古制，及古代社会情形处颇多，亦可贵也。此书有朱师辙《解诂》，最便观览。

《更法》第一　此篇记孝公平画，公孙鞅、甘龙、杜挚三大夫御于君。鞅主变法，甘龙、杜挚难之。孝公从鞅。与《史记·商君列传》大同。

《垦令》第二　此篇主抑商废学以重农，说多偏激。

《农战》第三　此篇言官爵者，人主所以劝民，而国以农战兴。当使民求官爵以农战。又论绝学及去商贾技艺。

《去强》第四　此篇主峻刑法。金粟互生死一节，亦涉及生计。

《说民》第五　此篇亦主严刑重农战之论。其云"家断有余，官断不足，君断则乱"，则言人臣当各举其职，人君不可下侵臣事，法家多重"乡治"由此。

《算地》第六　此篇言任地之法，亦及重刑赏以"一民于农战"之意。

《开塞》第七　此篇首为原君之论。其言以乱而求立君，颇合欧西民权论中之一派。下为主严刑之论。

《壹言》第八　此篇言尚农战，下辩说，技艺，绝游学，杜私门。又言不法古，不修今，因势而治，皆与他篇互见。

《错法》第九　此篇论赏罚。

《战法》第十、《立本》第十一、《兵守》第十二　三篇皆论兵事。多阙误，难读。

《靳令》第十三　此篇言任人当以功，不当以言。又言重刑轻赏，利出一孔。《去强》篇曰："虱官者六：曰岁，曰食，曰美，曰好，曰志，曰行。此篇又曰：六虱：曰礼乐，曰诗书，曰修善，曰孝弟，曰诚信，曰贞廉，曰仁义，曰非兵，曰羞战。国有十二者，上无使农战，必贫至削。十二者成群，此谓君之治不胜其臣，官之治不胜其民；此谓六虱胜其政也。"其词错乱，未知其说。此篇同《韩非子·饬令》篇。本书标题，亦有作《饬令》者。

《修权》第十四　此篇言国所以治者三：(一)曰法，(二)曰信，(三)曰权。法与信，君臣所共，权，君之所独。又曰："尧舜之位天下也，非私天下之利也，为天下位天下也；三王五霸，非私天下之利也，为天下治天下。今则不然。公私之交，存亡之本也。"亦廓然大公之论。

《徕民》第十五　此篇言秦患土满，三晋反之；当利其田宅，复其身，以徕三晋之民。颇有精论。

《刑约》第十六　亡。

《赏刑》第十七　此篇言圣人之为国也，壹赏，壹刑，壹教。壹赏谓利禄官爵，专出于兵；壹刑谓刑无等级，壹教谓富贵之门专于战。

《画策》第十八　此篇言胜敌必先自胜，亦主壹民于战。

《境内》第十九　此篇言户籍及军爵。

《弱民》第二十　此篇言民强则国弱，民弱则国强，乃以人民为国家机械之论。

《□□》第二十·　亡。

《外内》第二十二　此篇言重农战之理。

《君臣》第二十三　此篇言君不可释法，亦及重农战之论。

《禁使》第二十四　此篇主势治。

《慎法》第二十五　此篇言人主御下之术。"使吏非法无以守，则虽巧不得为奸；使民非战无以效其能，则虽险不得为诈"二语，乃一篇主旨也。

《定法》第二十六　此篇言立法行法及司法之官吏，可以考见古制。

尹文子

此书言名法之义颇精，然文甚平近，疑经后人改窜矣，按《汉志》,《尹文子》一篇,《隋志》二卷。《四库提要》云:“前有魏黄初末山阳仲长氏序,称条次撰定,为上、下篇。《文献通考》著录作二卷。此本亦题《大道》之《上篇》《下篇》,与《序文》相符，而通为一卷。盖后人所合并也。《序》中所称熙伯，盖缪袭之字。其山阳仲长氏，不知为谁。李淑《邯郸书目》以为仲长统。然统卒于建安之末，与所云黄初末者不合。晁公武因此而疑史误，未免附会矣。”案四库著录之本,与今通行本同。此《序》恐系伪物。《群书治要》引此书,上篇题《大道》，下篇题《圣人》，与今本不合，则今本尚定于唐以后也。今本两篇，精要之论，多在上篇中。然上篇实包含若干短章；因排列失次，其义遂不易通。盖条次撰定者，于此学实未深造，此篇盖《汉志》之旧。其文字平近处，则后人所改。下篇由杂集而成,盖后人所附益,非汉时所有。故《汉志》一篇,《隋志》顾二卷也。今略料拣上篇大意于下。学者依此意分节读之,便可见此书之意矣。

此书之旨，盖尊崇道德，故谓道贵于儒、墨、名、法，非法术权势之治，所得比伦。夫所贵于道者，为其能无为而治也；无为而治，非不事事之谓，乃天下本无事可为之谓；天下所以无事可为者，以其治也，天下之所以治，以物各当其分也。盖天下之物，固各有其分；物而各当其分，则天下固已大治矣。然此非可安坐而致，故必借法以致之。所谓“道不足以治则用法，法不足以治则用术，术不足以治则用权，权不足以治则用势；势用则反权，权用则反术，术用则反法，法用则反道”也。夫权与术与势，皆所以行法；法则所以蕲致于道也。法之蕲致于道奈何？曰:使天下之物,各当其分而已。然非能举天下之物,为之强定其份,而使之守之也。能使之各当其固有之份而已。所谓“圆者之转,非能转而转，不得不转;方者之止，非能止而止，不得不止。故因贤者之有用,使不得不用；因愚者之无用，使不得用”也。夫如是，则“形以定名，名以定事”之术,不可不讲矣。天下万事,不可备能;责其备能于一人,贤者其犹病诸。今也，人君以一身任天下之责，而其所操者，不过“形以定名，名以定事”之一事，不亦简而易操乎。故曰“以简治烦惑，以易御险难；万事皆归于一,百度皆准于法;归一者简之至，准法者易之极”也。夫任法之治，固尚未能合道。所谓“法行于世;则贫贱者不敢怨富贵,富贵者不敢陵贫贱;愚弱者不敢冀智勇,智勇者不敢鄙愚弱。道行于世，则贫贱者不怨，富贵者不骄；愚弱者不慑，智勇者不陵”是也。然必先合于法，而后可以蕲至于道；欲蕲至于道者，必先行法，则断然矣。而欲定法则必先审形名，此形名之术，所以为致治之要也。上篇之大旨如此。此篇虽经后人重定，失其次序；亦或有阙佚。其文字疑亦有改易。然诸书言形名之理，未有如此篇之明切者，学者宜细观之。“形名”二字，本谓因形以定名。后世多误为刑名，失之。释“形名”二字之义者，亦惟此书最显。

又此书上篇，陈义虽精，然亦有后人窜入之语。如“见侮不辱，见推不矜；禁暴寝兵，救世之斗”，乃庄子论尹文语，此篇袭用之，而与上下文意义，全不相涉，即其窜附之证。盖古人之从事辑佚者，不肯如后人之逐条分列，必以己意为之联贯。识力不及者，遂至首尾衡决，亦非必有意作伪也。下篇则决有伪窜处。如“贫则怨人，贱则怨时”一节，断非周、秦人语，亦全非名家之义也。

慎　子

此书亦法家者流，而阙佚殊甚。《汉志》法家，“《慎子》四十二篇。名到。先申、韩，申、韩称之。”《史记·孟荀列传》：“慎到，赵人。田骈、接子，齐人。环渊，楚人。皆学黄、老道德之术。因发明序其指意，故慎到著《十二论》，环渊著《上下》篇，而田骈、接子，皆有所论焉。”《集解》：“徐广曰：今《慎子》刘向所定，有四十一篇。”“一”系误字，《汉志》法家篇数可证。《正义》：“《慎子》十卷，在法家，则战国时处士。”按荀子谓“慎子蔽于法而不知贤”；又谓“慎子有见于先，无见于后”。谓其物来顺应，更无他虑，即《庄子》“不师知虑，不知前后”之意，非谓其知进而不知退也。庄子以慎到与彭蒙、田骈并称。谓其“弃知去己，而缘不得已。笑天下之尚贤，非天下之大圣。不师智虑，不知前后；推而后行，曳而后往。曰：至于若无知之物而已。豪杰相与笑之。曰：慎到非生人之行，而死人之理也”。观荀、庄二子之论，其学实合道、法为一家。故《史记》谓其学黄、老道德之术，《汉志》以其书隶法家也。《韩子·难势》篇、《吕览·慎势》篇引慎到语，皆法家之言。其书《唐志》十卷，与《史记正义》合。《崇文总目》三十七篇，校《汉志》已损其五。王应麟谓惟有《威德》《因循》《民杂》《德立》《君人》五篇，与今本合。然今本每篇皆寥寥数行，《四库》谓又出后人掇摭，非振孙所见之旧已。

然如《威德》篇谓“古者立天子而贵之，非以利一人也。曰:天下无一贵，则理无由通；通理以为天下也。故立天子以为天下，非立天下以为天子也”。可见法家虽尊君权,实欲借以求治;非教之以天下自私。又如《因循》篇谓:“因则大，化则细。因也者，因人之情也；人莫不自为也，化而使之为我，则莫可得而用。”此“化”字实为《老子》“化而欲作”之“化”字之确诂。虽阙佚，亦可宝也。

邓析子

此书《汉志》二篇,在名家。《隋志》一卷。《四库提要》云:“今本仍分《无厚》《转辞》二篇，然其文节次不相属，似亦掇拾之本也。”又云:“圣人不死，大盗不止一条，其文与《庄子》同，或篇章残缺，后人摭《庄子》以足之欤？”愚案此书有采掇先秦古书处，又有后人以己意窜入处。核其词意，似系南北朝人所为。如“在己为哀，在他为悲”“患生于宦成，病始于少瘳，祸生于懈慢，孝衰于妻子”等，皆决非周、秦人语也。伪窜处固已浅薄；采掇古书处，亦无精论；无甚可观。

吕氏春秋

《吕氏春秋》，为杂家之始。毕沅所谓“书不成于一人，不能名一家者，实始于不韦，而《淮南》内、外篇次之”是也。《史记·吕不韦传》，谓不韦使其客人人著所闻，集论以为《八览》《六论》《十二纪》，“号曰《吕氏春秋》”；而《自序》及《汉书·司马迁传》载迁《报任安书》，又云:“不韦迁蜀，世传《吕览》。”案《序意》云:“维秦八年，岁在涒滩。”是时不韦未徙，故有议史公之误者。然史公本谓世传《吕览》,不谓不韦迁蜀而作《吕览》也。据《本传》“号曰《吕氏春秋》”之语，则四字当为全书之名，故《汉志》亦称《吕氏春秋》。然编次则当如梁玉绳初说，先《览》后《论》，而终之以《纪》。世称《吕览》，盖举其居首者言之。《序意》在《十二纪》之后，尤其明证。毕氏沅《礼运注疏》，谓以《十二纪》居首，为《春秋》之所由名；说本王应麟，见《玉海》。《四库提要》谓唐刘知几作《史通》，《自序》在《内》篇之末、《外》篇之前，因疑《纪》为内篇，《览》与《论》为外篇、杂篇，皆非也。《礼运》郑注，本无吕氏以“春秋”名书，由首《十二纪》之意。古人著书，以“春秋”名者甚多，岂皆有《十二纪》以为之首邪？古书《自序》，例在篇末；《吕览》本无内、外、杂篇之名，何得援唐人著述，凿空立说乎？此书合《八览》《六论》《十二纪》，凡二十六篇。自《汉志》以下皆同。庾仲容《子钞》、陈振孙《书录解题》《史记索隐》作三十六，“三”盖误字；《文献通考》作“二十”，则又脱“六”字也。《玉海》引王应麟，谓“《书目》，是书凡百六十篇”。与今本篇数同。卢文弨曰：“《序意》旧不入数，则尚少一篇。此书分篇，极为整齐，《十二纪》纪各五篇，《六论》论各六篇，《八览》当各八篇。今第一览止七篇，正少一。考《序意》本明《十二纪》之义，乃末忽载豫让一事，与《序意》不类。且旧校云一作‘廉孝’，与此篇更无涉，即豫让亦难专有其名。因疑《序意》之后半篇俄空焉；别有所谓《廉孝》者，其前半篇亦简脱，后人遂相附合，并《序意》为一篇，以补总数之阙。然《序意》篇首无‘六曰’二字，后人于目中专辄加之，以求合其数，而不知其迹有难掩也。”案卢说是也。予谓此书篇数，实止廿六。今诸《览》《论》《纪》又各分为若干篇，亦后人所为，非不韦书本然也。此书诸《览》《论》《纪》，义皆一线相承。说见后。固无取别加标题。《四库提要》谓“惟夏令多言乐，秋令多言兵，似乎有义，其余绝不可晓”，谬矣。

此书虽称杂家，然其中儒家言实最多。今人指为道家言者，实多儒、道二家之公言，参看论《淮南子》处。《四库提要》谓其“大抵皆儒家言”，实为卓识。案《书大传》：“古者诸侯始受封，则有采地；其后子孙虽有罪黜，其采地不黜，使其子孙贤者守之，世世以祠其始受封之人。此之谓兴灭国，继绝世。”《史记·秦本纪》庄襄王元年：“东周君与诸侯谋秦，秦使相国吕不韦诛之，尽入其国。秦不绝其祀，以阳人地赐周君，奉其祭祀。”即兴灭国、继绝世之义也。史又称是年“大赦罪人；修先王功臣；施德，厚骨肉，而布惠于民”，亦必不韦所为。不韦其能行儒家之义矣。不韦进身，诚不由正，然自非孔、孟，孰能皆合礼义。伊尹负鼎，百里自鬻，王霸之佐，皆有之矣。高似孙曰：“始皇不好士，不韦则徕英茂，聚畯豪，簪履充庭，至以千计。始皇甚恶书也，不韦乃极简册，攻笔墨，采精录异，成一家言。《春秋》之言曰：十里之间，耳不能闻；帷墙之外，目不能见；三亩之间，心不能知；而欲东至开晤，南抚多鷃，西服寿靡，北怀儋耳，何以得哉？此所以讥始皇也。”方孝孺亦称其书“诋訾时君为俗主，至数秦先王之过无所惮”。夫不韦著书，意在“备天地万物古今之事”，《史记·本传》语。原不为讥切一时。然其书立论甚纯，而不韦又能行之；使秦终相不韦，或能行德布化，以永其年，不至二世而亡；使天下苍生，亦蒙其荼毒，未可知也。今此书除儒家言外，亦存道、墨、名、法、兵、农诸家之言。诸家之书，或多不传；传者或非其真；欲考其义，或转赖此书之存焉，亦可谓艺林瑰宝矣。要之不韦之为人，固善恶不相掩，而其书则卓然可传；讥其失而忘其善，已不免一曲之见，因其人而废其书，则更耳食之流矣。

此书注者，惟有高诱。其注误处甚多。《史记》谓不韦书成，“布咸阳市门，县千金其上，延诸侯游士宾客，有能增损一字者予千金”。高注多摘其书误处，谓扬子云恨不及其时，车载其金。见《慎人》《适威》二篇注。殊不知古人著书，重在明义；所谓误不误者，但就论道术之辞言之，非斤斤计较于称引故实之间也。高引扬雄语以诋吕氏，毕沅即摘高注误处，转以是语相讥，宜矣。近人孙德谦云：注此书已成，然未刊布。今通行者，仍为毕沅校本。

《孟春纪》《十二纪》 皆与《礼记·月令》大同。按此所述，为古明堂行政之典。《淮南·时则训》《管子·幼官图》，皆是物也。此盖同祖述古典。参看论《墨子》处自明。或以《吕览》载之，疑为秦法，误矣。

《孟春纪》 下标目凡四：曰《本生》，言养生之理。曰《重己》，言人当顺性之情。使之不顺者为欲，故必节之。曰《贵公》，曰《去私》，义如其题。盖天下之本在身；春为生长之始，故《孟春》《仲春》《季春》三纪之下，皆论立身行己之道。而《孟春纪》先上本之于性命之精焉。诸《览》《论》《纪》下之分目，虽后人所为，亦便识别。故今皆仍之，而又说明其一线相承之义，以见此书编次之整齐焉。

《仲春纪》 下亦标四目：曰《贵生》，义与《庄子·让王》篇同。又云：“全生为上，亏生次之，死次之，迫生为下。”此言生活贵有意义，尊生者非苟全其生命之谓，其说极精；后世神仙家言之自托于道家者，乃徒欲修炼服饵，以求长生，其说不攻而自破矣。曰《情欲》，言欲有情，情有节，圣人修节以止欲，故不过行其情。此“情”字当作“诚”字解，今所谓真理也。不主绝欲而务有节，实儒家精义。曰《当染》，前半与《墨子·所染》篇同，而后文议论处异。又云：“古之善为君者，劳于任人，而佚于官事。”盖因私人交友之道，而及人君用人之方也。曰《功名》，言立功名必以其道，不可强为。

《季春纪》下标四目：曰《尽数》，言自然之力，莫不为利，莫不为害，贵能察其宜以便生，则年寿得长。又云：“长也者，非短而续之也，毕其数也。”此可见求长生之谬矣。曰《先己》，亦言贵生之理。反其道而身善，治其身而天下治，是为无为；可见所谓无为者，乃因任自然，而不以私意妄为之谓，非谓无所事事也。曰《论人》，前半言无为之理，后半言观人之法。曰《圜道》，言天道圜，地道方，各有分职；主执圜，臣处方，贵各当其职。《仲春》《季春》二纪，因修己之道，旁及观人用人之术，而极之于君臣分职之理。

《孟夏纪》下标四目：曰《劝学》，曰《尊师》，义如其题。《尊师》篇可考古者弟子事师之理。曰《诬徒》，言教学当反诸人情，即人性之本然。极精。曰《用众》，言取人之长，以补己之短。其曰：“吾未知亡国为主，不可以为贤主也。其所生长者不可耳。”即今教育当重环境之说也。孟夏为长大之始；人之于学，亦所以广大其身，《礼记·文王世子》：“况于其君以善其身乎？”郑注：“于读为迂。迂犹广也，大也。”故论为学之事。

《仲夏纪》下标四目：曰《大乐》，言乐之所由生；并驳非乐，论颇精。曰《侈乐》，言乐贵合度，不贵侈大，侈则失乐之情。此篇有同《礼记·乐记》处。曰《适音》，言大小清浊之节，盖即所谓度量也。曰《古乐》，述乐之史。

《季夏纪》下标四目：一曰《音律》，言十二律相生及十二月行政。曰《音初》，言东西南北之音所自始。末节同《乐记》。曰《制乐》，言治厚则乐厚，治薄则乐薄。下引汤、文、宋景公之事，无甚深义。曰《明礼》，言乱国之主不知乐，多侈陈灾祥之言。“乐盈而进”，故于夏长之时论之。《仲夏纪》论乐之原理颇精。《季夏纪》所论，或为专门之言，或杂怪迂浅薄之论。

《孟秋纪》下标四目：曰《荡兵》，推论兵之原理。谓有义兵而无偃兵，极精。曰《振乱》，曰《禁塞》，皆辟非攻之论，亦精。曰《怀宠》，此篇论所谓义兵者，即儒家所谓仁义之师。案儒家崇尚德化，而不言去兵。儒家经世之道，备于《春秋》；而孟子曰“春秋无义战”，则“义战”二字，乃儒家用兵标准也。《吕览》多儒家言，此篇所述，盖亦儒义。予别有论。

《仲秋纪》下标四目：曰《论威》，言立威之道。其言曰：“死生荣辱之道一，则三军之士，可使一心；三军一心，则令无敌。士民未合，而威已谕，敌已服，此之谓至威。”又曰：“兵欲急疾捷先，并气专精，心无有虑，一诸武而已。”皆兵家极精之论。曰《简选》，言简选不可专恃，然因此遂谓市人可胜教卒则非。曰《决胜》，言民无常勇，亦无常怯。有气则实，实则勇；无气则虚，虚则怯。兵有本干，必义，必智，必勇。兵贵因，因敌之险，以为己用；因敌之谋，以为己事。兵贵不可胜。不可胜在己，可胜在彼。必在己，不必在彼者，亦兵家极精之论也。曰《爱士》，言行德爱人，则民亲其上；民亲其上，则乐为君死。

《季秋纪》 下标四目：曰《顺民》，曰《知士》，义如其题。曰《审己》，言凡物之然也必有故，不知其故，虽当，与不知同，其卒必困。此言作事当通其原理，不可恃偶合。曰《精通》，言精神相通之理。圣人所以行德乎己，而四荒咸饬其仁。秋主则杀，故论用兵之事。《顺民》《知士》乃用兵之本；《审己》则慎战之理；《精通》亦不战屈人之意也。

《孟冬纪》 下标四目：曰《节丧》，曰《安死》，皆言厚葬之祸。可考古代厚葬及发墓者情形。曰《异宝》，言古人非无宝也，所宝者异耳。以破世俗之惑。曰《异用》，言人之所以用物者不同，为治乱存亡死生所由判。意承上篇。盖人之愚，皆由为物所惑。不为物所惑，而且能用物，则所为皆成矣。此亦哲学家极精之论。

《仲冬纪》 下标四目：曰《至忠》，言忠言逆耳，非明主莫能听。曰《忠廉》，言忠廉之士难得。曰《当务》，言辩而不当论，同伦。信而不当理，勇而不当义，法而不当务；大乱天下，必此四者。即《孟子》“非礼之礼，非义之义，大人弗为”之说，亦所以恶“执中而无权”也。曰《长见》，言知愚之异，在所见之短长。审今可以知古，审古亦可以知后；故为后人所非之事不当作，因知而推之于行也。

《季冬纪》 下标四目：曰《士节》，言定天下国家，必由节士，不可不务求。曰《介立》，言贵富有人易，贫贱有人难。晋文公贫贱时能有介之推，而贵富时不能有，所以不王。曰《诚廉》，言诚廉之士，视诚廉重乎其身，出乎本性。曰《不侵》，言尊富贵大，不足以来士，必知之然后可。冬主闭藏，故言丧葬之理。墨家固主节葬，儒家、道家亦戒厚葬。然此特道术之士然，至于习俗，盖皆主厚葬。秦始皇等特其尤甚者耳。故戒厚葬之谈，实其时当务之急也。人能多所蓄藏则必智，而智莫大于知人；故诸篇多论求智之事，及知人之方焉。

《序意》 此篇为全书自序。《十二纪》本列《六览》《八论》之后；此书在《十二纪》之后，亦即在全书之末；今本升《纪》于《览》《论》之前，故序亦在《纪》与《览》《论》之间也。《序语》似专指《十二纪》者，以其已非完篇也。见前。

《有始览》 首节言天地开辟。中与《淮南·地形训》同。末言“天地万物，大同众异”。与《庄子·天下》篇引惠施之说同。可见此为古代哲学家之公言，非庄、列、惠施等二三人之私论也。下标七目：曰《应同》，言祯祥感应之理。曰《去尤》，言心有尤则德必悖，故必去之，然后能听言。曰《听言》，言听言者必先习其心于学问。曰《谨听》，戒人自以为智。曰《务本》，言人臣当反身自省，不可徒取禄。曰《谕大》，言小之定必恃大，大之安必恃小；小大贵贱交相恃，然意偏于务大，则因人之蔽于小而不知大者多，故以是戒之也。古人论政，原诸天道；而一国之政，君若臣实共司之。此篇因论天地开辟之宇宙论，而及于君若臣所以自处之道，及其所当务也。此篇从天地开辟说起，亦可见《八览》当列全书之首。

《孝行览》 言为天下国家必务本，本莫贵于孝，多同《孝经》及《礼记·祭义》。下标七目：曰《本味》，言功名之本在得贤。曰《首时》，言成功在于得时。曰《义赏》，言一事之成，皆有其外缘使之。赏罚之柄，上之所以使下也。赏罚所使然，久则成习，而安之若性，故赏罚之所加，不可不慎也。曰《长攻》，言治乱存亡，安危强弱，亦有外缘。汤、武非遇桀、纣不王，桀、纣非遇汤、武不亡。曰《慎人》，承上篇，言功名之成，虽由于天，然因是而不慎人事则不可。亦及不得时则不可强为之义。曰《遇合》，言外缘之相值，由于适然。曰《必己》，承上篇，言外物不可必，故君子必其在己，不必其在人者。多同《庄子·山木》，其言修德不必获报，无论如何，无必免患之法，可破修德获报之说。此览承上览，言治国之本，及总论成败之道。

《慎大览》 言强大当慎，居安思危之义。下标七目：曰《下贤》，言人主当下贤。曰《报更》，举报恩之事，言人主当博求士。曰《顺说》，言说术。曰《不广》，言智者之举事必因时。曰《贵因》，言创者难为功，因者易为力之理。曰《察今》，言先王之法不足法，当法其所以为法；因言察己可以知人，察今可以知古，法随时变之理。极精。曰《权动》。此览亦承上览。《孝行览》论成功之术，盖就国家开创时立言；此览则就国家既成立后言之，皆守成之道也。

《先识览》 言国之兴亡，有道者必先知之。故有道者之言，不可不重。下标七目：曰《观世》，言有道之士少，不可不求。曰《知接》，言知者所接远，愚者所接近。所接近者，告之以远亦不喻。戒人不可自以为智。曰《悔过》，此篇承上篇，上篇言耳目有所不接，此篇言心智亦有所不至。因引秦穆公事，遂以悔过题篇，实非本意也。此可见各《纪》、各《览》、各《论》中之分篇，多后人所为。曰《乐成》，言民可与乐成，难与虑始。汹汹之论，不可不察。曰《察微》，言治乱存亡，始于至微。能察之，则大事不过。曰《去宥》，宥同囿。曰《正名》，言名实之间，不可不察。此览亦承前言之。《孝行》《慎大》二览，皆就行事立言；此览则就知识立言也。

《审分览》 言君臣异职，人主不可下同群臣之事。下标七目：曰《君守》，言人君所处之分，以无为为尚。曰《任数》，言御下之术，当修其数。耳目智巧不足恃。曰《勿躬》，言人君不可躬亲事务。曰《知度》，言治要存乎除奸；除奸之要，存乎治官；治官之要，存乎治道；治道之要，存乎知性命。可见政治学与哲学一贯之旨。曰《慎势》，言以大畜小，以重使轻，此势不可失。曰《不二》，戒听众议以治国，此篇有脱文。曰《执一》，言天下之本在国，国之本在家，家之本在身；闻为身，不闻为国。亦道家养生之旨也。此览言臣主之分，而仍归本于性命之情，可见形名度数，皆原于道。

《审应览》 言人主应物，不可不审。其道在因人之言，以责其实，而不为先。下标七目：曰《重言》，言人主之言不可不慎。曰《精喻》，言缜密之道。曰《离谓》，言名实不副，为乱国之道。曰《淫辞》，言名实不副者，上不可无以察之。曰《不屈》，言察士应物，其辞难穷；然不必为福。曰《应言》，盖即举察士应物之辞。曰《具备》，言立功名者自有其具。说与治之务莫若诚。此览言人君听说之道，多难名、法家之言，以其能变乱是非也；而归结于臣主之务，莫若以诚，可谓得为治之要矣。

《离俗览》 言世以高行为贵，然以理义论，则神农、黄帝，犹有可非，微独舜、禹。盖极言理论与实际，不能相合，戒作极端之论也。下标七目：曰《高义》，言君子之所谓穷通与俗异，故不苟受赏逃罪；人之度量，相越甚远，不可不熟论。言以求众人之道驭非常之人，则必失也。曰《上德》，言用人者不可徒恃罚。曰《用民》，言用民者亦不可徒恃威，其理甚精。足箴法家过任威刑之失。曰《适威》，言立法必为民所能行。《管子》所谓"下令于流水之原"也。曰《为欲》，言民之可用，因其有欲。治乱强弱，由其使民之术不同，甚精。

曰《贵信》，言信立则虚言可以赏，六合之内，皆为己府，而不患赏之不继矣，甚精。曰《举难》，戒求全。此篇承前览，前览言听言之术，此览则言用人之术也。

《恃君览》 言人之生恃乎群；群之所以不涣，恃乎群中之人，皆以群为有利；群之能利其群之人，以君道立也。此等原君之论，法家常主张之。然又曰："君道以利立，故废其不然而立其行道者。德衰世乱，然后天子利天下。"则又儒家"汤、武革命，应天顺人"之说矣。固知九流之学，流异原同也。下标七目：曰《长利》，言天下之士，必虑长利。利倍于今，而不便于后，弗为也；安虽长久，以私其子孙，弗为也。又谓贤者不欲其子孙恃险久存，以行无道，亦廓然大公之论。曰《知分》，言达乎生死之分，则利害存亡弗能惑。理颇近《庄》《列》。曰《召类》，言祸福自来，众人不知，则以为命，其实皆有以召之。案上篇言理，偏重自然，故以此篇继之；以见事虽有非人力所能为者，然人事仍不可失也。曰《达郁》，言人身精气郁则病，一国亦然，郁则万恶并起。理极精。曰《行论》，言人主之行与布衣异，势不便，时不利，则当事仇以求存。何者？执民之命，不得以快志为事也。可破宋以后气矜之隆，不论利害之失。曰《骄恣》，言亡国之主之失。曰《观表》，言人心难测，圣人过人以先知。先知必审征表。众人以为神，以为幸，而不知其为数之所不得不然也。此览推论国家社会所以成立之原，由于众以为利，因博论利害之理，及人所以知利害之术，并及立君所以利民；戒人主不可以国自私，真廓然大公之论。

《开春论》 言贤主不必苦心焦思，在能任贤。下标五目：曰《察贤》，义如其题。曰《期贤》，言世主多暗，人君有明德，则士必归之。曰《审为》，言身重于天下。今人多趋利而忘其身。盖因下篇言爱类，故先及此也。曰《爱类》，言仁者必爱其类。贤人往来王公之朝，非求自利，欲以利民。故人主能务民，则天下归之。曰《贵卒》，言智者之异于人，以其能应变于仓卒之间。此论承前论。前论言人主利民之道，此论言贤人皆以利民为务，因及人君用人之方。

《慎行论》 言计利者未必利，惟虑义则利。下标五目：曰《无义》，极言义之利。曰《疑似》，言知必求其审，故疑似之务，不可不察。曰《壹行》，言人之行义，当昭然与天下以共见，使人信之。如陵上巨木，人以为期，易知故也。乘船者为其能浮而不能沉；贤士君子，为其能行义而不能行邪僻也。曰《求人》，上篇言壹行在己，故言求人以该其义也。曰《察传》，言得言不可不察。数传而白为黑，黑为白矣。故闻言必熟论，必验之以理。如“夔一足”“穿井得一人”等，皆可以理决其无者也。此论实为破除迷信之根。此论承前二论。前二论皆言利，恐人误见小利，故此论极言以义为利之旨。利之为利易见，义之为利难知。故极言知之贵审。既知义则必行之，故又极言行之贵壹也。

《贵直论》 言直臣之可贵。下标五目：曰《直谏》，言非贤人不肯犯危谏诤，故人主当容察之。曰《知化》，言恶直言者，至其后闻之则已晚。曰《过理》，言亡国之主，皆由所乐之不当。曰《壅塞》，言亡国之主，不可与直言。曰《原乱》，举祸乱因壅塞而生者以为戒。前论言知贵审而行贵壹，知及行必借人以自辅，故此论承之，极言直臣之可贵也。

《不苟论》 言贤主必好贤。下标五目：曰《赞能》，言进贤之功。曰《自知》，言人主欲自知，则必得直士。曰《当赏》，言赏罚爵禄，人臣之所以知主，所加当，则人为之用。曰《博志》，言有所务，必去其害之者。贤者之无功，不肖者害之也。曰《贵当》，言治国之本在身，治身之本在得其性。所谓性者，则自然之道也。此论亦承前论，前论言直臣之可贵，此论则言人主当用贤去不肖。人主之于贤臣，固不徒贵知之，必贵能用之也。而以用人之本，归结君心，则《孟子》所谓“惟大人为能格君心之非”，“一正君而国定”者也。

《似顺论》 言事有貌相似而实相反者，因言循环之道。下标五目：曰《别类》，言剖析疑似之事，因推论智识有限，故圣人不恃智而因任自然，极精。曰《有度》，言必通乎性命之情，则执一而万物治。所谓性命之情者，即今所谓真理也。曰《分职》，言君当守无为之道，使众为之。曰《处分》，言物各异能，合众异正所以为同，故贵因材授任。然立法则必为人之所共能。曰《慎小》，义如其题。此篇承前，前论以知人用人归束于君，故此篇又总论君道也。

《士容论》 言诚则人应之，无待于言，言亦不足谕人。下标五目：曰《务大》，言务大则小自该。戒人臣欲贵其身，而不知贵其主于天下。与《谕大》篇有重复处。曰《上农》，言导民莫先于农。农则朴，朴则易用；农则重，重则少私义；少私义则公法立，可以战守。义与《商君书》同。下言男女分职之理，义颇合于《孟子》。言制民之产之法，又与儒家言大同。亦可见九流之学之本无不合也。曰《任地》，曰《辩土》，曰《审时》，皆农家专门之言，不易解。与《亢仓子》同。《亢仓子》伪书盖取诸此。此论亦承前。前五论皆言人君之道，此论则言臣民之务也。

尸子

此书虽阙佚特甚，然确为先秦古籍，殊为可宝。按《汉志》杂家，“《尸子》二十篇。名佼。鲁人。秦相商君师之。鞅死，佼逃入蜀”。《史记·孟荀列传》：“楚有尸子。”《集解》：“刘向《别录》曰：楚有尸子，疑谓其在蜀。今按《尸子》书，晋人也。名佼。秦相卫鞅客也。商君被刑，佼恐并诛，乃逃亡入蜀。自为造此二十篇书。凡六万余言。”《索隐》谓“尸子名佼，晋人，事具《别录》”。按裴骃、司马贞及见《别录》及《尸子》全书，所知较详，说当不误。晋、鲁形近，今《汉志》作鲁人，盖讹字也。其书二十篇，隋、唐《志》皆同。宋时遂残缺。王应麟《汉志考证》，李淑《邯郸书目》存四卷。馆阁书目止存二篇，合为一卷，其本又不传于后。清时所行，凡有三本：(一)为震泽《任氏本》，(一)为元和《惠氏本》，(一)为阳湖《孙氏本》，汪继培以三本参校。以《群书治要》所载为上卷，诸书称引与之同者，分注于下。其不载《治要》，散见诸书者为下卷，引用违错及各本误收者，别为存疑附于后，实最善之本也。今所传刘向校上《荀子》语，谓尸子著书，“非先王之法，不循孔氏之术”；刘勰谓其“兼总杂术，术通而文钝”，据今所辑存者，十之七八皆儒家言，刘向《校序》本伪物，不足信。此书盖亦如《吕览》，兼总各家而偏于儒。其文极朴茂，非刘勰所解耳。今虽阙佚已甚，然单词碎义，足以取证经子者，实属指不胜屈。今姑举其最要者数条。如《分》篇：“天地生万物，圣人裁之。裁物以制分，便事以立官。”“君臣，父子，上下，长幼，贵贱，亲疏，皆得其分曰治。爱得分曰仁，施得分曰义，虑得分曰智，动得分曰适，言得分曰信。皆得其分，而后为成人。”“明王之治民也，事少而功立，身逸而国治，言寡而令行。事少而功多，守要也。身逸而国治，用贤也。言寡而令行，正名也。”“君民者苟能正名，愚智尽情。执一以静，令名自正，令事自定。赏罚随名，民莫不敬。”《发蒙》篇：“天下之可治，分成也。是非之可辨，名定也。过其实，罪也；弗及，愚也。是故情尽而不伪，质素而无巧。”“故陈绳则木之枉者有罪，措准则地之险者有罪，审名分则群臣之不审者有罪。”“是故曰：审一之经，百事乃成；审一之纪，百事乃理。名实判为两，合为一。是非随名实，赏罚随是非。是则有赏，非则有罚。人君之所独断也。”“明君之立也正，其貌庄，其心虚，其视不躁，其听不淫，审分应辞，以立于廷，则隐匿疏远，虽有非焉，必不多矣。”“明君不用长耳目，不行间谍，不强闻见；形至而观，声至而听，事至而应。近者不过，则远者治矣。明者不失，则微者敬矣。”实足以通儒、道、名、法四家之邮。又如《分》篇：“夫弩机损若黍则不钩，益若□则不发。言者百事之机也，圣王正言于朝，而四方治矣。”实《易·系辞传》“言行者君子之枢机”一节绝好注脚。又如《仁意》篇：“治水潦者禹也，播五种者后稷也，听狱折衷者皋陶，舜无为也，而天下以为父母，爱天下莫甚焉。”亦足与《论语》“无为而治者其舜也欤”相补足。此外典制故实，足资考证者尚多，不及备举也。

鹖冠子

此书历代著录，篇数颇有异同。《汉志》道家，“《鹖冠子》一篇，楚人。居深山，以鹖为冠”。隋、唐《志》皆三卷。《四库》所著录，为宋陆佃注本，卷数同。《提要》云：“此本凡十九篇。佃《序》谓韩愈读此称十六篇，未睹其全。佃，北宋人，其时韩文初出，当得其真。今本韩文乃亦作十九篇，殆后来反据此书，以改韩集。此注则当日已不甚显。惟陈振孙《书录解题》载其名。晁公武《读书志》则但称有八卷一本。前三卷全同《墨子》，后两卷多引汉以后事。公武削去前后五卷，得十九篇。殆由未见佃注，故不知所注之本，先为十九篇欤。”按《汉志》止一篇，韩愈时增至十六，陆佃注时，又增至十九，则后人时有增加，已决非《汉志》之旧，然今所传十九篇，皆词古义茂，决非汉以后人所能为。盖虽非《汉志》之旧，而又确为古书也。第七、第八、第九、第十四、第十五诸篇，皆称庞子问于鹖冠子。第十六篇称赵卓悼之借字。襄王问于庞煖，第十九篇称赵武灵王问于庞煖。则庞子即庞煖，鹖冠子者，庞煖之师也。全书宗旨，原本道德，以为一切治法，皆当随顺自然。所言多明堂阴阳之遗。儒道名法之书，皆资参证，实为子部瑰宝。

《博选》第一　此篇言君道以得人为本，得人以博选为本。

《著希》第二　此篇言贤者处乱世必自隐，戒人君不可不察。

《夜行》第三　此篇言天文地理等，皆有可验。“有所以然者，然，成也。随而不见其后，迎而不见其首；成功遂事，莫知其状；故圣人贵夜行”。夜者，暗昧之意。第十九篇“阴经之法，夜行之道”，同义。《管子·幼官》篇，“若因夜虚守静”之夜，亦当如此解。

《天则》第四　此篇言：“天之不违，以不离一；天若离一，反还为物。”“人有分于处，处有分于地，地有分于天，天有分于时，时有分于数，数有分于度，度有分于一。”“列地而守之，分民而部之；寒者得衣，饥者得食，冤者得理，劳者得息，圣人之所期也。”“同而后可以见天，异而后可以见人，变而后可以见时，化而后可以见道。”盖言天地万物，同出一原；然既为万物，则各有其所当处之分；各当其分，斯为至治。物所当处之分，出于自然；能知其所当处之分，而使之各当其分，斯为圣人。合天然与人治为一贯，乃哲学中最古之义也。

《环流》第五　此篇言：“有一而有气，有气而有意，有意而有图，有图而有名，有名而有形。”“物无非类，动静无非气。”“物极则反，命曰环流。”盖古哲学中宇宙论。又云：“一之法立，而万物皆来属。”“言者万物之宗也；是者，法之所与亲也；非者，法之所与离也。是与法亲，故强；非与法离，故亡。”亦人事当遵循自然之意。又云：“命者，自然者也；命无所不在，无所不施，无所不及。”“命之所立，贤不必得，不肖不必失。”则定命机械之论也。

《道端》第六　此篇原本自然，述治世之法，与第八篇皆多明堂阴阳之言。

《近迭》第七　此篇言当恃人事，不当恃天然之福，而人道则以兵为先。颇合生存竞争之义。然云：“兵者，礼义忠信也。行枉则禁，反正则舍。是故不杀降人，王道所高。得地失信，圣王弗贵。”则仍仁义之师，异夫专以杀戮为威者矣。

《度量》[①]第八　此篇言度量法令，皆原于道。

《王铁》第九　“王铁”二字，义见首篇；此篇中亦自释之。此篇先述治道，亦法自然之意。后述治法，与《管子》大同。

《泰鸿》第十　此篇言“天地人事，三者复一”。多明堂阴阳家言。

《泰录》第十一　此篇亦言宇宙自然之道。又曰：“神圣之人，后天地生，然知天地之始；先天地亡，然知天地之终。”“知先灵，王百神者，上德，执大道，

---

① 文渊阁《四库全书》本作《度万》。

凡此者，物之长也。及至乎祖籍之世，代继之君，身虽不贤，然南面称寡，犹不果亡者，其能受教乎有道之士者也。不然，而能守宗庙、存国家者，未之有也。”按《学记》一篇，多言人君之学。《汉志》以道家为君人南面之术，观乎此篇，则可以知古代为人君者之学矣。

《世兵》第十二　此篇大致论用兵之事。

《备知》第十三　此篇先言浑朴之可尚，有意为之则已薄，与《老子》颇相近。继言功名之成，出于时命，非人力所可强为。因言：“费仲、恶来，知心而不知事；比干、子胥，知事而不知心；圣人者必两备而后能究一世。”盖其所谓备知者也。

《兵政》第十四　此篇言兵必合于道，而后能胜。

《学问》第十五　此篇载庞子问：“圣人学问服师也，亦有终始乎？抑其拾诵记辞，阖棺而止乎？”鹖冠子答以“始于初问，终于九道”。盖学问必全体通贯，而后可谓之有成。此即《大学》“物有本末，事有终始”，《论语》“一以贯之”，“有始有卒，其惟圣人”之义也。

《世贤》第十六　此篇借医为喻，言治于未乱之旨。

《天权》第十七　此篇先论自然之道，而推之于用兵。亦多阴阳家言。

《能天》第十八　此篇言安危存亡，皆有自然之理。又曰：“道者，通物者也；圣者，序物者也。”又曰：“圣人取之于势，而弗索于察。势者，其专而在己；察者，其散而之物者也。”与第四篇义同。

《武灵王》第十九　此篇亦论兵事。

淮南子

《汉志》杂家，“《淮南》内二十一篇，外三十三篇”。《淮南王传》：“招致宾客方术之士数千人，作为内书二十一篇，外书甚众。又有中篇八卷，言神仙黄白之术，亦二十余万言。”今所传《淮南王书》，凡二十一篇。其为内篇，似无疑义。然高诱序谓“与苏飞、李尚、左吴、田由、雷被、毛被、伍被、晋昌等八人，及诸儒大山、小山之徒，共讲论道德，总统仁义，而著此书。其旨近《老子》。淡泊无为，蹈虚守静，出入经道。言其大也，则焘天载地；说其细也，则沦于无垠。及古今治乱存亡祸福，世间诡异瑰奇之事。其义也著，其文也富。

物事之类，无所不载，然其大较，归之于道。号曰鸿烈。鸿，大也;烈，明也;以为大明道之言也。故夫学者不论《淮南》，则不知大道之深也。是以先贤通儒，述作之士，莫不援采，以验经传。刘向校定撰具，名之《淮南》。又有十九篇，谓之外篇。”述外篇篇数，与《汉志》不合。《汉志》天文有《淮南·杂子星》十九卷,卷数与诱所述外篇篇数却符。然舍《汉志》“外三十三篇”不言，顾以其为《杂子星》者当外篇，于理终有可疑。案《汉志》,《易》家有《淮南王·道训》二篇。《注》曰:“淮南王安，聘明《易》者九人，号九师法。”今《淮南·要略》，为全书自序。其言曰:“言道而不言事，则无以与世浮沉；言事而不言道，则无以与化游息。”又曰:“今专言道，则无不在焉。然而能得本知末者，其惟圣人也。今学者无圣人之才，而不为详说，则终身颠顿乎混溟之中，而不知觉寤乎昭明之术矣。”可见淮南此书,实以道与事相对举。今《要略》两称“著二十篇”云云，盖以本篇为全书自叙，故不数之，若更去其首篇《道训》，则所余者适十九篇矣。高注久非故物，此序词意错乱，必为后人窜改无疑。颇疑高《序》实以十九篇与《原道训》分论。“言其大也，则焘天载地；说其细也，则沦于无垠”等，为论《原道训》之语。“及古今治乱存亡祸福，世间诡异瑰奇之事，其义也著，其文也富，物事之类，无所不载”等，为论其余十九篇之语。本无《外》篇之名。后人既混其论两者之语而一之，乃妄臆“其余十九篇”不在本书之内,遂又加入“谓之外篇”四字也。《汉志》言安聘明《易》者九人,高《序》所举大山、小山，或亦如《书》之大、小夏侯,《诗》之大、小毛公，一家之学，可作一人论;则合诸苏飞、李尚等适得九人矣。得毋今书首篇之《原道训》，即《汉志》所谓《道训》者,《汉志》虽采此篇入《易》家，而于杂家仍未省；又或《汉志》本作二十篇，而为后人所改邪。书阙有间，更无坚证，诚未敢自信。然窃有冀焉者：九流之学，同本于古代之哲学；而古代之哲学，又本于古代之宗教。故其流虽异，其原则同。前已言之。儒家哲学，盖备于《易》,《易》亦以古代哲学为本。其杂有术数之谈,固无足怪。然遂以此为《易》义则非也。今所谓汉《易》者,大抵术数之谈耳。西汉今文之学,长于大义。东汉古文之学,则详于训诂名物之间。今施、孟、梁丘之《易》皆亡,今文家所传《易》之大义，已不可见。淮南王书引《易》之处最多，见《缪称》《齐俗》《氾论》《人间》《泰族》诸篇。皆包举大义，无杂术数之谈者。得毋今文易义转有存于此书中者邪。《淮南》虽号杂家，然道家言实最多，其意亦主于道，故有谓此书实可称道家言者。予则谓儒、道二家哲学之说，本无大异同。自《易》之大义亡，而儒家之哲学，不可得见。魏、晋以后，神仙家又窃儒、道二家公有之说，而自附于道。于是儒家哲学之说，与道家相类者，儒家遂不敢自有，悉举而归诸道家；稍一援引，即指为援儒入道矣。其实九流之学，流异原同。凡今所指为道家言者，十九固儒家所有之义也。魏、晋间人谈玄者率以《易》《老》并称，即其一证。其时言《易》者皆弃数而言理，果使汉人言《易》，悉皆数术之谈，当时之人，岂易创通其理，与《老》相比。其时今文《易》说未亡，施、孟、梁丘之《易》，皆亡于东西两晋间。其理固与《老子》相通也。《河图》《洛书》之存于道家，亦其一证。宋人好以《图》《书》言《易》，清儒极攻之。然所能言者，《图》《书》在儒家无授受之迹耳；如何与《易》说不合，不能言也。方东树说。方氏攻汉学，多过当误会之语，然此说则平情也。西谚云："算帐只怕数目字。"《图》《书》皆言数之物，果其与《易》无涉，何以能推之而皆合，且又可以之演范乎。然则此物亦儒家所固有，而后为神仙家所窃者耳。明乎此，则知古代儒、道二家之哲学，存于神仙家即后世之所谓道家。书中者必甚多。果能就后世所谓道家之书，广为搜罗，精加别择，或能辑出今文《易》说，使千载湮沉之学，涣然复明；即道家之说，亦必有为今日所不知者。而古代哲学，亦因之而益彰者也。臆见所及，辄引其端，愿承学之士共详之。

此书今所传者，凡二十一篇。《汉书》所谓外篇及中篇者，盖久亡佚矣。《汉志》于内外篇皆仅称《淮南》。今题作《淮南子》，"子"字盖后人加之。今所谓某某子，"子"字为后人所加者甚多。《隋书》及新、旧《唐志》皆作二十一卷。许慎、高诱两注并列。旧《唐志》又有《鸿南鸿烈音》二卷，何诱撰。新《唐志》亦题高诱。《宋志》于许注仍云二十一卷，高注则云十三卷。晁公武《读书志》，据《崇文总目》，云亡三篇。李淑《邯郸图志》，则云亡二篇。而洪迈《容斋随笔》，称所存者二十一卷，与今本同。盖其书自宋以后，有佚脱之本，而仍有完本。高似孙《子略》云二十篇者，以《要略》为淮南自叙，除去计之，《四库》亦以为非完本，非也。《提要》又云：白居易《六帖》引乌鹊填河事，云出《淮南子》。今文无之，则尚有脱文，案此必不出内篇，《四库》此言亦误也。音二卷，实出何诱。新《唐志》并题高诱者误。今本篇数仍完，而《注》则许、高二家，删合为一矣。以上并据庄逵吉《叙》。向所行者为庄逵吉校本。原出钱坫所校《道藏》本。近人刘文典，撰《淮南鸿烈集解》，用力至勤，法亦严密，读胡适《序》

可见。实佳者也。

《原道训》 此篇言道之体用，皆世所谓道家言也，极精。《淮南》书中，世所谓道家言，予疑其实多与儒家言合。今从众所称名，仍称为道家言。廿一篇惟要略下无“训”字，姚范云：疑“训”字乃高诱自名其注解，非《淮南》篇名所有。

《俶真训》 此篇为古代哲学中之宇宙论，因推论及于事物变化无极，生死无异，极精。

《天文训》 言天文、律、历、度、量、衡等事。亦推论及于哲学。

《地形训》 此篇颇似荒怪。然古实有此说，特今尚未能大通耳。凡古书言地理之荒怪，有可信，有不可信者。为后人窜造最多者，为《山海经》《穆天子传》等书。如此篇及《楚辞》等，则其较可信者也。

《时则训》 前述十二月行令，与《月令》同。下多五位六合。篇末明言为明堂之制，可见以《月令》为秦制者非矣。

《览冥训》 此篇大旨言物类之相感应，非人所能知，故得失亦无从定。圣人之所以不恃智而贵无为者以此，亦哲学中之精论。

《精神训》 此篇大旨言我本自然之物，故当随顺自然。所以不能随顺自然者，以嗜欲害之也。故当去嗜欲。又言天下之不足欲，死生之无异，以见嗜欲之不足慕，极精。末节辟儒家之言礼乐，不能使人无欲，而徒事强制，亦有精义。

《本经训》 此篇言仁义礼乐之不足行，世所谓道家言也。

《主术训》 此言人主所执之术。首言无为，道家言也。次言任人，任法，势治，名实，法家言也。末言制民之产同《王制》，又有同《公羊》《礼记》《孟子》处，则儒家言也。

《缪称训》 此篇首言道灭而德用，德衰而仁义生，世所谓道家言也。下言治贵立诚，则世所谓儒家言也。

《齐俗训》 此篇言礼俗皆非本性，不得执成法以非俗，亦不得以高行为俗，颇精。

《道应训》 此篇解故事而以老子之言结之，颇似韩非之《喻老》。又引《庄子》《管子》《慎子》各一条。

《氾论训》 此篇论变法，与商君之言同，盖法家言也。其论因迷信而设教一节，极有见。又言圣人处刚柔之间，贵权寡欲，则世所谓道家言。

《诠言训》 此篇言无欲则无缪举，故治天下之本在身，身之本在心，爱身者可以托天下，又言无为之旨。又言合道术者，但能无害，不必能求利。亦养生之论也。

《兵略训》 此篇先论兵之原理。次及用兵之利，用兵之术。兵家极精之言。

《说山训》《说林训》 此两篇以极简之言，说明一理，与他篇之议论纵横者，文体颇异，而味弥永。

《人间训》 此篇极言祸福倚伏之义，多引故事以明之。

《修务训》 此篇首言无为非不事事，下皆劝学之语。又针砭学者眩于名而不知真是非。论亦切至。

图书在版编目（CIP）数据

先秦学术概论 / 吕思勉著. —南京：译林出版社，2016.10
（吕思勉文集）
ISBN 978-7-5447-6637-1

Ⅰ. ①先… Ⅱ. ①吕… Ⅲ. ①先秦哲学－文集
Ⅳ. ①B220.5-53

中国版本图书馆CIP数据核字（2016）第229281号

书　　名	先秦学术概论
作　　者	吕思勉
责任编辑	韩继坤
特约编辑	肖　瑶
出版发行	凤凰出版传媒股份有限公司 译林出版社
出版社地址	南京市湖南路1号A楼，邮编：210009
电子信箱	yilin@yilin.com
出版社网址	http://www.yilin.com
印　　刷	北京旭丰源印刷技术有限公司
开　　本	710×1000毫米　1/16
印　　张	14.25
字　　数	240千字
版　　次	2016年10月第1版　2016年10月第1次印刷
书　　号	ISBN 978-7-5447-6637-1
定　　价	29.80元

译林版图书若有印装错误可向承印厂调换